長節子著

中世日朝関係と対馬

吉川弘文館刊行

戊午叢書

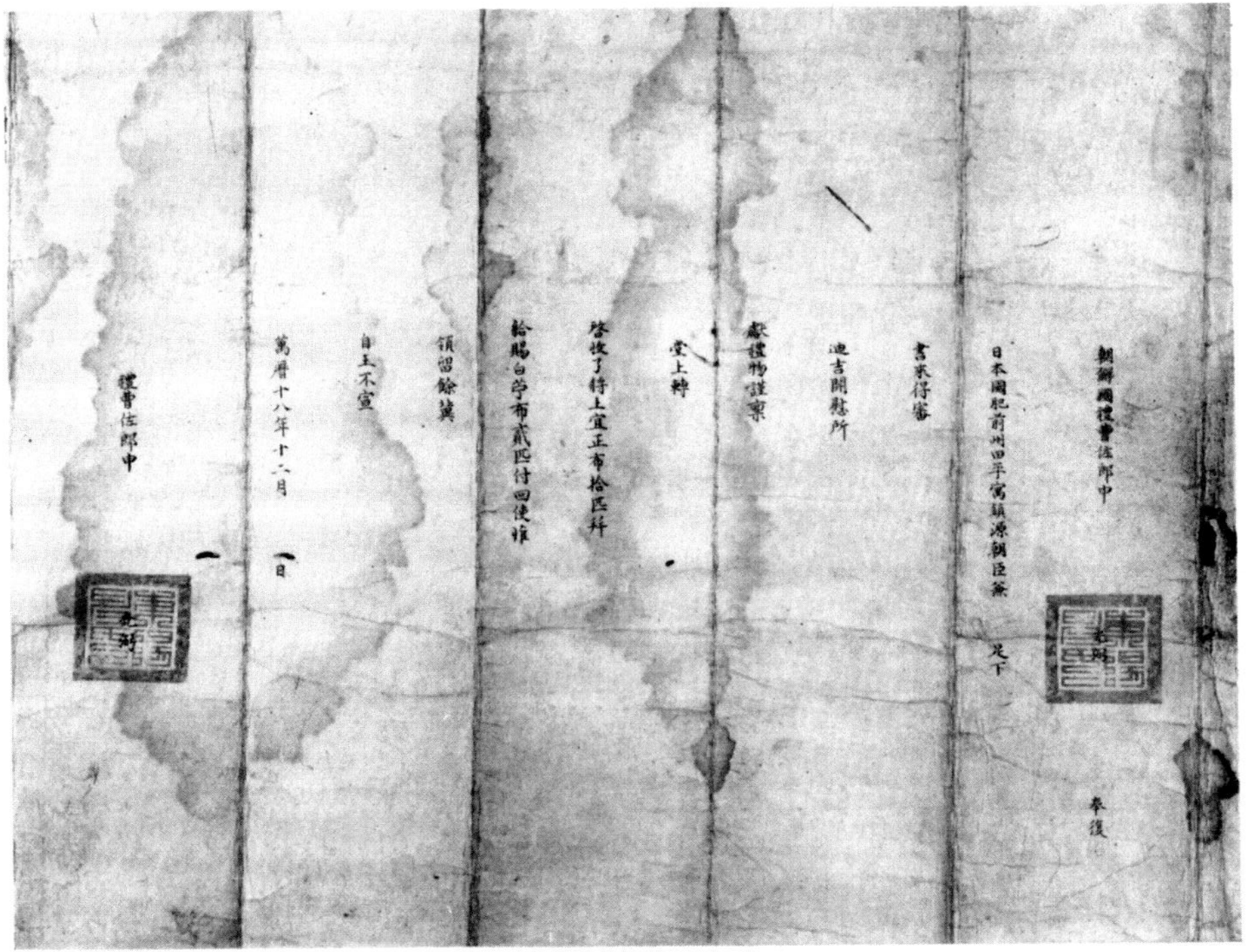

朝鮮國禮曹佐郎中
奉復
日本國肥前州田平寓鎮源朝臣公 足下
書來得審
迪吉開慰所
獻禮物謹稟
堂上轉
啓收了特上宜正布拾匹幷
給賜白苧布貳匹付回使旋
領留餘冀
自玉不宣
萬暦十八年十二月 日
禮曹佐郎申

㈠ 申光弼書契（部分）

㈡ 申光弼書契上書

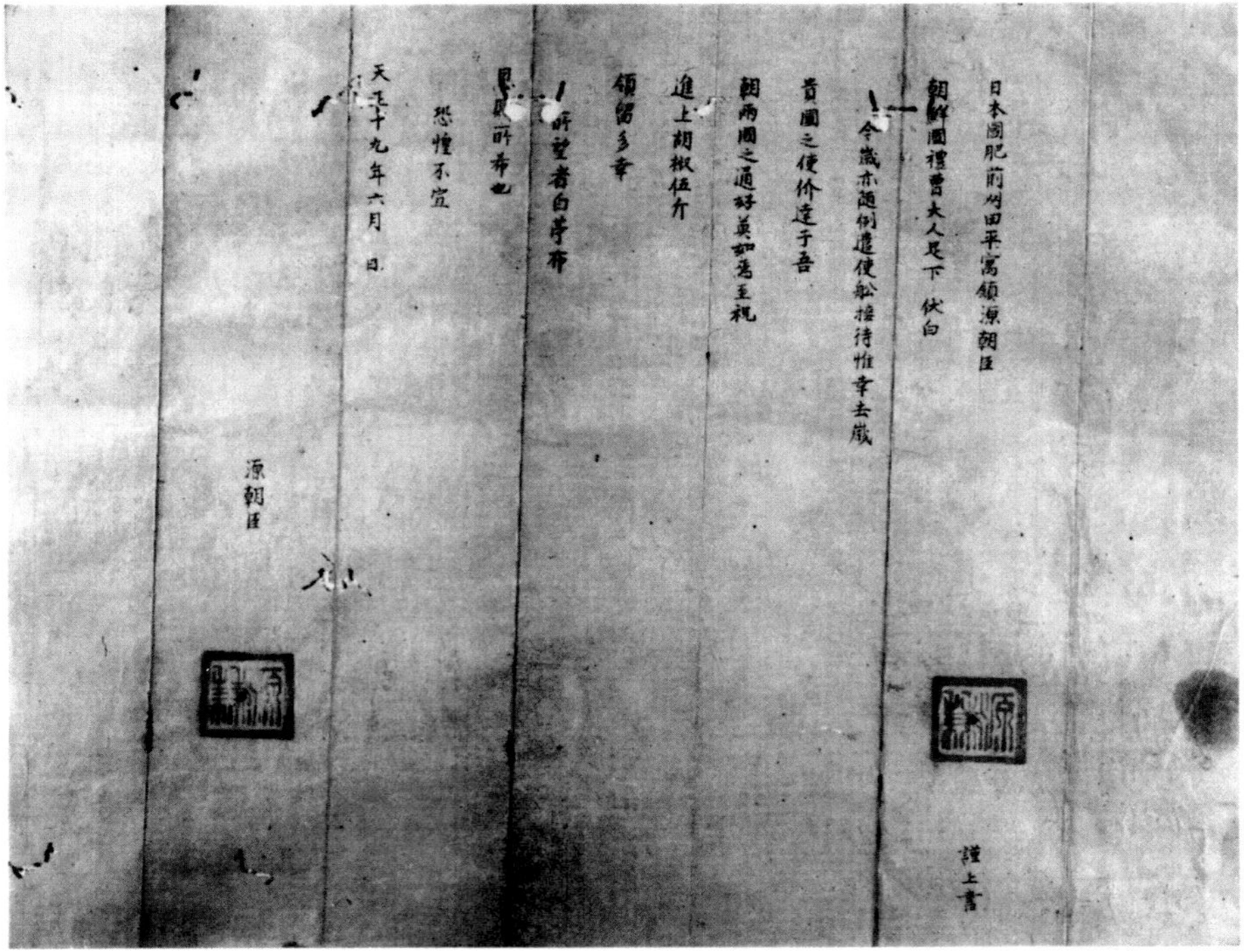
日本國肥前州田平寓鎮源朝臣
朝鮮國禮曹大人足下　伏白
今歳亦遂例遣使船接待惟幸去歳
貴國之使价達于吾
朝兩國之通好莫加焉至祝
進上胡椒伍斤
領留多幸
所望者白苧布
恩賜所希也
恐惶不宣
天文十九年六月　日
源朝臣
謹上書

㈢　田平源兼書契（部分）

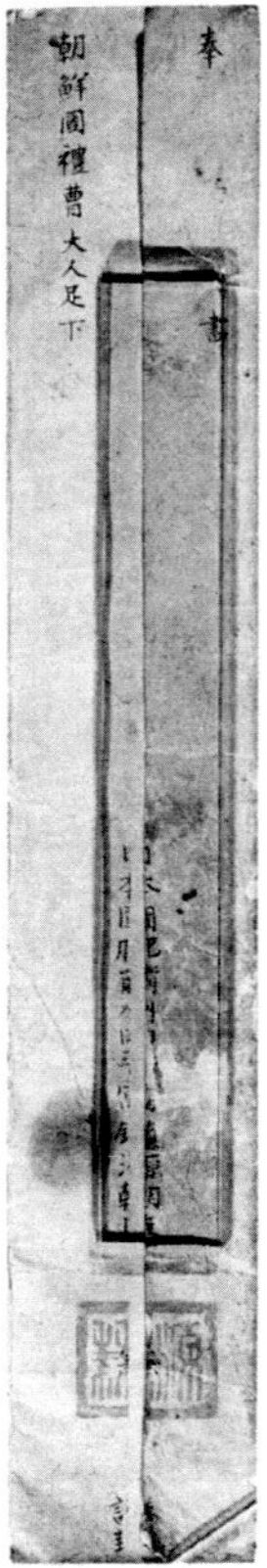
奉書
朝鮮國禮曹大人足下

㈣　田平源兼書契上書

はじめに

本書は十五、六世紀の日本と朝鮮との関係史を考察したものである。この時期を対象にしたのは、つぎのような理由からである。その一つは、李氏朝鮮王朝が開国(一三九二)すると、それまでの朝鮮の対外政策に大きな変化がみられ、ことに南方政策については、倭人羈縻のための諸施策の体系化が進み、日本から朝鮮へ行く通交者の置かれる環境が、前王朝時代とは一変したものになっているということである。いま一つは、文禄・慶長の役(一五九二〜一五九八)を境にして、それまでの日本からの通交者の既得権が、ほとんど朝鮮側から否定されて、釜山倭館だけを窓口にした、別の通交制度が生まれてくるということである。この二つの画期にはさまれた時期を、本書は考察の対象にしている。

とくに日本の側からこの時期を考察すると、朝鮮側の羈縻政策の展開に対応しての、日本側の諸勢力、ことに対馬島宗氏の積極的な動きが注目される。むろんそのこと自体は、すでに諸先学が指摘していないわけではないが、その様態を細かく跡付けた研究は、これまでほとんどない。しかし、つぶさに見て行くと、宗氏は、朝鮮側の対倭人政策に巧妙に便乗し、時には積極的に協力することによって、朝鮮側から種々の権益を特段に有利な形で獲得することに成功し、それを対馬島内外の諸勢力にたいする統制力・支配力強化の基盤として、きわめて有効に利用していっていることがわかる。ことに、物産の乏しい対馬島内では、交易その他の朝鮮関係の諸権益の掌握は、宗氏の本宗家が、島内の対抗勢力を押えて、一円的な領国支配を確立する上で、非常に強力な武器となった。その意味で、中世対馬の内政史は、ときの日朝関係史の展開と、文字通り有機的に結び付いているといえる。従来、この時期の朝鮮通交の諸制度の成立は、もっぱら、倭人の通交の統制強化を欲する朝鮮側の意志という観点から論じられるのが普通であった。しかしながら、実はその背後に、むしろそれを積極的に支持する対馬島主の意向が重なり合っており、そのことがあってはじめて、それらの諸制度が実効あるものとして実現しているという場合が少なくないことがわかってきた。

このように見ていくと、宗氏を中心にした対馬島の歴史を細かく考察することは、日朝関係史の研究を、より深めるために必要不可欠な仕事であることがわかる。そのような意味から、本書では、とくに宗氏を中心にした対馬島の歴史の叙述に、かなりの重点を置き、十五、六世紀という時代にこだわらず、宗氏の対馬支配の起源にまでさかのぼって考察した。

すなわち第一部「日朝両国史料よりみた対馬島宗氏」がそれである。従来、日朝関係史の研究において、宗氏の歴史を問題にする場合には、大体、江戸時代になって対馬藩で編纂した諸書の説に依拠して論ずるのが普通であった。しかし近世の所説というのには、藩主宗氏の家の栄光と、一藩の体面を考慮した、数多くの修飾と作為が施されており、それに依拠していては、日朝関係史の理解を誤るという場合が少なくない。そこでまず宗氏の歴史を、それら近世の所説から一応離れて、当時の古文書その他、日本側の同時代的史料および、朝鮮王朝の歴代の実録などの所見から再構成することをこころみた。

第一章では、宗氏の出自についての従来の通説の再検討と、阿比留征服伝説の批判をおこない、宗氏の平姓改姓の時期と、さらに、その改姓の政治的意味などを考察した。

第二章と第三章では、従来対馬の秘史として、ほとんど湮滅されてきていた十四世紀後半の二度の政変と、その後をうけて応永八年（一四〇一）に起こった宗賀茂の政権奪取、およびその敗北の経過を考察した。そして当時の対馬において、宗経茂の系統（これが後に宗氏の本宗となる）と、その弟仁位中村宗香の系統との二大勢力の根深い対立があったことを解明し、さらに、応永八年のクーデターの中心人物宗賀茂が、実はこの中村宗香の子であり、その後ながく宗氏本宗への対立勢力として力を保持し島内きっての名族として栄えた仁位家の祖である宗満茂の父にあたるということを明らかにした。このうちとくに、宗賀茂の系譜関係についての如上の事実は、その後の対馬の諸書、ことに近世の史書では、極めて巧妙に隠蔽されており、その巧妙さの中に、この事件が宗氏の歴史にとって持っていた意味の深刻さを読み取ることができると考える。

第四章は宗賀茂の後裔であって、宗氏本宗の島内一円支配強化に根強い抵抗をつづけた仁位家の実態についての考察である。

第五章では、十五世紀前半から末期にかけての対馬島主すなわち宗貞盛・成職・貞国の歴代が、対朝鮮関係の諸権益を巧妙に利用しながら、島内の対立勢力を押え込んで、一円支配を確立していった過程を考察し、そこに、対外関係をたくみに島内支配に利用した事例の典型を見出した。

第二部「十六世紀対馬の朝鮮通交独占体制の考察」では、朝鮮通交の体制が一大転換をとげる一五一〇年の三浦の乱以後の対馬における対朝鮮関係の諸権益のあり方を考察した。この時期の特徴として、対馬が、深処倭すなわち対馬以外の日本各地の諸氏名義の朝鮮通交権を、その手許へ集中させる現象がみられる。しかしながらその具体相は、これまでほとんど解明されていない。

そこで第一章では、壱岐の牧山源正なる受図書人（朝鮮から通交権を認められ、その証として朝鮮から図書すなわちその当人の名前を刻した私印を賜給された者を受図書人という）の図書およびその通交権が、かつて壱岐を分治した松浦党五氏の一人で、のちに対馬へ移住した塩津留氏の手によって、対馬へ移った経過と、その利権の配分のされ方などを解明した。これは、いわゆる十六世紀における貿易権の対馬集中の具体相を知りうる一事例である。

第二章は、田平源兼なる受図書人と朝鮮国礼曹との往復書簡各一通（年紀は文禄役開始直前の一五九〇年と同九一年）の紹介と研究である。文禄役以前のこの種の書簡が実在するのは極めて珍しいことである。ただし、調べてみると田平源兼なる者は、かつて実在した形跡のない人物であり、したがって、その受図書も架空の名義によるものであることが明らかになった。なお、このような架空の受図書人の創出は、三浦の乱以後、朝鮮から通交の制限を格段に強化された対馬が、少しでもその状況を打破しようとして考えだした通交権拡大の手口の一つである。

以上、第二部の第一章と第二章は、十六世紀の対馬における朝鮮通交権のありかたの個別事例研究であるが、これまでの諸先学が打ち出した大局的な見通しに対して、何物かを付け加え得たものと思う。

なお、本書が「中世」という語を冠しているのは、日本史研究の通念に従ったものである。これは本書が、日朝関係史を、日本側の内的状況との関連を重視しながら考察する立場をとっていることと関係がある。

一九八六年五月

長　節子

目次

はじめに
第一部　日朝両国史料よりみた対馬島宗氏……一
第一章　宗氏の出自
——惟宗姓から平姓へ——……三
第一節　対馬国在庁官人阿比留氏と惟宗氏……四
第二節　在庁官人惟宗氏と対馬国地頭代宗氏……八
第三節　宗氏の改姓——惟宗から平へ——……二
第二章　十四世紀後半の二度の政変
——定宗元年朝鮮国議政府宛宗貞茂書契を中心に——……三六
第一節　朝鮮議政府への宗貞茂呈書……三六
第二節　宗貞茂以前の島主歴代……三八
第三節　第二の政変……四四

第四節　第一の政変……………………………………………………四五
第五節　仁位中村宗氏澄茂・頼茂……………………………………四七
第六節　政変の背後関係………………………………………………五三
むすび……………………………………………………………………六一
第三章　応永八年宗賀茂の政権奪取…………………………………七一
第一節　朝鮮史料にみえる宗賀茂の政権奪取………………………七三
第二節　国分又二郎置文にみえる応永の謀叛事件…………………七四
第三節　柚谷家記録にみえる嶋八郎左衛門の謀叛事件……………八六
第四節　宗賀茂の叛の性格および宗五郎の謀叛事件………………九二
㈠　宗賀茂の叛の性格……………………………………………九二
㈡　宗五郎の謀叛事件……………………………………………一〇〇
第五節　『宗氏家譜』における宗賀茂の叛…………………………一〇三
第六節　宗賀茂系譜の成立……………………………………………一〇八
第四章　仁位郡主歴代と仁位家血縁の島主たち……………………一二一
第一節　仁位郡主歴代…………………………………………………一二三
第二節　宗満茂の周辺…………………………………………………一二三
第三節　仁位家と血縁の島主たち――貞国・材盛・義盛・盛長――……一三六

㈠　島主宗貞国とその母即月大姉……一三七
㈡　島主材盛・義盛・盛長と仁位家……一三九
第五章　宗氏領国支配の発展と朝鮮関係諸権益……一五一
第一節　島主の書契――朝鮮通交権㈠――……一五三
第二節　島主の文引――朝鮮通交権㈡――……一六九
第三節　歳遣船定約――朝鮮通交権㈢――……一八〇
第四節　孤草島釣魚禁約――朝鮮近海漁業権――……一八三
第五節　仁位中村宗氏との対立関係……一八八
第六節　朝鮮関係諸権益の統制確立……一九五
第二部　十六世紀対馬の朝鮮通交独占体制の考察……二二五
第一章　壱岐牧山源正と松浦党塩津留氏の朝鮮通交権……二二七
第一節　壱岐牧山氏の朝鮮通交……二二九
㈠　三浦の乱以前の牧山氏の朝鮮通交……二二九
㈡　『朝鮮送使国次之書契覚』にみえる牧山氏の朝鮮通交……二三三
第二節　牧山氏による牧山源正印の名義料徴収……二三六
第三節　牧山源正印の所務者塩津留氏について……二三六
㈠　上松浦・壱岐時代の塩津留氏……二三六

㈡　壱岐塩津留氏の対馬亡命……二四九
㈢　対馬移住以後の塩津留氏の朝鮮通交……二五六
第四節　塩津留氏の牧山源正印入手のいきさつ……二六〇
むすび……二六六
第二章　一五九〇・九一年田平源兼と朝鮮礼曹との往復書契をめぐって……二七七
第一節　二書契との出合……二七七
第二節　田平源兼宛朝鮮国礼曹佐郎申光弼書契……二七九
第三節　朝鮮国礼曹宛田平源兼書契……二八四
第四節　『朝鮮送使国次之書契覚』と田平源兼……二八八
第五節　田平氏と田平源兼……二九一
㈠　朝鮮史料にみえる田平氏……二九二
㈡　日本史料にみえる田平氏……二九五
㈢　田平源兼とは……三〇三
第六節　二書契の所蔵者への伝来について……三〇五
あとがき……三一一

第一部　日朝両国史料より見た対馬島宗氏

第一章　宗氏の出自

――惟宗姓から平姓へ――

対馬はその地理的位置が日本列島と朝鮮半島の間に介在するかけはしの如きところにあるため、この島を支配した宗氏は、中世から近世末まで、日本と朝鮮との交渉の歴史の上で、まことに特異な地位をしめていた。中・近世日朝交渉の歴史は、宗氏なしに語ることができない。

ところで、宗氏の出自や系譜、歴代の事績その他対馬の歴史一般については、主に近世に対馬で編纂した家譜や史書の類、あるいは『寛政重修諸家譜』などがあって、一通りの知識を得ることができるのであるが、その記述には誤りが多く、確たる根拠のない所伝を、漫然ととりいれている例もあり、また後世の潤色も少なくない。しかし、従来の日朝関係史の研究では、宗氏に言及する場合、ほとんどそれら近世の所説に依拠して、すましてきている。日朝交渉のかなめに位置する宗氏自体の歴史を明らかにせずして、宗氏を中心に展開した日朝関係史を正しく把握することはできまい。筆者は、近世の所説に依拠することを排し、直接基本史料にさかのぼって、中世宗氏の歴史を再構成することを試みようと思うが、さいわい「宗家判物写」をはじめ島内諸家の中世古文書など、対馬には豊富な古文書類が伝存しており、また朝鮮の文献にも、対馬関係の記事が多くあって、よりどころとすべきものが少なくない。かつて三浦周行氏が、宗貞茂の没年について、『世宗実録』の記事によって確証をあげ、従来の系譜所伝を訂正された例もある。(1)そこで、本章では、まず対馬の歴史の中で、もっとも潤色の多い宗氏の出自の問題をとりあげて、従来の所伝にとらわれることなく、根本史料にさかのぼった復元的考察を試みようと思う。宗家自身としては、その出自に関して、古くより、平知盛の後と称しており、また幕末から維新にかけての王政復古の風潮の中では、安徳天皇後胤説を打ち出している。かつて竹内理三氏は、それらの所伝をしりぞけて、宗氏が古く惟宗姓を名乗っていることに注目し、宗氏は「平安時代以来、大宰府の官人として九州に繁延した惟宗氏の系統である」とされた。(2)筆者も基本的には、竹内氏の説に賛成である。そして対馬在庁関係文書その他の史料を検討した結果、宗氏は、大宰府在庁官人惟宗氏の一支流である対馬在庁官人惟宗氏が、武士化したものであるとの考えに達した。また、宗氏の対馬来住の起源としてよく言われる寛元四年の阿比留氏征服の話も、後世の虚構であるとし、さらに宗氏を平知盛の後とする説の成立の事情についても考察した。

第一節　対馬国在庁官人阿比留氏と惟宗氏

対馬の厳原八幡宮関係の古文書の中に、同社の燈油料畠の事に関して国裁を請うた、永暦元年（一一六〇）三月日付の解文があり、(3)それに「在庁官人等、加進署判」として、大椽阿比留・椽阿比留・椽阿比留、都合三人の在庁官人阿比留氏が、連署しているのが見える。これは、対馬の在庁官人署判文書の初見であって、当時、大椽或いは椽の雑任国司が、在庁を形成していたことが知られる。また、同じく厳原八幡宮関係の古文書の中には、文治五年（一一八九）四月二日付の目代伴朝臣・大椽阿比留・椽阿比留・椽阿比留・椽阿比留・椽阿比留の連署状もあって、(4)そのころの対馬の在庁が、大椽或いは椽の阿比留氏によって独占されていたことがわかる。なお、在庁阿比留氏の早い例としては、厳原町豆酘の多久頭魂神社の梵鐘の銘文（康永三年（一三四四）七月二十五日付）に、かつて寛弘五年（一〇〇八）八月二十八日、この鐘を初鋳したときの檀越として名の見える「正六位上権椽阿比留宿禰良家」があり、さらに降って仁平三年（一一五三）十月三日、これを再鋳したときの願主として名の見える「正六位上行椽阿比留宿禰吉房」がある。これによれば阿比留氏の在庁官人としての足跡は、十一世紀初頭までさかのぼることができ、以後対馬に勢力をふるってきたことがわかる。

ところで次にあげるのは、建久六年（一一九五）五月五日付の「御神宝料物内京進并博多交易算用目録」に見える署判者で、当時の対馬在庁の構成員を示している。

(A)　対馬島
　　注進　御神宝料物内京進并博多交易算用目録事
（中略）
　　建久六年五月五日
　　　　　　権大目藤原在判
　　　　　　椽阿比留在判
　　　　　　椽藤原在判
　　　　　　椽阿比留在判
　　　　　　椽惟宗
　　　　　　椽藤原在判

掾阿比留在判(5)

これによれば、従来とちがって、藤原氏と惟宗氏が加わっているのが注目される。ただし、在庁内部での彼等の地位の序列は、藤原某が権大目であるのを除いて、他の六名はいずれも椽で官人としての身分は同じであるが、その署判の位置から、阿比留が最上位で、藤原がこれにつぎ、惟宗は第三位であることがわかる。

ではこれら諸氏の勢力関係はその後どうなっていったのであろうか。前記建久六年よりも時代の降ったところに、在庁官人連署の文書があれば、それを的確に知りうるのであるが、残念ながら、そういう文書を見出すことはできない。そこで間接的な史料ではあるが、次の文書が参考になる。

(B)　正八幡宮政所下　講師良円申

(中略)

延慶三年六月三日

大宮司阿比留判
大宮司阿比留判
大宮司惟宗判
大宮司阿比留判
大宮司阿比留判
大宮司惟宗判
大宮司阿比留判
大宮司阿比留判

大宮司阿比留判
正大宮司惟宗判[6]

これは、前掲(A)の史料から一世紀あまり後の延慶三年（一三一〇）の正八幡宮政所下文である。この正八幡宮は、厳原八幡宮のことで、木坂（上県郡）の八幡宮を上津八幡宮と言うのに対して、下津八幡宮と呼んでおり、国府（厳原）にあって、島内随一の名社である。ここに署判を加えている十名は、惟宗と阿比留で、共に前掲(A)に在庁官人として登場していた氏である。ところが、ここでは惟宗が、正大宮司として、第一位で署判し、阿比留は残り九人の大宮司の筆頭を占めてはいるものの、惟宗に首席を譲っている。これは、正八幡宮の役職という特殊な場においてのことではあるが、一世紀あまり前に阿比留氏の驥尾に付して署判第三位で、ようやくただ一人惟宗氏が登場していた状況から考えると、その間に、対馬において、惟宗氏の勢力が大きく伸長してきていることを想定してもよいのではなかろうか。対馬にとってはどちらかといえば新参の惟宗氏が、古くからこの地に根を張っていた阿比留氏を押えて、正八幡宮神官の序列で上位になっているということは、惟宗氏が急速に阿比留氏を追い上げて勢力を伸ばし、かつての力関係を逆転させるところまできていることを思わせる。ただし、前掲の(A)文書と(B)文書では、かたや在庁官人、かたや神官と、署判者の職掌が異なるので、両方の署判序列を単純に比較するのは問題がある。しかし、藤定房がその著『対州編年略』（一七二三年成立）で、掾と神職は、いにしえより兼帯であったと述べていることを[7]考え合わせれば、(B)文書の署判に見える惟宗・阿比留計十人の神官は、（すべてではないかもしれぬが）在庁官人の兼帯であるということも十分ありうる[8]。もしそうであるとすれば、その序列は恐らく、当時の在庁の序列を反映したものになっているはずである。

とすれば、(A)(B)両文書の署判を比較することによって、十二世紀末から十四世紀初頭にかけての一世紀余りの間の対馬在庁における阿比留と惟宗の勢力の逆転を言うことはあながち無理ではなかろう。

第二節　在庁官人惟宗氏と対馬国地頭代宗氏

前節で見た十二世紀末から十四世紀初頭にかけての百年あまりの間における、阿比留氏と惟宗氏の勢力関係の逆転は、なぜ起ったのであろうか。そのことを考えるには、惟宗氏と宗氏の関係を考察する必要がある。以下それについて見よう。正大宮司惟宗某が首位に署判した正八幡宮政所下文（前節(B)文書）が発給された延慶三年（一三一〇）を中にはさんだ前後の年代に、やはり惟宗姓を名のる盛国なる者の発給した文書がある。一通は、永仁六年（一二九八）八月十八日付で、「地頭惟宗盛国」[9]と署判をして、仁位村観音堂へ寄進をし、前の正地頭二代の菩提その他の祈禱を命じたもの[10]、他は元応二年（一三二〇）四月十四日付で、やはり「惟宗盛国」と署判をした和与裁許状である。[11]ところで、この惟宗盛国は実は宗氏である。それは『神社棟札写』[12]所収嘉暦三年（一三二八）十二月廿一日付の「府内（厳原）八幡宮棟札」に「大檀那　願主　宗馬入道沙弥妙意」とあり、妙意は盛国の法名である（盛国と妙意が同一人であることは花押の一致による）[13]から、盛国は、一方で宗と称したことがわかる。すなわち正八幡宮政所下文首位署判の正大宮司惟宗某の存在と時を同じくして、惟宗姓を名のる宗氏のいることが明らかとなった。

そこで、盛国にいたる宗氏の歴代をみると、現存の確かな史料でわかる限りでは、文永の役（一二七四）に戦死した宗右馬允資国が、対馬島宗氏の初見である。ついで弘安九年（一二八六）から正応五年（一二九二）頃に宗右馬太郎入道があり、そして永仁六年（一二九八）以降に、先にあげた盛国の発給文書がみられる。これら宗氏は、いずれも対馬国地頭代であった。(14) 対馬の守護および地頭職は、十三世紀の初頭以来鎌倉時代末まで、武藤氏（後の少弐氏）に属していた。(15) 守護・地頭を武藤氏が兼帯し、地頭代が宗氏という体制は、おそくとも十三世紀なかばすぎには成立していたとしてよかろう。ところが、武藤氏は大宰府に居住していたから、現地にあって直接島内の政治を司ったのは、地頭代である宗氏であった。武藤氏は、宗氏に島内住人にたいする公事免除を指令したり、裁許状に袖判を加えたり、あるいは島人の要請に答えて所領を安堵したりして、一応島内政事に関与してはいるが、島人の申請により外題安堵を与えた場合にも、次のように地頭代盛国の挙状を安堵の根拠としているのである。

（外題）
帯地頭代盛国挙状候間、定能所申無相違歟、早任先例、可令領掌之状如件、

応長元年後六月七日　（花押）○武藤貞経

（定能の安堵申状略）(16)

また、盛国が地頭代でありながら、先にあげたように、自ら地頭と称しているということこそ、実質は地頭とほとんど変らない実権をふるっていたことの反映にほかならないであろう。つまり宗氏は、対馬の現地における幕府系統の最高責任者であったと云ってよい。

以上要約すれば、延慶三年の正八幡宮正大宮司惟宗某と、時を同じくして惟宗盛国なる者があり、これは宗氏であった。そして、宗氏は、十三世紀なかばすぎより史料に現われ、対馬国地頭代として、幕府系の現地最高責任者であった。このようにみてくると、惟宗氏は、単なる在庁関係者というだけではなく、宗氏を称して幕府勢力と結びついて活動する一面をあわせもっていたことになる。この一面こそ、阿比留氏には見られないところである。前述の建久六年（一一九五）から延慶三年（一三一〇）にかけての一世紀あまりの間におこった、阿比留氏と惟宗氏の勢力の逆転は、

惟宗氏が、一族から地頭代を出すほどまでに、幕府勢力と結びついたことによって起ってきたのではなかろうか。

対馬の管轄機関である大宰府においても、石井進氏によれば、古くからの府官人である惟宗氏は、鎮西奉行天野遠景あるいは武藤資頼に協力して、鎌倉幕府による大宰府機構掌握・再編成に大きな役割をはたし、その結果、鎌倉時代の大宰府在庁官人の姓別構成は、平安時代大多数をしめた諸雄族が、殆ど姿を消し、惟宗氏だけが、圧倒的多数をしめるに至ったといわれる。(17)対馬在庁官人惟宗氏は、その所属する在庁が、大宰府の管下にあるところからみて、大宰府在庁官人惟宗氏とは、恐らく系譜的なつながりをもっていたと考えられ、大宰府惟宗氏の動き――幕府勢力との結合――に無関係ではありえなかったと思われる。この点からしても、対馬在庁惟宗氏の幕府勢力との結合は、十分考えられることである。そして、それが阿比留氏との勢力交替をもたらしたとする先の推測は、大宰府在庁惟宗氏の場合から類推しても肯定されてよいであろう。

ところで惟宗氏は、なぜ宗とも称したのであろうか。それは元来、在庁官人の家柄であった惟宗氏が、地頭代をも勤めるようになった時に、その武士的活動を本来の律令官人としての活動と区別するために、武士的活動の領域においては、従来の惟宗から一字をとって宗と名乗るようにしたということであろう。(18)在庁官人惟宗氏の武士的側面が、宗氏なのであり、対馬の宗氏は、在庁官人惟宗氏の武士化したものである。

ところで、通説によれば、対馬と宗氏の関係は、寛元四年（一二四六）の阿比留征伐に始まると言われる。それは、当時対馬の在庁官人として勢力のあった阿比留氏が、大宰府の命に服さなかったので、この時、平知盛の孫に当る重尚なる者が、大宰少弐武藤氏の命を受けて兵を率いて対馬に渡り、在庁阿比留平太郎を討ち、武藤氏より対馬国地頭職をうけて対馬島宗氏の始祖となったと言うもので、『寛永諸家系図伝』『宗氏家譜』（貞享三年本および享保二年改訂本）

『対州編年略』『寛政重修諸家譜』、そのほか『対馬国記』『宗家世系私記』等に述べる所である。そして『対馬島誌』『新対馬島誌』等においても、この説は、平知盛後胤説に対して否定的であることを除いて踏襲され、宗氏の対馬入島は、寛元四年の阿比留征伐に始まるとするのが通説であった。しかし、これまで見てきたことによって平知盛後胤説が否定されるのは勿論、寛元四年新たに入島したと言うのも誤りであることは明らかである。では阿比留征服説はどうかと言うと、直接これを肯定または否定するような史料は残っていないので不明であるが、その後も阿比留氏が依然として存続し活躍していることからみて、ある特定の武力行動を契機として、宗氏の覇権が突如確立したとは考えられない。この阿比留征服説が文献上最も早く見られるのは、近世初頭の『寛永諸家系図伝』であることからみて、この説は、対馬における宗氏の支配が確立した以後のある時期に、その起源を説明するための説話として仮作されたとみるのが順当であろう。

なお、宗氏の先祖を平氏とする説は勿論正しくないが、その後宗氏は実際に平姓をとなえ、平知盛の後と称しているので、次節で、そのようになった歴史的背景を考察しよう。

第三節　宗氏の改姓——惟宗から平へ——

宗氏が本来惟宗姓であったことは前節で見たとおりで、島内の諸神社の棟札など改まったところでは「惟宗朝臣宗某」と署するのが例であったが、やがてこの惟宗姓を改めて平姓とし「平朝臣宗某」と署するようになっている。この改姓の時期がいつごろであるかを次に見ておこう。大永三年（一五二三）に、(19)島主宗盛長が仁位郡仁位村（現在の下県郡豊玉町仁位）の天満宮を改建したときに納めた棟札に次のごとくある。

（前略）
窃惟郡主　惟宗朝臣宗信濃守満茂、永享三年三月八日作新焉、大工宮内太夫松盛・宮内善仕房、従是也降、宗主
改旧民〔氏〕以為平、以玆満茂公宗信濃守、初称平朝臣焉、（中略）
国主平朝臣宗彦次郎盛長再興之、敬勤修者也、（中略）
寔大永三年癸未八月十日(20)（下略）

この文言は大永三年の改建にあたって、それまでの天満宮の作事の沿革を回顧して記述した部分である。これによれば「惟宗朝臣宗信濃守満茂」が、永享三年（一四三一）三月八日、仁位天満宮の作事を行なっていることがわかる。満茂は仁位の宗氏で、当時仁位郡の郡主であった。そしてこの作事よりまた時を経て、宗主（宗氏の本家）、すなわち島主家で旧来の惟宗姓を改めて平姓にした。そこで満茂の方すなわち仁位宗家でも、初めて平朝臣を称するようになったとのことである。これによると宗氏の平姓への改姓は、永享三年（一四三一）以降のある時期に、島主家がまずふみきって始まったことがわかる。そこでこの改姓の時期をいま少し限定するために、関係史料を列記してみる。

①永享十二年木坂八幡宮棟札
奉再興上津八幡宮御宝殿一宇
右意趣者、為天長地久御願円満、国土太平、殊者、当国之守護惟宗宗刑部少輔貞盛、寿命長遠、（中略）
旹永享拾弐年庚申九月廿三日
（奉行・宮司・大工名略）

これは上津八幡宮、すなわち上県郡峰町木坂の海神神社（木坂八幡宮）に現存する棟札の一つで、永享十二年に、宗貞盛が同社の普請を行なったときのものであり、『神社棟札写』にもおさめられている。

②文安二年厳原八幡宮棟札

奉再興下津八幡宮壱宇

右意趣者、為天長地久、御願円満、国土太平、殊者、当国守護惟宗朝臣刑部少輔貞盛、子孫繁昌、殿内安穏、

諸人快楽也、宗此間文字滅貞盛

（奉行・大工名略）

于時文安二年乙丑仲春吉日

これは下津八幡宮、すなわち下県郡の厳原八幡宮の棟札の一つで、文安二年（一四四五）に、宗貞盛が同社を普請したときのものである。『神社棟札写』におさめられているが、原物は伝存していない。

右の①は永享十二年（一四四〇）、また②はそれより五年後の文安二年（一四四五）の年紀があるが、いずれも宗貞盛が対馬の守護として惟宗を名乗っているのが見える。このころ宗氏は、まだ惟宗を称していたことがわかるが、次の史料になると惟宗を改めて、平姓を名乗るようになっている。

③高野山金剛峯寺蔵高麗再彫版大般若経宗貞盛等寄進記

大般若経巻第一の記入墨書

「奉寄進　八幡宮

平朝臣宗刑部少輔貞盛（花押）

平。朝臣宗彦六成職（花押）」

同経巻第十の記入墨書

「平。朝臣宗刑部少輔貞盛
平。朝臣宗彦六成職
宝徳元年己巳霜月二日」

これは高野山金剛峯寺所蔵の高麗版（再彫）一切経のうちの大般若経の巻第一および巻第十に記入された墨書である。(21)この一切経は慶長四年（一五九九）三月、石田三成が母の菩提のために高野山へ奉納したものであるが、(22)その中には右の記入墨書に見えるごとく、かつて、宝徳元年（一四四九）に宗貞盛（対馬守護）と同成職の父子(23)によって某八幡宮（おそらく厳原八幡宮）(24)へ寄進されていたものがふくまれていたことがわかる。ところでこの記入墨書によると、宝徳元年の寄進にあたって、宗貞盛は子息の成職とともに平朝臣を称している。管見のかぎりではこれが宗氏の平姓使用の初見であり、以後平姓を名乗った例がしばしば見えるようになる。

④木坂八幡宮旧蔵大蔵経宗貞盛等寄進記

大蔵経の始めに

「奉収　伊津八幡宮　大蔵経全部
宝徳肆年竜集壬申初夏二十八日
願主平。朝臣宗刑部少輔貞盛
宗　彦六成職」

と見へ候、

同経の終に

「　願主平朝臣　宗刑部少輔貞盛

　　　　　　　　宗　彦六成職

　　　　　　旹宝徳肆季壬申卯月念八日」

と見へたるは、宗家九代八世の公と十代九世の公の御名なり、

これは明治八年（一八七五）に木坂八幡宮の宝物類を調査した時の記録である『対馬紀事附録抄書・一切経之銘文及目録之類』[25]と題する書物に記されているものである。かつて木坂八幡宮には大蔵経があり、明治八年のこの調査では、その目録を作るとともに、各経巻の刊記や記入墨書をこまかく記録している。しかし、大蔵経の原物は、その後他所へ持ち出されて[26]、今はない。

右の記事によると、宗貞盛と同成職父子が宝徳四年（一四五二）、伊津八幡宮すなわち木坂八幡宮（木坂八幡宮の鎮座する山が伊豆山であるところから、伊津八幡宮とも言った）へ大蔵経一揃えを寄進したことがわかるが、その際、宗貞盛・成職父子は平朝臣を称している。

⑤宝徳四年黒瀬城八幡宮棟札

奉再興城八幡宮御宝殿一宇、専祈　天下泰平、（中略）

大檀越平朝臣成職敬白　　　　　　　　　　　　（奉行・大工名略）

旹宝徳四年壬申八月廿四日　謹書

表I　宗氏平姓朝鮮遣使の初見

遣使者	平姓遣使の初見	初出時の肩書姓名
宗貞秀	『世祖実録』七年（一四六一）四月丁亥条	対馬州平朝臣宗彦九郎貞秀
宗茂世	同書八年（一四六二）九月丁亥条	対馬州平朝臣宗彦八郎茂世
宗盛直	同書十年（一四六四）八月戊戌条	対馬州守護代官平朝臣宗右馬助盛直
宗貞国	同書十年（一四六四）八月癸未条	対馬州平朝臣宗彦七貞国
宗茂次	同書十年（一四六四）九月丙子条	上津郡追捕〔浦〕平朝臣宗伯耆守茂次
宗成職（島主）	同書十一年（一四六五）三月庚戌条	対馬州太守平原（マヽ）朝臣宗成職
宗茂友	同書十一年（一四六五）十一月戊午条	佐護郡代官平朝臣宗大膳助茂友
宗盛家	同書十二年（一四六六）六月戊午条	平朝臣宗盛家

これは下県郡美津島町黒瀬の城八幡宮（黒瀬八幡宮とも言う。今の大吉戸神社）の宝徳四年（一四五二）の棟札で、『神社棟札写』におさめているものである。ここでも宗成職は、平朝臣を称している。なお④に見えた対馬守護宗貞盛は、この年六月二十二日にすでに死去し(27)、宗成職がその後を継いでいた。以上③④⑤の事例を見ると、宗氏は少なくとも宝徳元年（一四四九）以後は平姓を使うようになっていたものと思われる(28)。

このような惟宗姓から平姓への転換は、国内向けだけではなく、島主をはじめ宗氏一族の朝鮮への遣使の名乗りについても見られる。宗氏の惟宗姓による遣使の例としては、『太宗実録』十六年（一四一六）五月己亥条に「対馬州唯〔惟〕宗信濃守満茂」が般若経求請の使人を送った記事がある。この宗満茂は、さきの大永三年（一五二三）の仁位村天満宮の棟札に見える人物である。このほか宗氏が惟宗を名乗った遣使例は見えないが、これはそういう名乗りによる遣使がほかになかったことを意味するのではなく、朝鮮側で遣使を記録する際に、きまりきったようについている惟宗姓を省略するのが例になっていたことによると考えられる。平姓についても、むろん同様な事情は考えられるが、それでも世祖七年（一四六一）以後になると、表Iに示すごとく、宗氏一族や島主の平姓による遣使記事が相ついで見えるようになり、そこに一つの動向を読みとることはできる(29)。

これによると、朝鮮史料での平姓初出（世祖七年・一四六一）は、島内での平姓初出（宝徳元年・一四四九）に十二年おくれているが、島内での平姓改姓に対応して対外的にも平姓への転換が行なわれた様子が読みとれる。ところが、このような平姓使用の流れの中で、まことに奇妙な例が一つある。それは次の史料である。

⑥旧仁位清玄寺鐘銘

　今上皇帝聖寿万安
　　国主惟宗朝臣　貞国
　　本寺檀越惟宗朝臣信濃守盛家
　　　　并子息職家
　　　　信女祚庭祐啓
　筑前州葦屋金屋大工大江　貞家
　　　　　小工十五人
　応仁参年己丑十月二十二日
　住持比丘雲梯妙騰謹誌旃
大日本国対馬仁位郡渓岳山清玄禅寺住持雲梯和尚
　欲鋳鉅鐘以啓発濁世之昏瞶

この鐘銘は、その昔、仁位郡清玄寺にあった梵鐘のものである。この鐘は享保十一年（一七二六）に清玄寺から府中万松院に移され、ついで同十九年に、同じく府中市ヶ峰の時鐘堂に移され、以後近年までそこで用いられてきたものである。[30] 清玄寺は、宗信濃守満茂が仁位宗氏一門の祈禱所として建立し、[31] 以後仁位宗家歴代によって、手厚く護持されてきた寺である。

応仁三年（一四六九）の年紀をもつこの鐘銘では、島主宗貞国も仁位郡主宗盛家も、[32] ともに惟宗朝臣を称している。これは、前述の宗氏の平姓使用の初見である宝徳元年以後、今日知ることができる史料のうちでの唯一の惟宗姓使用例である。

⑦文明八年厳原八幡宮棟札

奉再興　大日本国対馬州与良郡府中　正八幡宮壱宇（中略）

伏願、天下泰平国土安全、殊冀　大檀越当州主平朝臣宗刑部少輔貞国・子息宗彦七盛貞等、聞于功名天下、

（下略）

實（マヽ）文明八天丙申十二月吉日　謹誌　（奉行・宮司・大工名等略）

これは府中正八幡宮、すなわち厳原八幡宮の文明八年（一四七六）の棟札で、『神社棟札写』におさめられている。ここでは島主宗貞国およびその子息宗彦七盛貞が、ともに再び平姓を用いるようになっている。さらにその後の平姓使用の例としては次のようなものもある。

⑧文明十三年木坂八幡宮棟札

奉　再興上津八幡宮御宝殿一字

右意趣者、天長地久、御願円満、国土太平、殊者、当国守護平朝臣宗刑部少輔貞国并盛貞、寿命長遠、（中略）

辛
丑
文明拾三年　八月　日

奉行　平治部大輔国次
宮司　藤原朝臣京円
大工　藤原備前守貞家

文明十三年（一四八一）のこの棟札は、木坂八幡宮に原物が伝存している。勿論、『神社棟札写』にもおさめられている。右の記事によれば、守護宗貞国が平姓を名乗っているほか、奉行として平治部大輔国次がみえるが、これも同じく宗氏で、文明十三年から延徳三年（一四九一）にかけて、「社家御奉行宗治部大夫国次」として文書を発給している人物である。(33)この他、実例は省略するが、これ以後、宗氏が、島内諸社へ納めた棟札等においては、すべて平姓が使われている。

以上、宗氏は宝徳元年（一四四九）頃から平姓を使い始め、やがて一四六一年頃からは朝鮮むけにも平姓を用いているのであるが、途中、応仁三年（一四六九）に一時、惟宗姓を用いている。この事実をどう理解すればよいであろうか。惟宗であれ平であれ、それは宗氏一族が、その歴史的由来をもふくめて、みずからを如何なるものとして理解しているかということの象徴であるので、その変更は、宗氏の歴史を考える上で、見逃すことのできない事柄である。最初の惟宗姓から平姓への変更についても、またその後の惟宗姓の一時復活についても、それぞれ、重大な動機や背景があったはずである。以下、その点について考えてみたいと思うが、まず注目すべきは、文明九年（一四七七）十二月の年紀をもつ「順叟大居士即月大姉肖像賛并序」(34)（以下「順叟・即月肖像賛并序」と略す）であろう。これは、宗氏の出自や歴史についてのまとまった記述として、もっとも古いものである。これは、当時の島主貞国の弟である国分寺住持崇睦(35)

がえがかせた両親(36)（順叟すなわち宗盛国(37)および即月大姉）の肖像に付された賛とその序で、崇睦の請嘱によって僧仰之梵高(38)が書いたものである。その性質上、潤色も多いが、宗氏の始祖より順叟に至る系譜関係や事績を記しており、宗氏の歴史を考察する際の基本的史料である。次に全文をあげる。

順叟大居士即月大姉肖像賛并序

謹原宗家之淵源、杳杳華冑、誠可畏以敬也、其先忠盛公、事後白河(マヽ)帝、尤有大勲、因賜祇園后、乃有帝之遺腹、鞠以生長焉、謂之平相国清盛公、其三男、朝盛為国戦死矣、于時有褓襁之嬰児、乳母抱以逃于山中、後大宰君承三州二島之命、将即国、乳母竊抱以嘱之大宰君鞠以為己子、終執大宰之兵権、而轄于三州二島、竟退文永毛胡之敵、而威震天下者、廼其後也、其後妙意、其子宗慶彦次郎、与大宰君同為今殿下五世祖尊氏大将軍、竭戦功於無弐、而救民於塗炭、今天下之為天下者、実宗慶之力也、大将軍特以宗刑部、拝九州侍所職賞賜焉、今順叟大居士相伝于家者也、其忠勲武烈、具載太平記・梅松論、今略之、有弟曰宗香、今之諸宗者厥後也、宗慶生善勝寺、讃州太守者、其子也、讃州生三男、長謂貞盛継其家業、家本州佐賀、其子成職、相継治国者十七年、無嗣、大居士乃讃州之次男、貞盛之寵弟也、時運之所令然、大居士兵、数以不利也、大居士年甫十七歳、率兵甲十数卒伍数十、奪抗于海、衝入于敵、攻城略地、終取大内君徳雄之首、而頗欲復厥運、雖然、陳渉〔勝〕呉広乎、慶豈可敵強秦耶、復拉新九郎、取其首、爾来自提三尺、退敵於八面者十数回、文安元年八月十七日、終戦死于春日岳、而名聞于天下、実三十八歳也、中国人家、若有妖疾、則言公之姓名、致相威而以痊之、其威如此、猶以一世之間、不能復運※保国、人以慊焉矣、其子今国主貞国公、以成職無嗣、合国推以称主、遂助大宰君、復三州之地、而九州属指麾、道家所謂陰徳陽報者、徴之於大居士也、国主之治※〔次〕□(弟)国分師、久遍歴湖海、数歳之前、罷韜光以来帰矣、国主乃改建国分精舎、以俾居之、師命画工、絵大居士并大姉之尊容、永以充常住之供養、于此写真之後、不幾八月十日、大居士托盛貞公、為師謝写真、純孝之心、爽霊増以新者乎、大姉亦宗香之彦孫、今仁位郡主職家之姨母也、所謂同姓一家、実万世太平之洪基也、今需讃詞于予、粗書所聞譜系之大数、以奉塞厥責、賛以一偈云、

非女非男是此人、白河後裔絶凡倫、

太平家業頼三尺、生忢凛然千万春、

文明丁酉仏成道後三日（九年十二月十一日）

景徳野衲仰之叟梵高焚香拝書

※「保」は、陶山存著『考証録』の「順叟大居士肖像賛序之事」には無い(39)。

※「治」は、芳洲書院（滋賀県伊香郡高月町）所蔵『津島叢書』には、「次」に作る。「次」の下の欠字は「弟」ではないかと思われる（第四章注(32)参照）。

これは、現在見られる限りで、宗氏の平知盛後胤説を記した最も古い史料である。しかもここで注目されるのは、平氏と結びつけることにより、宗氏を結局は、白河天皇の子孫としていることである。すなわち、白河天皇の孫にあたる平朝盛（知盛）が源平争乱で戦死したとき、幼少の遺児があり、これが大宰君（武藤氏）の庇護をうけて、武藤氏の子として生長し、大宰府の兵権をとって、三州二島を管轄したが、対馬宗氏はその後であるとしている。実際には、宗氏は武藤氏の被官の家柄にすぎなかったにもかかわらず、その出自を平氏として、皇胤説をとることによって、かえって武藤氏を、流離の貴種である宗氏の始祖にたいする奉養者として位置付けているわけで、ここではむしろ、逆の主従関係が主張されているといえよう。

そこで宗氏と武藤氏（少弐氏）の関係をみてみると、先に述べたように、当初宗氏は対馬の地頭代で、守護・地頭である少弐氏の被官であり、南北朝の争乱には少弐氏と行動を共にし、九州本土へしばしば出兵している。その後十四世紀の後半、島主澄茂の時、宗氏自身が対馬の守護となって、対馬に関する限り少弐氏の支配を脱したが(40)、両者の主従関係はその後も続いていた。なお、宗氏は筑前・肥前に相当の領地を有し(41)、これは耕地のほとんどない対馬にとって貴重な米穀供給源となっていたが、これも少弐氏との関係によって獲得したものと思われる。少弐氏は、探題今川了俊の召還後は、かわって探題となった渋川氏の命に従わず、探題およびこれを後援して九州に進出しようとする大内氏との間に、抗争をくりかえした。そして次第に敗退してゆくのであるが、その間において注目すべきは、少弐氏にとって対馬が最後のよりどころとなっていることである。少弐氏は大内氏に敗れて筑前の本拠を追われると、その都度、対馬へ遁れ、回復を図っているのである。

まず、正長元年（一四二八）頃、少弐氏はその本拠を失って、当主満貞は、菊池氏に寄寓したが、その子小法師丸（資嗣）は、永享元年（一四二九）冬に対馬に身をよせた(42)。次に満貞は、永享三年六月、大友持直と連合して、大内盛見を筑前萩原に攻めて自殺させたが(43)、同五年八月には、大内持世（盛見の子）の反撃にあって、筑前秋月に戦死し、その子息二人（一人は小法師丸）も討たれて(44)、満貞の遺族は再び対馬へ遁れた(45)。少弐氏はこの後、嘉頼（満貞の子）の代になって、永享十二年に幕府から許されたが(46)、しかし嘉頼は、嘉吉の変（嘉吉元年・一四四一）の際、幕命に従わなかったので、また も幕府の命をうけた大内氏の追討をうけて敗れ、肥前平戸源義のもとへ奔ったが、ついで対馬に投じた。少弐氏の三度目の対馬亡命である。これ以後、同氏は文明元年（一四六九）にいたるまで対馬に寄寓することになる。少弐氏の博多・大宰府その他の領地は、対馬亡命後、ことごとく大内氏の領有に帰したという(47)。

この後もひきつづいて、宗氏の軍は九州本土で大内氏と戦をまじえているが、文安元年（一四四四）八月には、肥前春日嶽（佐賀県佐賀郡）で大内軍に大敗し、島主宗貞盛の弟盛国が戦死した。[48] この時宗氏も、九州の領地を失ったと従来言われており、事実、対馬に残る九州領地の宛行状は嘉吉四年（文安元）四月十九日を限りとして、[49] その後しばらく見出せない。

ここに少弐・宗氏は、九州の領地を全く失ったのであるが、これ以後、少弐氏は、宗氏を主力として、筑前回復の戦をしばしば起こしている。まず年代は明らかでないが、少弐嘉頼が肥前上松浦に出兵して大内氏に敗れ、対馬へ逃げかえっている。嘉頼の死後は、その子教頼がつぎ、応仁元年（一四六七）に、対馬島代官（守護代）宗盛直らが、対馬の兵を率いて筑前に渡ったが、博多・大宰府間の見月（太宰府市水城）で大内・大友の軍と戦って敗れ、少弐教頼・宗盛直ともに戦死した。ところが、応仁文明の乱に大内政弘が山名氏にくみするにおよび、将軍義政は、少弐氏をとり立てて大内氏を牽制させようとした。これに応じて島主貞国は、文明元年（一四六九）七月、教頼の遺児頼忠を奉じて挙兵し、遂に大宰府を復し、筑前に領地を獲得した。[50]

しかし、このように長年の宿願をたっしたにもかかわらず、その後、貞国と頼忠は不和となった。『海東諸国紀』によれば、両者の不和は、頼忠が肥前千葉氏の内訌に介入して、いやがる貞国を強いて出兵させ、その結果、貞国の軍が大雪のために大敗して、対馬兵に多くの犠牲が出たことから始まったもののようである。文明三年（一四七一）春、朝鮮が、少弐氏および宗氏の筑前の旧地回復を祝って、宣慰官田養民をつかわすと、貞国はそれを迎えるためと称して、頼忠に無断で対馬へ帰ってしまったということである。[51] ただし、両者の関係は、この後もしばらく続いており、文明八年五月に、対馬の宗職盛・宗国久等を中心とする少弐の軍が、大内氏の代官陶氏と交戦し、同年六月当時もまだ対陣していることが、朝鮮から遣わされた対馬島宣慰使金自貞の帰朝報告に見えている。(52) なお後年、貞国の使人馬多老古が、朝鮮で礼曹の官人に語ったところによれば、かつて島主貞国が少弐氏に厚く仕えていたにもかかわらず、少弐氏は、旧地回復がなって本土に還ると、貞国が任命した代官（貞国は対馬へ引揚げたため、自身の代りに九州本土に置いた代官であろう）を薄待したために、貞国は少弐氏を嫌うようになったという。(53)

やがて中央での応仁文明の乱が終息すると、文明九年（一四七七）、大内政弘が本国にかえり、鋭意少弐討伐にのり出した。その際、政弘は事前に少弐氏と宗氏との不和を知り、将軍足利義尚を動かして、宗氏に対して少弐氏に加担しないよう呼びかけさせた。大内氏のかかる工作に対して、宗氏もまた大内氏へ使者を遣わして修好したということで、大内氏は、少弐氏との対戦の前に、宗氏をだきこむことに成功していた。少弐氏は、対馬へ援兵を懇請したが、宗氏は兵を出さず、その結果、少弐氏は同十年九月十四日に大内氏との決戦に完敗し、肥前へ遁走するのやむなきにいたった。この間の事情は、朝鮮へ赴いた宗氏あるいは大内氏の使者が語っているところによって知られるが、(54) 次にあげる大内の家臣相良正任の『正任記』によって、一層明らかである。

文明十年十月十二日、対馬国宗刑部少輔貞国江被遣御使僧候、去春、不可同意少弐之由之御奉書伊勢守貞宗書被付遣候処、今度、無御渡海之条、御祝着也、已後弥落人等、於対馬国出入、成敗可為御本望候由也、尾州書状同之、太刀一腰持遣之云々、

これは、大内氏が少弐氏との決戦後の十月十二日、貞国へ使僧をつかわし、貞国が将軍および大内氏の呼びかけに応じて少弐氏に加勢しなかったことをほめて、更に少弐残党が対馬へ遁れたら、これを討つよう要請したものである。また、同書の同月二十三日条にも、「宗刑部少輔〇貞国・波多下野守方江被遣御返書了」とあって、この日以前に、貞国

から大内氏へ書を送っており、この日、その返書を大内氏が出したことが知られる。この場合は、やりとりした書状の内容がわからないが、当時大内氏と宗氏の間に頻繁に書状の往復があったことが知られ、宗氏は大内氏ときわめて緊密な関係になっていたことがわかる。宗氏は文明十年にいたって、数十年来の宿敵大内氏と結び、以後少弐氏を支援しなくなったのである。

対馬への亡命をくりかえすようになってからの少弐氏は、独自の経済的・軍事的基盤を全く持たず、宗氏だけを頼りとしており、度々の出兵も全く宗氏の負担するところであったと考えられる。このように、宗氏がかなり長期にわたって少弐氏を支援していたのは、古くからの主従関係による恩義ということもあるが、それ以上に、宗氏自身の九州本土における所領を保全したいためであった。亡命者とはいえ、大宰少弐の格式をもち、またかつては三前二島の守護をも兼ねていた少弐氏を奉じているということは、宗氏の九州への進出の正当化の有力な根拠となりえたはずである。しかし、少弐氏を擁していることは、一方では、応仁文明の乱前後の激しい政治情勢の変転の中で、宗氏が有効に情勢に対応していく上での障害ともなるのである。少弐氏を擁している限り、これと伝統的に対立関係にある大内氏その他の進出に、弾力的に対応することは不可能であり、その立場にしばられて、かえって九州の所領保全が不利になるおそれもあったのである。少弐氏との関係を絶ったことは、大内氏が九州へ進出しようとする新情勢に対応したものであったが、同時に宗氏自身が過去の形骸にすぎない少弐氏という権威をすて、名実共に一個の大名としての立場を明確にうち出したことでもあった。

さて、先に宗氏が平姓を使いはじめた時期は、宝徳元年（一四四九）頃であることをみたが、これは少弐氏が嘉吉の変後に大内氏に完敗して三たび対馬に寄寓し、九州の領地をすべて失うことになってから数年後のことである。落目の少弐氏の三度目の亡命ともなれば、宗氏の側では、少弐氏をいただくことの有難味もかなり薄れざるを得ない。宗氏の惟宗姓は、その先祖が対馬の在庁官人であった時代以来の由緒があり、さらにそのもとを尋ねれば、大宰府官人の惟宗氏につながるものであり、同じく大宰少弐として大宰府に君臨した少弐氏と主従の関係にあった宗氏の姓として、本来まことにふさわしいものであったのである。しかし、いまや宗氏は対馬一国の守護であり、これにひきかえ、少弐氏はその領内に寄寓する一亡命者ということで、事実上、宗氏の恩顧にすがる立場になりさがっている。こういう状況になると、宗氏にとっては、少弐氏との主従関係の象徴とも言うべき惟宗の姓は、決して好ましいものではなくなってくる。宗氏が改姓を行なった理由はここにある。そして、新しい姓は当然のことながら、少弐氏とは関係のない、しかも少弐氏の格式をこえる由緒をもったものであることが望ましい。宗氏が新たに、その先祖を白河帝の後であるとする平知盛に求めて家系を作り、平姓への改姓を行なったのは、このような事情によると考えられる。平姓改姓は、すでに現実のものとなっていた少弐氏からの独立を、意識の上からも完成させるものとして行なわれたのであろう（ただし、平知盛後胤説が記された「順叟・即月肖像賛并序」の成立は、宗氏の平姓使用の初見から二十八年後であるので、改姓の当初から必ずしもそこにみえるような、整った形の理由付けが用意されていたかどうかはよくわからない。しかし改姓というような大事を、何の理由づけもなしに行なうということは、まずありえないので、「順叟・即月肖像賛并序」に記すような筋書は、ほぼ当初から出来ていたものとしてよいであろう）。

なおここで留意しておきたいのは、宗氏が平姓に改姓したといっても、「平」姓を記した史料が今日知りうるかぎりでは、大蔵経・棟札・朝鮮への書契（朝鮮の史料に見える遣使者名の平姓は使者のたずさえて行った書契がそのように名乗っていたことを示すと考えられる）で、そのいずれもが関係者以外の不特定の人の目にはふれにくいものであるということである。このようなものにだけ平姓をもちいているということは、宗氏としてなおそこに何等かの配慮、ことに領内に寄寓している少弐氏へのはばかりがあったのではないかとも考えられる。対馬寄寓中の少弐嘉頼は『海東諸国紀』によれば美女浦（上県郡峰町三根浦）に居住していたという。[55] 島主宗氏の居所佐賀（上県郡峰町佐賀）が上島の東海岸側にあるのに対して、三根浦は反対側の西海岸側に位置する。少弐氏は島政の中心地から、かなり離れた所（佐賀・三根浦間約十キロメートル）に追いやられていたわけで、宗氏が平姓を用い始めたことなども、それほど敏感に察知しえない状況にあったのではないかと思われる。ひとたび平姓を用い始めてから、二十年もたって、突然に仁位清玄寺の鐘銘にだけ惟宗姓があらわれるのは、梵鐘が鐘楼に掛けられて、広く一般の人目にふれるものであるということによるのではなかろうかと考えられる。それまでの平姓使用が、人目にふれにくいものに限られていたことと考え合わせると、宗氏は惟宗姓を捨てて平姓に改めても、なお少弐氏に遠慮して、少弐氏の目のとどかない所でだけ、平姓を使っていたということも一つの推測として考えられる。

しかし応仁三年十月付の清玄寺鐘銘の惟宗姓使用は、対馬在住の少弐氏への単なる配慮というだけではなく、もっと積極的な意味もあったと考えられる。というのは、先にのべたように、宗氏は、少弐氏をとり立てて大内氏を牽制しようとする将軍足利義政の命によって、この年七月、少弐氏を奉じて九州に出兵し、筑前の地を回復したばかりだからである。この時には、少弐氏を奉ずることが、宗氏の九州出兵のまさに大義名分となったのであり、むしろ少弐氏との主従関係は内外に喧伝されるべきものであったはずである。とすれば、この直後に作られた清玄寺の鐘銘に、平姓ではなくて惟宗姓が用いられているのは、むしろ当然のことと言えよう。

しかし、先にのべたように、この後間もなく、宗氏と少弐氏は不和となり、ついに文明十年、宗氏の方から袂を分かったのであるが、文明九年十二月の「順叟・即月肖像賛幷序」は、そうした気運の高まりのなかで、書かれたものであった。肖像画そのものは崇睦の両親（宗盛国と即月）への孝養心から作製されたものというが、「順叟・即月肖像賛幷序」の方は、盛国や即月のことよりもむしろ宗氏が白河帝の後であり、平知盛の遺児に始まることや、宗氏の歴代についての記述に多くを割いており、単に盛国夫婦の行実をたたえるためにだけ書かれたものとは思われない。むしろん肖像賛の序のごとき性質のものは、当人の事績のみでなく、先祖についても記すのは、ごく普通のことではあるが、それにしても先祖の来歴にこのように多くを費やしている例は、この後の宗家関係の人物の肖像賛の序にも類をみない。「順叟・即月肖像賛幷序」には盛国夫婦に托して、宗氏が白河帝の後で、平知盛の遺児に始まるとの説を公式に表明しようとする、きわめて政治的な意図が感じられる。平知盛後胤説の公式表明は、とりもなおさず少弐氏との決別を意味するものであったといえよう。[56]

注

（1）三浦周行「応永の外寇の真相」（同氏著『日本史の研究』第二輯）。
（2）竹内理三「対馬の古文書」（『九州文化史研究所紀要』第一号）。
（3）竹内理三編『平安遺文』三〇九二。今日原文書は伝わらない。
（4）竹内理三編『鎌倉遺文』三七九。今日原文書は伝わらない。
（5）『対州編年略』建久六年条。
（6）貞享四年宗家判物写『享禄以前八郡御旧判写』与良郡須藻村俵幾左衛門所持分。
（7）『対州編年略』応永四年丁丑六月三日条に、対馬島大椽阿比留三郎兵衛尉を同国下県郡鶏知村の住吉社の神主職に補任し、以後政務に預らせず神職となしたことを記し、ついで「椽・神職、自古兼帯之故也」と記している。
（8）本来、在庁官人の職名である「大椽」が神社の社役をとりしきる神官を指すものになっている例としては、たとえば次のごとく、いくらもその例がある。

大椽職之事、申付所也、任先例、社役等之事、可被致成敗之状如件、

文安六　六月廿四日　　貞盛（花押）

大椽大和守殿

（宗家判物写『享保八年与良郷給人寺社足軽百姓御判物写』鶏知村大椽阿比留七左衛門持来り分）

さらには、例えば次のように何々宮大椽職などという用例もある。

木坂八幡宮大椽職之事、任先規、其方家筋より相続可仕者也、

宝永六己丑年正月元日　御朱印〇宗義方

阿比留弥右衛門とのへ

（宗家判物写『享保八年三根郷給人寺社足軽百姓御代々御判物写』志多賀村百姓神主兵蔵所持分）

右の場合など特にそうであるが、現実の在庁機構が、なくなってしまった後まで、ながくその職名である大椽が、神官を意味する言葉として生き残っていることは、かつて在庁機構健在なりし時に、その官人がごく一般的に、職務として神官を兼帯するならわしになっていたことの遺制と考えられる。

かつて筆者は旧稿「対馬島宗氏世系の成立」（『日本歴史』第二〇八号、昭和四十年九月）において、文治五年四月二日付の厳原八幡宮の古文書で藤秋依なる人物が在庁官人の職にあるが故に、正八幡宮の主神司なる職に補任されていることを論じ、さらにこの主神司が翌建久元年七月六日に大宮司と改称されたとする『対州編年略』の所説を使って、正八幡宮の大宮司は在庁官人が職務として兼帯するものであるとした。しかしその後、『対州編年略』の所説が論拠としていると思われる、建久元年七月六日付の下津八幡宮の古文書の写（故賀島由己氏旧蔵『郷社八幡宮神社昇格追願書』ならびに同氏旧蔵『八幡宮考証』等所収）を見るに及んで、同書の所説が誤りであることがわかったので、本稿では旧稿の論証を一部改めたことをことわっておく。

(9) 盛国は、実は後述するごとく地頭ではなく、地頭代である。

(10) 宗家判物写『享保八年仁位郷給人寺社足軽百姓御判物写』仁位村百姓次兵衛所持分。

(11) 貞享四年宗家判物写『享禄以前八郡御旧判写』峯郡峯村善右衛門所持分。

(12) 表紙題簽に『神社棟札写』とあり、内題に「神社梁文鐘鰐口等之銘・府内八幡宮棟札華表銘書抜八幡宮境内之神社」とある。いま便宜上『神社棟札写』と呼ぶ。本書は、藩主宗義真の命により加納幸之助貞清が、貞享三年（一六八六）に編纂した『対州神社誌』の附録で、島内諸社の棟札に記す文（上梁文）などを採訪し記録したものである。
(13) 厳原町斎藤定樹氏所蔵文書。
(14) 宗氏の歴代や、その身分が地頭代であることについての論証は、次の第二章を参照されたい。
(15) 佐藤進一『鎌倉幕府守護制度の研究』西海道、対馬。
(16) 注(13)に同じ。
(17) 石井進「大宰府機構の変質と鎮西奉行の成立」第三節（同氏著『日本中世国家史の研究』）。
(18) 同一氏が在庁官人・武士として姓をつかいわけている例として大内氏がある。同氏は、もと多多良姓を称し周防国在庁官人であったが、十二世紀末から大内とも称している。しかし、それ以後も在庁官人としての署判には多多良を用いている。
(19) 「島主」の語の意味するところについては、本部第二章第一節「朝鮮議政府への宗貞茂呈書」を参照されたい。
(20) 『神社棟札写』。
(21) 水原堯栄『高野山見存蔵経目録』（高野山学志第二篇六九一・六九二頁）。山本信吉「対馬の経典と文書」（『仏教芸術』第九五号九八頁）。
(22) 水原堯栄注(21)前掲書六七―七〇頁。
(23) 宗貞盛と宗成職が父子であることは『海東諸国紀』日本国紀、対馬島条および『順叟大居士即月大姉肖像賛并序』（本節後掲）に見える。
(24) 宝徳元年の宗貞盛・成職父子の一切経寄進に関係していると思われる文書が、貞享四年宗家判物写『社家』府内藤勘之允所持分にある。

なおなお、ほんそうあるへく候、
八幡宮、一切経寄進申候、よって、長老さま僧衆、あまた候へく候、くりおさめ申さるへく候、其間社□(頭カ)ニかんにん候て、ほんそう申され候はば、いかにもいかにも、ほんそうめてたかるへく候、恐々謹言、

貞盛（御判）

十一月三日

惣宮司御房

大椽大和守殿

これは、宗貞盛が某八幡宮へ一切経を寄進することを惣宮司御房らへ申送る文言になっているが、日付の十一月三日をいま仮に高野山の大般若経巻十の奥書にみえる「宝徳元年十一月四日」と同じ年紀とすると、この文書の日付は、ちょうどその前日ということになり、互いに内容が関連している。右の文書は、おそらく、宝徳元年の一切経寄進のときのものとしてよいであろう。

ところで、対馬には厳原の下津八幡（国府正八幡ともいう）、木坂の上津八幡、黒瀬の城八幡等があるので、宝徳元年の一切経の寄進先が、どこの八幡宮であったかはよくわからない。しかし木坂八幡宮は、本節④に見るごとく、この三年後の宝徳四年に、同じく宗貞盛・成職父子によって、一切経が寄進されているので、宝徳元年の分は、おそらく木坂以外の八幡宮への寄進であろう。黒瀬城八幡などということも考えられないではないが、木坂八幡宮に先立っての寄進であることから見て、宝徳元年のものは、国府の正八幡すなわち厳原八幡宮への寄進であったと考えてよいのではなかろうか。なお、山本信吉氏も宝徳元年の一切経の寄進先を厳原の八幡宮と推定しておられる（注(21)掲載論文）。

(25) 宗氏文庫蔵。「長崎県海神神社」と印刷のある野紙に、墨書しており、巻首に「明治八乙亥年九月三十日写始」、巻末に「明治八年十月九日写了」とある。

(26) 木坂八幡宮の大蔵経搬出について、永留久恵『対馬の古跡探訪』（昭和五十二年刊）は、藩庁へ引揚げたものとしている。

(27) 『端宗実録』即位年七月丙午条。

(28) なおこのほか、宗貞盛が平姓を称した史料として、厳原町豆酘金剛院所蔵の『書溜之写』の中にある「棟札之写」に、次のものがある。

奉建立大師堂金剛院御寶殿

寶徳二戊辰〔臣〕年十一月廿八日

國主平朝官宗刑部少輔貞盛

金剛院現住　肥前生　覚仙

この「棟札之写」は、明治三十六年、当時の住持堀田現明師が、金剛院を再興した機会に書きとめたもののようであるが、右の棟札は、年紀と干支がくいちがっている（宝徳二年の干支は庚午）。おそらく元のものに判読困難なところがあって、干支でも誤読したのではないかと思われるが、年紀を確定しがたいので、宗氏の平姓使用年次を論ずる史料としては、とりあげないことにする。

(29) 朝鮮王朝の歴代の実録に記載されている日本からの遣使者の姓名や肩書は、使者が持参した書契に記されているものに基づいているのであるが、それがかならずしも忠実に記録されるとは限らず、省略して記録される場合が少なくない。ことに頻度の多い対馬からの通交者の場合は、むしろ略記される方が多いといえよう。使者がもっていく書契そのものには「惟宗朝臣宗某」とか「平朝臣宗某」とか言う書き方に、更に官途その他を書き加えて、最大限に格式張った表現が用いてあったはずであるが、記録する際の省略ゆえに、惟宗とか平とかの姓は、きまりきったものとして実録では大半脱落してしまっている。今日、実録の遣使記事にみえる惟宗や平の姓は、たまたま省略されずに残った少数例にすぎないので、それらを拾い上げて並べてみたところから出てくる結果は、一つの大きな傾向ではあっても、それ以上正確に平姓改姓時期を決定する性質のものではない。

(30) 『増訂対馬島誌』五四四頁。この鐘は、近年時鐘堂からとりはずされて、対馬歴史民俗資料館に保管されている。

(31) 応永二十五年三月廿三日付塞拙和尚清玄寺方丈宛讃岐入道昌榮（宗貞茂）書下（宗家判物写『享保八年仁位郷給人寺社足軽百姓御判物写』仁位村清玄寺所持分）。

(32) 宗盛家は、仁位郡のことに関して発給した文書が、永享八年から応仁三年にかけて多数あり、また『海東諸国紀』対馬島尼老郡（仁位郡）条に「郡守宗盛家」とあって、仁位郡主である。第四章第一節、参照。

(33) 文明十三年八月十七日八幡宮むまの五郎宛しやけ御ふきやう宗治部大夫国次施行状（峰町木坂永留久恵氏所蔵文書）・えんとく三年六月十七日かなとくミやうふ宛つしまのしや(け)ふきやうそうちふのたゆう国つく書下（宗家判物写『享保八年仁位郷給人寺社足軽百姓御判物写』唐洲村幾度六右衛門殿被官千右衛門所持分）。なお、これらは対馬における社家奉行の初見を示す文書である。

(34) 国分寺住持崇睦が描かせた宗盛国夫妻の肖像に付して、仰之梵高が「順叟・即月肖像賛并序」を書いたのは、文明九年(一四七七)であるが、この肖像画はその後失われてしまって、「順叟・即月肖像賛并序」の原本もいまは見ることができない。この肖像画がいつ失われたか正確なことは不明であるが、永禄五年(一五六二)につくられた「桃林宗春大居士寿像賛并序」(桃林宗春は宗晴康)には、崇睦が画かしめて、仰之和尚が賛をした順叟の肖像画が国分寺に伝存している旨を記しているので、当時まで、まだこの肖像画が失われずにいたことは確かである。その後延宝四年(一六七六)には、以酊庵輪番の蘭室玄森が、藩主宗義真の命によって「順叟・即月肖像賛并序」の校訂を行なって、『盛国公御影賛』と題している（宗伯爵家所蔵本により、朝鮮総督府朝鮮史編修会が一九二九年に筆写した写本が、韓国国史編纂委員会に架蔵されている）が、このときにはすでに原本はなく、写本を用いて校訂したことがその跋文に見える。ただしこの校訂は原本を忠実に復元するというよりも、いわゆる意によって補い、意によって改めるという仕方であるので、今日から見れば見当違いも多く、あまり信頼できるものではない。また陶山存(訥庵)もその著『考証録』(享保二年・一七一七年成立)で「順叟・即月肖像賛并序」を引用して考証しているが部分的な引用で省略も多い。今日見ることのできるもので、もっとも良いのは、唐坊長秋(一八二二〜一八六四)編『津島叢書』所収のものであるが、これも写本によって異同がある。そのうち筆者が見たかぎりでは、内野対琴が『反故廼裏見』巻十七に『津島叢書』からの写しとして収めているもの(明治四十三年書写)が、もっとも良いテキストであると思われるので、本稿ではそれを利用した。

(35) 「順叟・即月肖像賛并序」によれば、順叟・即月夫妻の肖像画をえがかせ、その賛詞をつくらせた人物を単に「国分師」と記しているのみで、その名前を明記していないが、この「国分師」が崇睦上人といって国分寺の住持であり、島主宗貞国の弟である点については、第四章第三節(一)でのべる。

(36) 順叟・即月が崇睦の両親に当ることについては、第四章第三節(一)でのべる。

(37) 「順叟・即月肖像賛并序」には、順叟の俗名は記されていないが、それは盛国である。というのは、「賛并序」によれば、順叟の子は当時(すなわち「賛并序」がつくられた文明九年当時)の国主の「貞国公」であるとあり、一方、『世宗実録』三十年五月丁酉(十三日)条に、宗貞国が朝鮮の礼曹へ書を送って、貞国にも「父盛国時」と同額の歳賜米豆を賜給してほしいと請願した記事があって、貞国の父を盛国と言ったことがわかるからである。

(38) 仰之梵高は、もと天龍寺妙智院の僧で、その法系は、『天龍宗派鹿王院本』（東京大学史料編纂所所蔵）によれば、次のごとくである。

嵯峨門派

天龍開山七朝帝師―臨川黙翁妙誠―南禅大岳周崇―宝徳妙智 南禅竺雲等連―対州景徳庵 円覚仰之梵高

『津島紀事』（文化六年、平山東山著）は、仰之梵高について、寛正三年（一四六二）、将軍義政の命を受けて大蔵経求請のため朝鮮へ渡ったが、その帰途、対馬島主の請により対馬にとどまって、文書のことを主幹し、佐賀（上県郡峰町佐賀）に景徳庵を開いたと記している（巻二国府、寺院、護国山景徳庵条）。梵高が義政の命で寛正三年、大蔵経求請のために朝鮮へ渡航したということについて、他にたしかな史料はないが、『世祖実録』によれば、丁度この年十月、義政は順恵等を朝鮮へ遣わし、大蔵経を求めているので（『世祖実録』八年十月庚午条）、仰之梵高もその一行に加わっていたかと思われる。世祖十二年（一四六六）には、対馬島主宗成職の使者、成宗十六年（一四八五）には、島主宗貞国の特送使として朝鮮へ赴いている（『世祖実録』十二年三月乙卯・『成宗実録』十六年十月乙酉条）。

(39) 『考証録』所収の「順叟・即月肖像賛并序」は、初めと終りを省略し、平知盛の戦死から、貞国が三州の地を復した所までをあげるが、「肖像賛序之大略左ニ写之」と述べられているように、その途中にも字句の省略がある。ただし、「不能復運保国人以慊焉」の「保」字がこの一本にないのは、単に省略したものとは考えられず、ない方が意味の上からもよいと思われる。

(40) 第二章、参照。

(41) 「宗家判物写」その他対馬の古文書に、それらの土地を島主から家臣に宛行なった文書がある。管見の限りで延文五年（一三六〇）を初見とする。なお、長沼賢海氏の「海外航路上の壱岐」（同氏著『日本海事史研究』二五一―二五二頁）に、すべてではないが宗氏の九州所領の一覧表がある。

(42) 『世宗実録』十年十一月甲戌・十二年七月乙丑条。

(43) 『満済准后日記』永享三年七月十三日条。『看聞日記』永享三年七月十四日・十六日・廿三日条。

(44) 『満済准后日記』永享五年八月二十九日・九月五日・十四日条。『看聞日記』永享五年八月二十九日・九月八日条。

(45)『世宗実録』十八年十二月丁亥条。
(46) 永享十二年二月廿五日阿蘇大宮司宛室町将軍家〇足利義教御教書二通（『大日本古文書』家わけ第十三阿蘇文書之二、一五四・一五五頁）。
(47)『海東諸国紀』日本国紀、筑前州、小二殿条。
(48)「順叟大居士即月大姉肖像賛并序」。
(49) 嘉吉四年卯月十九日付宗熊王宛貞盛知行宛行状（宗家判物写『享保八年仁位郷給人寺社足軽百姓御判物写』嵯峨村給人佐伯六郎右衛門所持）。
(50)『海東諸国紀』日本国紀、筑前州、小二殿条。『睿宗実録』元年十一月丁亥・『成宗実録』即位年十二月己未・元年八月癸亥条。
(51)『海東諸国紀』日本国紀、筑前州、小二殿条・『成宗実録』二年八月壬戌条。
(52)『成宗実録』七年七月丁卯条。
(53)『成宗実録』十年五月戊辰条。
(54)『成宗実録』十年四月癸卯・丁未・五月戊辰・辛未条。
(55)『海東諸国紀』日本国紀、筑前州、小二殿条。
(56) 例えば、①桃林宗春大居士寿像賛并序（桃林宗春は宗晴康。永禄五年の成立）、②長寿院公畫像賛并跋（長寿院は宗義調。天正十七年の成立）など。①は宗家の菩提寺の東京養玉院所蔵。また①②ともに、唐坊長秋編『津島叢書』に収む。

〔追記〕本章は、『日本歴史』第二〇八号（昭和四十年九月）に発表した「対馬島宗氏世系の成立」を改題したもので、その後知りえた史料を加えて大幅に書き改めた。

第二章　十四世紀後半の二度の政変
——定宗元年朝鮮国議政府宛宗貞茂書契を中心に——

本章では、前章にひきつづき、従来の所伝にとらわれず、古文書・朝鮮文献などの根本史料にさかのぼって、十三世紀から十五世紀初めにいたる宗氏の世系を再構成することを試みる。ことに李氏朝鮮の『定宗実録』にみえる、宗貞茂が朝鮮へ送った書契の記述に基づき、十四世紀後半に対馬において二度の政変があったことを解明し、従来知られていなかった対馬の支配権をめぐる宗氏一族間の分裂と対立抗争を明らかにするものである。

第一節　朝鮮議政府への宗貞茂呈書

定宗元年（一三九九・応永六）七月、対馬の宗貞茂は、朝鮮議政府政丞へあてて、かれが対馬の支配者の地位についたことを報じる次の書契を送った。(1)

日本国対馬島都摠管宗貞茂、遣使来献方物及馬六匹、其書曰、陪臣刑部侍郎宗貞茂、拝書政丞閣下、久仰徳化、無由瞻拝、五十年前、吾祖曽為此地之宰、曰不敢有負貴国鴻恩之意、爾後、官差酷吏、専縦貪婪之心、獲罪於左右者、豈免鈇鉞之誅乎、此輩、去歳曽無噍類、天敗之也、今以不肖補祖之職、玆者不揣己量、叨濫納欵、盖以関西強臣、拒朝命、用縦横之兵、侵掠旁午、海陸無官法、辺民毎歳縦放賊船、虜掠貴国沿海男女、焼残仏寺人屋、此非国朝所使也、今則国土一統、海陸平静、朝命厳禁、人民懼法、今後、貴国人船、来往無礙、沿海寺宇人家、依旧経営、則陪臣心願也、天日明矣、不敢食言、謹罄丹衷仰冀憐禁〔察〕、

右の記事では、貞茂を「対馬島都摠管」としているが、これは朝鮮の記録にみえる対馬島内の最高支配者を指す呼称の一例であり、この他にも「摠管」(2)「太守」(3)などとあるが、十五世紀半ばごろから「島主」(4)という呼び方が普通になった。朝鮮史料にあらわれたかかる呼称は、宗氏が朝鮮に対して、自己の対馬島内最高支配者としての立場を明示するために案出したものによっていると考えられる。宗氏は、国内の武家職制でいえば、時に地頭代であり、時に守護であるが、朝鮮側ではかかる職制上の区別には関係なく、かれらが対馬島内の最高支配者である限りにおいて、等しく島主と呼ぶ慣例が、前述の如く十五世紀中葉以降確立した。本稿でも、武家職制上の区別にこだわらず、単に対馬島内の最高支配者を指す場合には、この国際的慣例を借用して島主の呼称を用いる。

次に貞茂は、その書契において、みずからを「陪臣刑部侍郎」と称しているが、刑部侍郎は彼の官途刑部少輔の唐名であり、その上に冠した陪臣の二字と共に、朝鮮の歓心をかおうとした表現である。このように、国際関係の場において、自己の地位や職名の表現に種々工夫をこらしている例は、宗氏以外の諸氏にも数多くみられる。(5)

さて、本稿で問題とするのは、貞茂の書契に、かれが政権をとるまでの島内の政治情勢を述べている点である。その大意は、かつて貞茂の祖が対馬の支配者であったが、その後「官」によって遣わされた「酷吏」がとってかわり、悪政を行なっていた。しかるに、それらの者は、「去歳」全滅して、貞茂が祖の職をついだというものである。これによれば、島内の支配権が、まず貞茂の祖から「酷吏」へ移り、さらにそれを貞茂が奪いかえしたという二度の政変

があったことになる。

貞茂以前の歴代島主の継承について『宗氏家譜』『寛政重修諸家譜』等の所伝では、(前略)—盛国—経茂—頼茂—貞茂と代々親から子へうけつがれたとしている。しかし、この説は再検討されねばならない。そこで貞茂書契にいう二度の政変を解明するにさきだって、貞茂以前の島主歴代をみておこう。

第二節　宗貞茂以前の島主歴代

貞茂以前の島主として、どういう人々が存在していただろうか。それを確実な史料から言える限りあとづけてみよう。

宗資国右馬允

文永十一年（一二七四）十月、蒙古軍の襲来により佐須浦で戦死した人物である(6)。宗氏の出自については諸説あるが、筆者は対馬国在庁官人惟宗氏であると考える。この点の論証は第一章でのべたが、この資国が宗氏としての初見である。かれについては『関東評定伝』に「少弐入道覚恵(資能)代官」とある。少弐氏は当時対馬国守護・地頭職を兼ねており(7)、また資国より二代後の島主盛国は、後述する如く対馬島地頭代であるので、資国も対馬島地頭代であったと思われる。対馬国守護・地頭職は、佐藤進一氏『鎌倉幕府守護制度の研究』によれば、十三世紀初頭以来、少なくとも元弘の末年まで、少弐氏に属していた。この少弐氏の守護・地頭職兼帯に加えて地頭代が宗氏という体制が、少なくとも資国の時には成立していたのであり、この体制は、後述する如く十四世紀後半まで続いた。

この人物の実名は、「助国」とするものが多いが、これは近世の『寛永諸家系図伝』において、初めて用いられ、その典拠もはっきりしない。同時代史料には、かれの実名を知りうるものがないが、ここでは実名を記したもので一番古い、僧日澄（一四四一―一五一〇）撰の『日蓮上人註画讃』に、「守護代資国」とあるのに従った。資の字は、少弐資能あるいは同経資の一字を与えられたものかと思う。ただし同書に、資国の職掌を守護代とするのは誤伝であろう。

宗右馬太郎

弘安九年（一二八六）から正応五年（一二九二）の間に、少弐浄恵（経資）・同盛経から宗右馬太郎へあてて、島政に関して指令した数通の書下がある。[8] 少弐氏とのこの関係よりみて、かれは資国と同様、少弐氏の代官で地頭代であったと思われる。しかし、実名のわかる同時代史料はない。

宗盛国 妙意・右馬弥次郎・右馬頭

永仁六年（一二九八）から貞和五年（一三四九）の間に発給文書が多数みられ、[9] このころ島主であった。初め盛国といい、のち出家して妙意といった。[10] また次の事実から、かれは少弐氏の代官として対馬島地頭代官の地位にあったことが知られる。即ち延慶四年（一三一一）対馬住人が、少弐貞経に対して「地頭代盛国挙状」を帯して知行安堵を請い、許されている。[11] また鎌倉幕府崩壊後の貞和二年（一三四六）に「地頭御代官沙弥妙意（盛国）」と署名した書下があり、[12] 一方少弐貞経・同頼尚が盛国に対して島政についての指示を与えた書下が、康永三年（一三四四）頃までみられる。[13] これらのことから鎌倉幕府崩壊後もひきつづき少弐氏が対馬の守護・地頭で、宗氏がその地頭代であったことが知られる。

宗経茂 宗慶・刑部丞[14]

島主として発給した文書の初見は、観応二年（一三五一）十月である。[15] その後、康安元年（一三六一）頃出家して宗慶といい、(16)文中年間（一三七二―七五）まで在任していた。その終見の文書は「文中　十二月二十七日」の日付で次代の島主澄茂と連署したものである。(17)かれも対馬島地頭代であったと考えられる。(18)

経茂について注目すべきは、朝鮮へ使者を送っていることで、『高麗史』恭愍王十七年（一三六八）十一月丙午条に「対馬島万戸崇〔宗〕宗慶（経茂）、遣使来朝、賜宗慶米一千石」とある。記録に残っている限りでは、経茂が朝鮮と交渉を持った最初の島主である。なお右の「万戸」が自称でないとすれば、倭人受職の初見であり、また歴代対馬島主のうちでは唯一の例である。

宗澄茂伊賀守

澄茂発給文書は、先にみた文中年間の経茂連署のものが初見であり、単独で署判したのは、文中三年（一三七四）十二月八日が初見である。(19)終見は明徳四年（一三九三）五月である。(20)

かれの職掌については、貴重な史料がある。それはかれが永和四年（一三七八）、対馬上県郡木坂八幡宮（いまの正式社名は海神神社）の社殿造営を行なった際の上梁文である。この棟札の原物は同社に伝存しており、現在は墨がうすれて判読できない部分もあるが、さいわい『神社棟札写』(21)にも収録されているので、次に全文をあげる（□内は『神社棟札写』による）。

上棟　当国惣廟上郡正八幡宮一宇再功造営事

右伏以当社則鷲峯阿育王塔婆之[霊場過去阿弥陀尊像也]、」而星霜日久年月転遙也、故感応[慈悲惟]」弘誓愛愍[自海深乎]、」于奚甲乙男女尽傾頭、緇素[僧俗]皆合手、然間年遠時[隔]、侵雨露之滴、」蒼風飄之敲、堂舎高危、[柱根]摧朽、梁棟傾斜、牆壁[圮]坼、」然当州太守澄茂、」再功有之、先所祈者、天長地久、国土安穏、人々無難、

子孫繁昌、所願成就円満而已、仍上棟之「趣如件」、
「旹」永和二年戊午卯月廿九日
大檀那当州守護是宗朝臣伊賀守澄茂
奉行藤原朝臣徳長法名沙弥幸阿
同奉行源朝臣法名沙弥　慶妙
総大工左衛門助　家国
小工藤原朝臣　長安
同小工左近三郎　国広
正宮司経恵

これは、澄茂が永和四年四月二十九日当時、対馬守護であったことを伝えている。宗氏が、かつての地頭代から守護に昇格した理由や時期については、第六節で述べる。

従来の所伝では、澄茂を島主としたものは皆無で、わずかに澄茂にふれている『宗氏家譜』☆『対州編年略』『寛政重修諸家譜』でも、経茂につぐ島主を頼茂とし、澄茂をその代官の如く扱っている。

☆『宗氏家譜』には、大きく分けて二種類ある。はじめ貞享二年（一六八五）夏、藩主宗義真が、家臣平田直右衛門真賢・加納幸之助貞清・陶山庄右衛門存（訥庵）に編纂を命じ、そのうちの陶山存が執筆して、翌貞享三年冬に、最初の『宗氏家譜』ができた。(22) これが貞享三年本『宗氏家譜』（対馬で「旧本」と呼ばれるもの。以下『貞享家譜』と記す）である。その後、陶山自身改訂を加え、それを基にして、再び藩命によって松浦允任（霞沼）が改訂して、享保二年（一七一七）に享保二年本『宗氏家譜』

（対馬で「定本」と呼ばれるもの。以下『享保家譜』と記す）ができあがった。[23] この『享保家譜』は、宗氏の歴史を編纂した書物のうちで、最も整ったものとして、また官製の決定版として、以後尊重され、その所説は一藩の定説として権威を持った。ただし、『貞享家譜』と『享保家譜』の違いは、主に記述の形式面であって、内容的には大きな差はない。以下引用にあたって、貞享本と享保本の内容が異なる場合には、典拠とした書名を『貞享家譜』『享保家譜』と区別してあげ、内容がどちらも同じ場合には、『宗氏家譜』と記すことにする。なお、『寛政重修諸家譜』編纂のために、対馬から幕府へ提出した寛政呈譜も、『享保家譜』の説を受けついでいる。

すなわち『貞享家譜』では、頼茂が建徳（一三七〇―七二）頃、宗家の家督をついで地頭となっていたとしたうえで（同書は、頼茂の職掌について明記していないが、先祖の知宗なる者が、少弐氏から対州地頭職に任じられ、以後代々封をついだとしているので、撰者陶山存は、頼茂も地頭の職にあったと理解していたと考えられる）、永和頃、頼茂は徒弟宗伊賀守澄茂を「対州守護」としたとしている。永和頃に澄茂が対馬守護になったというのは、右の木坂八幡宮上梁文を典拠としたものにちがいない。しかし、守護と地頭の関係についてよく理解していなかった為であろう、地頭の頼茂が守護を補任するという奇妙な話になっている。その後、この矛盾に気づいたらしく、『貞享家譜』を改訂した『享保家譜』では、頼茂が澄茂を「対州留守」にしたと書き改めて、辻褄を合わせようとしている。そして『寛政重修諸家譜』もこの説を踏襲して、同様に記している。また享保八年（一七二三）に藤定房が撰した『対州編年略』は、頼茂が家督をついで地頭となり、頼茂は永和四年頃、澄茂を「対馬守護職」に任じたとしている。これは『貞享家譜』の説に従ったものと思われる。

このように従来の説では、いずれも澄茂を島主としないで、その時期の島主として頼茂をあてている。しかし、頼茂発給文書は、明徳三年（一三九二）になって初めて現われるので、頼茂は、澄茂の次代の島主と認めるべきである。

また守護は、その国を支配する最高責任者のはずであるから、対馬に関して言えば守護である澄茂以外に、さらに島主にあたるような別の上級支配者が存在したとは考えられないから、右の『貞享家譜』以下の諸説はなりたたない。経茂につぐ島主は澄茂である。

宗頼茂 右馬大夫

至徳元年（一三八四）、「宗右馬大夫惟宗朝臣頼茂」が願主となって厳原八幡宮の修造を行なったことが、同社に伝存する棟札に記録されており(24)、これが頼茂に関する初見である。厳原八幡宮の如き島内大社の修造は、島主が願主となって行なわれるのが通例であるから(25)、頼茂もこの頃島主となっていたのかと一応考えられる。しかし、前代の島主澄茂の発給文書は、明徳四年（一三九三）まで続いており、頼茂の発給文書は、明徳三年十二月が初見である(26)。そこで想起されるのは、少し後に見られる、宗貞茂から宗貞盛への島主交替の方式である。すなわち応永二十一年（一四一四）の厳原八幡宮修造の際の棟札に、願主宗貞茂の名と共に、大檀那として「守護惟宗都々熊丸（貞盛）」の名がみえ(27)、貞盛は少なくともこの時には、対馬守護となっていたことが知られる。しかし、この後も島政に関しては、貞茂発給文書だけがみられ、貞盛発給文書があらわれるのは、貞茂死亡（応永二十五年四月）の後であるので、貞盛は守護となりながら、前守護貞茂の生前は、島政の実権を握ってはいなかったと思われる。この例からみて、頼茂が、至徳元年八幡宮修造を行なった頃、彼は守護の地位は譲られていたが、島政の実際は依然澄茂が行ない、その後明徳三年頃になって、頼茂が名実共に島主になったのではないかと思われる。頼茂発給文書の終見は、応永五年（一三九八）四月である(28)。

なお『太祖実録』六年（一三九七・応永四）五月丁巳条に、朝鮮から「対馬島守護李大卿」へ書を送り海寇禁圧を求めたことがみえるが、この書はこれより先、対馬から送った書に対する答書であるので、この時以前に対馬島主が朝鮮に通交したことが知られる。その島主は、年代からいって頼茂であろう。「李大卿」とは宗大卿の誤りであろうか。対馬島主の朝鮮通交として、史料で知られる限り、宗慶についで二度目であり、李氏朝鮮になってからは最初である。

頼茂につぐ島主としては、宗貞茂の発給文書が応永五年末からみられる。以上で貞茂にいたる島主を終り、二つの政変にたちかえってみよう。

第三節　第二の政変

順序は逆であるが、はじめに第二の政変、即ち貞茂が「酷吏」から政権をうばい返した事件についてみよう。貞茂書契には、「此輩、去歳、曽無噍類、天敗之也、今以不肖補祖之職」とあって、貞茂が書契を出した前年、即ち応永五年に政変があり、貞茂が島主になったことが知られる。一方、貞茂発給文書の年代分布をみると宗家判物写には、明徳二年と同三年各一通の貞茂発給文書を収めるが、いずれも後世の偽文書と考えられるので(29)、これを除外すると、貞茂発給文書は、応永五年十二月から翌年にかけて特に集中してみられ、その後も彼の没年(応永二十五年)にいたるまで連続的に残っている。応永五年末以降、翌年にかけて、貞茂発給文書が集中的に多くみられるということは、前述の『定宗実録』元年七月の貞茂書契に言う「去歳」すなわち応永五年の政変に照応しており、この頃、かれが、島主に就任したことを物語るものである。なお応永五年末の貞茂発給文書の最初は、十二月三十日付で「今度忠節をいたしたによって公事を免ずる」という内容である(30)。この「今度の忠節」とは、貞茂が前島主を滅ぼした時の働きのことではないかと思われ、これも政変が応永五年末にあったことをうかがわせる。

そこで貞茂が滅ぼした「酷吏」の島主であるが、前節でみたように貞茂の前に島主であったのは、頼茂で、その発給文書の終見は応永五年四月である。即ち貞茂は、頼茂から政権を奪ったと考えられる。これが第二の政変であった。

第四節　第一の政変

次に、さかのぼって第一の政変、即ち貞茂の祖に替って「官」によって遣わされた「酷吏」が、島主となった事件を検討しよう。貞茂書契から関係する所を引用すれば、「五十年前、吾祖曽為此地之宰、曰不敢有負貴国鴻恩之意、爾後、官差酷吏、専縦貪婪之心」とある。まず政変の起った時であるが、右の文言からは、二通りの解釈が出来る。第一の解釈は、五十年前までは貞茂の祖が島主であったが、以後「酷吏」にとって替られたとするもので、第二の解釈は、五十年前に貞茂の祖が島主になったが、その後（ある時期に）、「酷吏」に替られたとするものである。五十年前といえば、一三四九年頃で、前節でみたように、これは丁度盛国（一二九八—一三四九）から経茂（一三五一—一三七四）への島主交替期に当る。第一の解釈によれば、政変の時期は五十年前であり、従って貞茂の祖とは盛国を指し、経茂・澄茂・頼茂が、「酷吏」ということになる。また第二の解釈によれば、貞茂の祖は経茂となり、澄茂・頼茂が「酷吏」である。このように、貞茂書契からは、二通りの場合が考えられるが、貞茂の祖が、盛国か経茂かがわかれば解決する問題である。

従来知られている『寛永諸家系図伝』以下の宗氏の系譜類は、近世の編纂にかかり、異同が多く、そのまま典拠とはしがたいが、「順叟大居士即月大姉肖像賛幷序[31]」は、文明九年（一四七七）に書かれており、現存する宗氏の系譜に関する記述としては最も古く、特に問題とする十四世紀後半については、約一世紀を経過しているにすぎず、最も信頼できる史料である。この全文は、第一章第三節「宗氏の改姓」にあげたので、いま必要とする部分のみを次に引用する。

(前略)其後妙意、其子宗慶彦次郎、(中略)有弟曰宗香、今之諸宗者厥後也、宗慶生善勝寺、讃州太守者、其子也、讃州生三男、長謂貞盛、継其家業、(下略)

この系譜関係を図示すれば、次の如くである。

―妙意―┬―宗慶(彦次郎)―善勝寺―讃州太守(貞茂)―貞盛
　　　　└―宗香

右の讃州太守は、讃岐守の官途を持った人物で、かつ貞盛の父であるから貞茂である。[32]即ちこれによれば、妙意(盛国)は貞茂の曾祖父、宗慶(経茂)は祖父であり、貞茂書契に「吾祖」とあるのは経茂を指していたのである。なお貞茂書契には、貞茂の祖は「不敢有負貴国鴻恩之意」と言ったとあり、朝鮮と友好的な関係をもっていた人物と思われるが、経茂は前述の如く、「対馬島万戸」の名で高麗へ通交し、一千石の賜米を得た事実があり、この点からも、貞茂の祖が経茂であったことは納得されよう。即ち先にあげた二つの解釈のうち、第二の解釈が正しく、貞茂書契に「五十年前、吾祖曽為此地之宰」とあるのは、五十年前に経茂が島主となったことを意味する。そうすると、その後「官」によって遣わされた「酷吏」とは、経茂の次の島主澄茂である。つまり第一の政変は、経茂から澄茂が政権をうばった事件で、この両者が交替した文中三年(一三七四)ごろに起ったと考えられる。

第五節　仁位中村宗氏澄茂・頼茂

貞茂が「酷吏」と呼んだ島主が、澄茂・頼茂の二代であることが明らかとなったが、この二人は経茂・貞茂の系統と如何なる関係にあったのだろうか。系譜関係の考察を手がかりにして、両者の勢力関係を考えてみよう。またここで、貞茂前後の島主交替をめぐる、従来の誤った所伝成立の由来も考察しておきたい。

ところで、宗澄茂・宗頼茂の系譜関係といっても、それを直接知りうる同時代史料はない。今日それが見あたらないばかりでなく、近世に宗氏の歴史や系譜をまとめようとした時にも、すでにそういう史料は存在していなかったと思われる。というのは陶山存が享保二年（一七一七）にあらわした『考証録』で、「順叟大居士即月大姉肖像賛并序」（一四七七年成立）のことを、「御先祖様之御伝記之内ニ而右之書キ物程古キ物ハ無御座候」と述べており、すでに当時としてもこれが、宗氏の歴史に関する最も古い記述であったことがわかるが、この「順叟・即月肖像賛并序」にしても、澄茂・頼茂については、全く記載がないからである。また、朝鮮の史料にも澄茂・頼茂に関する記述はない。

とすれば、澄茂・頼茂の系譜関係を知るには、対馬の家々に伝わる旧記・系図の類を批判的に利用して考証を重ねる以外ないことになるが、それら旧記・系図のなかでも柚谷家の一連の記録類(33)は、部分によっては比較的史実をよく反映している場合があるとみてよい。柚谷家は、中世から近世末まで、対馬の宗氏に仕えた旧家で、十五世紀末から明治初年に至る間に、柚谷家の数人の人々が、対馬や宗家の歴史に関して多くの記録・聞き書き類を残している。

さて、柚谷家の記録の一つである『系図後集書』（柚谷四郎右衛門成友編、寛永十七年（一六四〇）頃成立）(34)に「仁位」氏の系図がある。

〔系図Ⅰ〕

仁位
中村弾正忠頼次入道宗香
　├中村弾正頼宣──宗信濃守満茂
　├宗伊賀守澄茂
　├宗宮内国秋
　├宗与三左衛門国信
　└宗右馬尉
いま問題とする部分を系図Ⅰとして示す。

　さて、この系図によれば宗伊賀守澄茂は、宗香の子である。そこで宗香がいかなる人物であるかをのべる必要がある。先に第四節で引用した「順叟大居士即月大姉肖像賛并序」によれば、宗香は妙意（宗盛国）の子で、宗慶（経茂）の弟である。また「今之諸宗者厥之後也」とあって、これが書かれた文明九年（一四七七）当時には、宗香の後孫が宗氏一族の大勢を占めて、対馬に繁衍していたということである。

　宗香の職掌であるが、これは島主の代官であった。対馬の代官制は、かれ以前に遡り、元徳三年（一三三一）から康永四年（一三四五）にかけて、末安永真法橋なる者が、「惣御代」或は「御代」の職名で文書を発給している例がある。(35)宗香発給文書には、末安永真の如く代官なることを明示する職名は記されていないが、そのなかには島主の下知状に対する副状がある。(36)また島主妙意が、彼に宛てた書状に、かつての代官末安永真に対する指令を踏襲するよう命じた例がある。(37)これらのことからみて、宗香が島主の代官であったことは、明らかである。かれの発給文書は、康永四年（一三四五）から文中年間（一三七二―七五）まで、三十年間にわたってみられる。(38)文書の年代分布からみて、彼は末安永真につぐ代官であり、その在任期間は、島主盛国の晩年から経茂一代にわたっている。彼は上県郡仁位中村に代官館を開き、(39)居住地にちなんで中村氏を称した。(40)そこで、彼の子孫を総称して仁位中村宗氏と呼ぶことにする（ただし、中村を名乗ったことが、現存する文書から言えるのは宗香だけで、子孫はその後、また宗を称しており、天文十五年（一五四六）に島主家以外の宗氏の改姓が行なわれた際には、[41] 仁位・佐須などの氏に改めている)。

南北朝時代の島主は、九州本土の争乱にしばしば出陣しており、その間、代官が島の政務をあずかっていた例がある。[42] 宗香もまた、その長期にわたる在任中に、戦乱に従事して島をあけがちな島主にかわって、島政の実権を手中に収めたにちがいない。澄茂が経茂の系統を排して島主になったのは、その父宗香のこのような実力が背後にあってのことだろう。

次に澄茂の次の島主頼茂の系譜であるが、まず従来の所伝に記すところについて検討しよう。『宗氏家譜』では、島主の継承関係を次のごとくし、代々この順に、親から子へうけつがれたとしている。

—盛国妙意—経茂宗慶—頼茂霊鑑—貞茂—

これは、頼茂の法名を霊鑑としているが、この両者は別人である。というのは第一に、頼茂と霊鑑の花押は、全く異なっているので別人である公算が強い。[43] 第二に、霊鑑なる名前は、『定宗実録』『太宗実録』などにみられ、その記すところによれば、霊鑑は貞茂の父であり、[44] またこの親子は貞茂就任後朝鮮へしばしば同時に遣使している。[45] ところが、頼茂なる人物は、先の貞茂書契の解釈によれば、貞茂がしりぞけた「酷吏」の系列の一人であり、これを右の霊鑑と同一人とはみなしがたい。つまり『宗氏家譜』の、経茂宗慶—霊鑑—貞茂という血縁関係は成り立つ(経茂は貞茂の祖父。第四節参照)のだが、頼茂は霊鑑と別人で、この系譜には属さない人物である。では、『宗氏家譜』のこの誤りは、何によるのだろうか。その原因は、同書が『海東諸国紀』をよりどころにしたことにあると思われる(『享保家譜』の「引用証拠」の書には、『海東諸国紀』もあげられている)。

そこで、『海東諸国紀』の島主継承についてみよう。『海東諸国紀』対馬島条には、「宗氏世為島主、其先宗慶死、子霊鑑嗣、霊鑑死、子貞茂嗣」とあって、対馬島主を宗慶から始め、宗慶についでその子霊鑑、ついで霊鑑の子貞茂が、島主となったとしている。これを先に筆者が、古文書によって考定した島主の歴代と比較すると、宗慶につづく澄茂・頼茂の代りに、霊鑑が島主とされている。これはどうしてだろうか。

貞茂以前の対馬島主で、『海東諸国紀』以前の朝鮮の史料にその名がみえるのは、『高麗史』恭愍王十七年条の宗慶(経茂)だけである。この外に『太祖実録』六年に「対馬島李大卿」への答書がみられるが、この人物の名は不明である。そこで、申叔舟が、何を史料として『海東諸国紀』を編纂したかが問題となるが、倭人からの伝聞を除けば、礼曹の謄録類などであろう。問題の貞茂以前の時代は、日朝関係の制度化もほとんどなく、その事務手続も整備していたとはいえないので、礼曹の記録も貧弱であって、李氏朝鮮の日朝関係については、ほぼ今日見られる、李朝実録の記載程度以上の史料はなかったであろう。また高麗時代に関しても、『高麗史』や『高麗史節要』程度以上のものは、期待できなかったであろう。したがって、申叔舟はそのような材料にみえる唯一の島主宗慶の名を手がかりとし、それ以後の子孫の血縁関係を伝聞し、これを直ちに島主の歴代にあてて『海東諸国紀』の問題の記事を書いたと思われる。申叔舟は、朝鮮の史料が貧弱であったがために、宗慶以後の二度の政変を経過した複雑な島主権の移動を知ることが出来なかったのである。

さて、『海東諸国紀』では、血縁系譜を直ちに島主の歴代にあてたところに、誤りがあったのであるが、『宗氏家譜』でも経茂以下の二代については、その法名をたどれば、宗慶―霊鑑―貞茂となり、『海東諸国紀』に言う島主継承関係と全く一致する。

つまり『宗氏家譜』の島主の血縁および継承関係の記事は『海東諸国紀』をよりどころとし、そのなかの霊鑑に対して、たまたま対馬側の所伝において、貞茂前代の島主として、その名がわかっていた頼茂を比定したものにちがいない。また同書が、澄茂を島主に加えていないことも『海東諸国紀』に依拠したことを物語っている。なお、藤定房著『対州編年略』(享保八・一七二三成立)や『寛政重修諸家譜』も、澄茂を島主に加えず、頼茂を霊鑑に擬しているが、これは『宗氏家譜』を踏襲したにすぎないであろう。

近世に編纂された宗氏の家伝・家譜の最初である『寛永諸家系図伝』では、貞茂にいたる島主の継承を次のごとくしている。

某ー助国ー経茂妙意ー頼茂宗慶ー尚茂霊鑑ー貞茂

これは、経茂の前に盛国がなく、盛国の法名である妙意を経茂に、経茂の法名宗慶を頼茂にかけるなど誤謬に満ちている。ただ、霊鑑の実名を尚茂とするのは、あるいは正しいかもしれない。(46) そこでやはり貞茂の前二代の法名に注目すると、宗慶ー霊鑑ー貞茂となるが、同書の場合も『海東諸国紀』を利用していることが明らかであるので、(47) この部分はやはり、『海東諸国紀』によっていると思われる。

従来の所伝で、澄茂が島主から抹殺され、頼茂が系譜上誤った位置にすえられている理由は、このように『寛永諸家系図伝』以下いずれもが、『海東諸国紀』をよりどころとしていたという事にあった。また『順叟大居士即月大姉肖像賛并序』(一四七七年成立)は、妙意(盛国)以降の歴代島主の名をあげているにもかかわらず、澄茂・頼茂には全然ふれていないが、それはこの二人が、従来の島主経茂系に対する簒奪者であったがために、故意に無視したのではないかと思う。『海東諸国紀』(一四七一年成立)の中叔舟が、この両人の存在を知ることができなかったのも、或いはそのような対馬側の内部事情があったからかも知れない。そして近世になって、系図・家伝を編纂しようとした時には、政治的配慮によってというより、時の経過によって当時の史料が失われ、『海東諸国紀』が唯一のまとまった記述としてよりどころにされた結果、上記の誤りとなったものと思われる。

以上、頼茂の系譜関係について、従来の所伝の誤りであること、その誤伝成立の由来について考察したのであるが、それでは彼の正しい系譜関係は、いったいどうなっているのであろうか。これを語る史料は何もなく、推測するよりほかないが、経茂から政権を奪ったのが、仁位中村宗氏の澄茂で、頼茂はその後継者であり、経茂の孫貞茂によって再び政権を奪い返されているいきさつからすれば、頼茂は澄茂の子か、もしそうでないとしても、仁位中村宗氏の一員であろう。ここで、これまで扱った宗氏の系譜関係を系図IIとして示しておこう。

〔系図II〕　（数字は島主の継承順位。……は血縁関係が確定できないもの）

①宗資国 右馬允……②右馬太郎……③盛国 妙意 右馬弥次郎 右馬頭
　├④経茂 宗慶 彦次郎 刑部丞─(法名)霊鑑 善勝寺─⑦貞茂 讃岐守─⑧貞盛
　└(法名)宗香 仁位中村宗氏─⑤澄茂 伊賀守……⑥頼茂

すなわち第一の政変は、仁位中村宗氏が、経茂系統を排して政権を握った事件であり、第二の政変は、経茂系統の貞茂が、再びそれを奪い返した事件である。この二つの政変を通じて、宗氏内部における経茂・貞茂系と仁位中村宗氏との対立が明確となった。

以上で、貞茂書契を手がかりとして、十四世紀末期に、対馬に二度の政変があったことを明らかにし、その政変をめぐって錯綜した、島主の継承関係を一応解明した。ところで、いま一度、貞茂書契にたちかえってみると、第一の政変と呼んだものについて「官差酷吏」とあって、政変の背後にあった勢力の存在が考えられる。従って、経茂から澄茂への島主権の移動は、単なる宗氏内部の継承争いの問題だけではないと考えられ、「酷吏」である澄茂・頼茂の背後関係に注目しなければならない。それは、九州諸勢力との関係をおいては考えられないので、次節にそれについてのべよう。

第六節　政変の背後関係

先にのべたように十三世紀以来、宗氏は対馬の地頭代で、守護・地頭である少弐氏に従っており、この関係は少なくとも盛国が島主であった十四世紀中頃までは続いていた。盛国が島主であった時期の対馬守護は、初め少弐貞経、ついで同頼尚であった（第二節の宗盛国の項）。

その後、宗氏と九州勢力との関係を直接物語る史料は多くないが、幸い南北朝対立時代には対馬の文書（島主・代官発給文書）に、北朝年号の間に、南朝年号が用いられている期間が二回あり、南北いずれの年号を奉じているかを手がかりとして、大体の動向をつかむことが出来る。

対馬の文書の年号は、両朝対立の初めから北朝年号であるが、正平八年（一三五三）以降になると南朝年号が使われている。すなわち正平八年七月十六日内山伊阿弥陀仏宛宗香書状（内山文書）が初見であり、正平十四年（一三五九）十二月二十四日くわのいなかの四郎太郎か女某宛宗香書下（同文書）が終見である。(48)これは第一回目の南朝年号の使用で、島主経茂の時である。この間の南朝年号の使用は、まさしく観応の擾乱に少弐頼尚が足利直冬を奉じ、やがて直冬と共に南朝に属していたことに照応するものであり、宗氏が少弐氏と一体の行動をとっていたことを物語っている。ただし、少弐頼尚は一三五九年（正平十四・延文四）、再び幕府方となり、この年八月六日には、筑後大保原で征西将軍宮方と大いに戦っている（大保原合戦）ので、対馬においてこの年の末まで南朝年号の文書が発給されているという事は、一見、対馬の人々が、少弐氏に服属していなかったことを物語っているかのようである。しかし、正平十四年の年紀のある文書を出しているのは、代官宗香だけで（前記のほか内山文書と斎藤定樹氏所蔵文書に各一通）、一方島主経茂はこの年、北朝の年号を用いて延文四年十二月五日付で、みねの大せう《(椽)》九郎に宛行状（上県郡峰町阿比留学氏所蔵文書）を出しており、島主経茂は、代官宗香が南朝年号を使っている時に、すでに北朝年号を使うようになっていたことが知られる。経茂の文書と宗香の文書とのこのずれは、島主経茂が九州本土に在ったため、少弐氏の動向に即応したのに対し、一方、対馬で留守をあずかる代官宗香が、その情報を得るまでには、ある程度の時間の遅れがあったことに起因すると思われる。したがって、対馬の現地において、少弐頼尚よりも多少おそくまで南朝年号を使っていたとしても、それは、宗氏が少弐氏と別行動をとっていたことを意味するものではなく、むしろ宗氏が、少弐氏の動向を追尾していたことの反映と理解して良いであろう。その後、対馬では応安元年（一三六八）八月まで、北朝年号を用いている。(49)その間、少弐頼尚およびその子息で家督をついだ冬資も、やはり北朝方であった。

これまで、対馬における南北両朝年号使用の変転が、九州における少弐氏の政治的立場の変転と相呼応していることに注目して、論を進めてきたが、実は宗経茂については、かれが九州本土で少弐頼尚に従って活躍している具体例があり、少弐氏との関係を直接たしかめることができる。おもな事例を次にあげる。

経茂は、すでに島主になる以前の暦応四年（一三四一）に、頼尚の命を受けて、肥後において岩崎村地頭職に対する妨を停止すべく遵行に当っている。[50] 次に、頼尚が足利直冬に属して幕府に対抗するようになった時のことであるが、貞和六年（一三五〇）九月、頼尚は、肥前出兵のため、阿蘇大宮司（宇治惟時）を大宰府に招いた。その時の頼尚の阿蘇大宮司宛文書には、「其子細宗刑部丞（経茂）可申候」とあって、経茂が、頼尚の意を受けて副状を出したことが知られる。[51] また正平九年（一三五四）二月、少弐頼尚は、筑前国野北の松永三郎五郎らの忠節を賞し、本領を返付したが、その時宗刑部丞（経茂）は頼尚の命を受けて、早岐左衛門入道なる者と共に現地に臨んで、松永らに下地を打渡す任に当っている。[52] その後、延文五年（一三六〇）には、肥前河上社雑掌高木貞房および深堀時勝が、料所のことを経茂に属して大宰府（少弐頼尚）へ訴えており、経茂はこの年七月と八月に大宰府に対して挙状を提している。[53] このように経茂の九州本土における行動からも、少なくとも一三六〇年頃までは、経茂が少弐頼尚に仕えていたことをあとづけることができる。

第二回目の南朝年号の使用は、同じく島主経茂の時であるが、少弐頼尚及びその子息冬資が、依然北朝方であったにもかかわらず、宗氏は正平二十四年（一三六九）七月より、南朝年号を用いている。[54] したがって、この宗氏の南朝年号、即ち征西将軍宮府への接近は、従来の少弐氏との関係を断って、宗氏が独自に行なったものと一応は考えられるが、しかし、当時少弐一族は分裂して、冬資の弟頼澄が征西府に属していたので、恐らくこの場合の対馬の南朝方への転換は、直接には、征西府に属する少弐頼澄の招きに応じたものであろう。

澄茂は、就任当初は南朝年号を用いており、先代経茂をついで征西府に属していた。これは直接には、やはり少弐頼澄に従っていたものと思われる。というのは、澄茂という実名は少弐頼澄から澄の一字を授けられたものと推測され、両者は主従関係にあったと思われるからである。澄茂はその後間もなく、文中四年（一三七五）十二月二十八日から翌永和二年十月十六日までの間に、北朝方となっている。[55] ところで、丁度このころ永和元年（一三七五）八月には、探題今川了俊が少弐冬資を肥後水島において誘殺した所謂水島の変があって、この後、冬資なきあとの少弐氏では、頼澄が征西府を去って今川了俊陣営へ投じた形跡があり、宗氏の南朝から北朝への転換も、この事件と無関係ではなかったと思われる。その後対馬では、南北朝合一まで北朝年号を用いている。なお、澄茂の次の島主頼茂の実名も、少弐貞頼（少弐頼澄の子）から頼の一字を授けられたものと推測され、頼茂もやはり少弐氏と主従関係にあったと思われる。

このように宗氏は南北朝時代、おおむね少弐氏（主流派あるいは反主流派のいずれかの）に従い、去就を共にしていることがわかったので、次に経茂以後の対馬島主と少弐氏との職制上の関係ないしは島主宗氏自身の職掌がどのようであったかをみておきたい。時期を次の四期にわけて検討してみる。

㈠　経茂島主就任以後、一回目の南朝所属期（観応二・一三五一―正平十四・一三五九）

まず経茂の職掌であるが、正平八年（一三五三）七月十六日付で、島主代官宗香が、対馬の住人内山伊阿弥陀仏にあてた書状において、「ことの《（故殿）》御かいくたし《（書下）》ならひにたうちとうとの《（当地頭殿）》御かいくたし《（書下）》にまかせて」田や下人の公事を停止すると述べている（内山文書）。ここに云う「故殿・当地頭殿」とは、これより少し前の一三五〇年前後に、対馬島主の地位を交替している盛国と経茂のことにちがいない。すなわち、経茂は当時「地頭殿」と呼ばれていたことが知られる（正規の地頭なのか、地頭代が地頭を称したものかについては、後でとりあげる）。

この時期の対馬守護であるが、山口隼正氏の研究によれば観応の擾乱に直冬方についた九州守護は、将軍によって解任されており、少弐頼尚も筑前・豊前などの守護職を奪われている[56]。とすれば、頼尚の対馬守護職も例外ではありえず、やはり解任されたであろう。そして替って誰かが幕府から対馬守護に任命されたのか、後任は置かれなかったのか、それをうかがいうるような史料は残っていないが、対馬全島を掌握している宗経茂が少弐頼尚に従っていると考えられる以上、たとえ誰が幕府から対馬守護に任命されたとしても、それは名目上の守護にすぎず、対馬に対してなんら支配をおよぼすことは出来なかったと思われる。

少弐頼尚は、幕府から対馬守護を解任されたとしても、直冬方の対馬守護として振舞ったであろうし、やがて征西府に属してからは、おそらく征西府から宮方の対馬守護に任命されたと考えられるので、この時期においても、対馬と少弐頼尚との関係は従前どうりであったものと思われる。ただし、この時期には、頼尚が対馬の島政に関して発給した文書は、管見のかぎり見当らない。

㈡　大保原合戦頃から再び幕府方に属した時期（延文四・一三五九―応安元・一三六八）

山口隼正氏によれば、再び幕府方となった少弐頼尚は、大保原合戦頃に、かつて解任されていた筑前の守護に還補されているので、[57]さきに解任されていたであろう対馬守護職についても、やはり還補がなされたと考えられる。頼尚から、康安元年（一三六一）と同二年に、島主経茂や対馬の神官らに宛てた数通の文書があるが、これは頼尚の対島守護としての活動を示すものである。[58]

㈢　二度目の征西府所属期（正平二十四・一三六九―文中四・一三七五）

島主宗慶（経茂）の晩年から澄茂の初期にあたる。この度の宗氏の征西府所属は、先にのべたごとく、すでに征西府に属していた少弐頼澄の招きによるものと思われる。従って対馬の現地を掌握している宗氏を配下に持つことを得た頼澄に対しては、おそらく征西府から対馬守護の職が与えられたであろう。ただし、頼澄から島主や対馬の住人に宛てた文書は、管見の限り現存していない。ただ、島主澄茂が、文中四年（一三七五）、対馬の住人伊奈郡仁田（現在上県郡上県町仁田）の仁田左衛門太郎にあてて、「さいけ《（在家）》」を安堵し、「御かいくたし《（書下）》の旨にまかせて」沙汰するよう令する施行状を発給しているので、[59]澄茂より上級の支配者が存在したことが知られる。この時期、澄茂に命令を与えうる者としては、征西将軍宮と対馬守護が考えられるが、武家の文書様式である「書下」を発給した主は、対馬守護と思われる。とすれば、それは少弐頼澄であろう。

そこで、㈠㈡の期間を通じて島主であった経茂の職掌であるが、経茂晩年の建徳二年（一三七一）閏三月五日付で、島主代官宗香が下津正八幡宮（厳原八幡宮）に対して、「守護・地頭方の祈禱」をするよう命じている。[60]「守護」と「地頭」とを別記しているところからみれば、両者は別人にちがいなく、「守護」はおそらく少弐頼澄を指し、「地頭」は島主宗経茂をさすと考えられる。そこで、先に㈠で、一三五三年の史料にも経茂を「地頭殿」としていることを見たが、それとこの史料の「地頭」とを文字通りうけとれば、経茂は対馬地頭であったということになる。しかし、佐藤進一氏が指摘されたごとく、全島が一つの地頭職として扱われる対馬では、地頭と守護は同一人のはずであるし、[61]また経茂前代の盛国が地頭代であるにもかかわらず、地頭と称し、その際、本当の地頭である少弐氏のことを正地頭と呼んでいる前例がある（永仁六年八月十八日地頭惟宗盛国寄進状。第一章第二節、参照）ことから見て、経茂も盛国と同様、地頭と言いながら、実は地頭代であったとしてよかろう。

㈣　三度目の北朝年号使用以後、頼茂が島主であった時期（永和二・一三七六―応永五・一三九八）

島主澄茂が、水島の変の後、間もなく今川了俊陣営へ投じて以後、明徳三年（一三九二）頃に頼茂が島主となり、その後応永五年（一三九八）に政権を貞茂に奪われるまでの期間に当る。

すでに㈢で見たごとく、澄茂は南朝年号を用いて、文中四年（一三七五）に施行状を出しているが、その翌年には北朝年号で、次の施行状を発給している（この文書は、澄茂の北朝年号使用の初見でもある）。

つしまのしまわた《対馬の島和田》の浦のこうれい《恒例》の御くうし《公事》の事、きうふん《給分》としてあて給るところ也、御かき下のむねにまかせてちきやう《知行》すへき状如件、

永和二

十月十六日　　澄茂（花押）

大山さへもん五郎殿

〔対馬歴史民俗資料館所蔵大山小田文書〕

これは、澄茂が対馬の住人大山左衛門五郎に対して和田浦（浅茅湾内、下県郡美津島町）の公事を給分として宛行なうとの、ある人物の「御書下」を施行したもので、やはり澄茂より上級の支配者が存在したことが知られる。その人物とは、和田浦公事の徴収権および取得権をもっている者であり、それを対馬の住人に給分として宛行ないうる立場にあった者である。土地と住民に対するかかる権限を持った者としては、対馬守護ないし地頭が考えられる（ちなみに、同じく大山小田文書に、かつて嘉暦二年、対馬守護・地頭少弐貞経が、大山氏の所領を安堵し、公事を勤むべきことを命じたことがみえる）。当時の対馬守護・地頭が誰であるか、直接わかる史料は見当らないので推測であるが、さきに宮方の対馬守護に補せられていたと考えられる少弐頼澄（あるいは子息貞頼）が、水島の変後、了俊陣営へ移って、そのまま対馬守護として対馬にのぞんでいたのではないかと思う。ともかく永和二年の十月の時点では、対馬守護は、宗澄茂とは別人と考えられ、澄茂は、やはり前代と同じく、対馬地頭代であったと思われる。

ところが間もなく、澄茂にはその地位に大きな変化が起っている。さきに木坂八幡宮棟札によって述べたように、澄茂が永和四年四月二十九日当時、対馬守護であることである。かれはいつ守護となったのであろうか。澄茂施行状の終見[62]は、先掲の永和二年十月十六日大山さへもん五郎宛のもの（大山小田文書）で、これは先にのべたように、澄茂が

対馬守護の命令を施行したものと考えられる。したがって地頭代から守護への昇格は、この時以後、永和四年四月二十九日までの間に行なわれたとしてよかろう。この補任は、おそらく宗氏が了俊陣営へ加わった際、了俊が幕府に斡旋したものであろう。澄茂以後の歴代島主は、対馬守護になっている。

さて、澄茂が守護となり、ここに宗氏は、自身が守護となったことによって、十三世紀以来の少弐氏との職制上での支配・被支配関係を清算した。そして一方、探題了俊は、宗氏を直接把握することになった。例えば、至徳四年（一三八七）、了俊が澄茂に、筑前国板持庄内吉富名を安楽寺雑掌に付渡せしめるよう命じるなど、(63) 宗氏は直接探題から遵行の命を受けている。海賊の禁圧、朝鮮との通交に熱心な了俊が、海賊の本拠であり、かつ朝鮮通交の関門に位置する対馬の宗氏掌握に成功していることは大変興味深い。

島主頼茂の背後勢力については、その在任期間がみじかいのでよくわからないが、北朝年号を用いていることからみて、澄茂を踏襲して今川了俊陣営にあったにちがいない。なお、澄茂には、守護となって以後も、代官を置いた形跡がないが、頼茂の場合は、茂親なる者が代官となっていたと考えられる。茂親発給文書は明徳四年（一三九三）から応永四年（一三九七）までである。(64) その文書形式は、奉書はなくすべて直状であるが、内容は対馬の特定地域のことに限らず（もし文書内容がある地域のことにのみ関したものであれば、その文書の発給者は、その地域すなわち島内行政単位として設けられていた郡の郡主である）、広く島内各地の事柄にわたっているので、茂親は島主代官（頼茂も従前の対馬守護と同様、地頭を兼任していたはずであるから茂親は地頭代であろう）と考えられる。一人の地頭が一国を支配し、それが守護と同一人であると考えられる対馬においては、南北朝期にも守護代は置かれず、地頭代のみが置かれ、これが直接現地の支配に当ったのである。

以上対馬の守護・地頭・地頭代についてみたが、島主宗氏の職掌は、永和四年ごろ守護となるまでは、地頭代で、その間判明する限り少弐氏が守護・地頭であった。しかし宗氏は地頭代とはいえ、現地対馬をほとんど完全に掌握し、対馬全島に一円的な支配を行なっていたことからすれば、名義上の地位は必ずしも重要ではない。すでに早く十四世紀の初めから、島内では宗氏が「地頭」と呼ばれ、またみずからも、そのように称していたことを先に見たが、それもまた、このような島内支配の実態を反映したものにほかならないであろう。

さて、ここで話を澄茂・頼茂の背後勢力の問題にかえすと、以上みてきたところから、「酷吏」澄茂・頼茂の背後勢力として、初期には少弐頼澄及び征西府、水島の変以後には、探題今川了俊が考えられる。しかしながら、前者との関係は、澄茂に始まるものでなく、前代の経茂以来の関係であるので、貞茂が「官」と呼んだ、澄茂・頼茂の背後勢力は、今川了俊にほかならないであろう。なお、貞茂書契の後半部分、即ち「盖以関西強臣、拒朝命」以下の記述は、前半に述べられている「官」の説明とうけとれ、「官」を了俊とすれば、探題が朝命を拒んだことになり矛盾するようであるが、貞茂書契の書かれた応永六年という時点では、了俊はすでに讒にあって召還されており、了俊に対するこのような評価も不思議ではない。

このように頼茂・澄茂の背後勢力が了俊であるとすると、貞茂が頼茂から政権を奪った応永五年の第二の政変は、了俊がそれに先立つ応永二年に召還され、頼茂がその支援者を失ったことと無関係ではなかったと思われる。

むすび

以上、宗貞茂にいたるまでの対馬島主の継承と宗氏の系譜について一応解明した。そして十四世紀後半に二度の政変があり、これは宗氏一族間の経茂・貞茂系と仁位中村宗氏との島内の主導権をめぐる抗争であったことを明らかにした。この両者の対立が、この時かぎりで終ったものなら、これらの政変は、対馬の歴史に、それほどの意味をもつものではないであろうが、次章でのべるごとく、第二の政変の直後には、仁位中村宗氏の賀茂が、貞茂の政権奪還に対する反撃として、賀茂の争乱をおこしており、その後も両者の対立は、十五世紀後半まで続いている。すなわち島主は貞茂の系統によって占められているが、一方仁位中村宗氏の賀茂の後は、一つは代々、島主代官（守護代）および佐須郡郡主となり（この一族は後に佐須氏を称す）、他は仁位郡郡主を世襲して（この一族は後に仁位氏を称す）、共に島主による一円支配化への障害をなしている。具体的に言えば、内政面では仁位郡が、島主権の侵透をはばんでいることであり、対朝鮮関係においては文引制度、歳遣船定約、図書の求請等に両者の対立が如実に反映していることである。従来、このような経茂・貞茂系と仁位中村宗氏との対立があったことを論じたものはなかったが、この両者の対立を念頭において、十五世紀の対馬の歴史、特に対朝鮮関係をみるならば、そこにおのずと別個の意味づけが可能になるのである。これらの詳細については、第五章でのべるが、十四世紀後半の二度の政変は、中世対馬史の基調をなすこの対立の発端となるものであり、まことに重要な意味をもつ事件であったといわねばならない。

注

（1）『定宗実録』元年七月朔日条。
（2）『定宗実録』元年九月丁丑条。
（3）「太守」の呼称は、朝鮮の文献に頻繁に出てくるが、その初見は『世宗実録』八年（一四二六）二月丙子条である。
（4）朝鮮文献に「島主」の語がみえるのは、所見の限りで『端宗実録』元年（一四五三）五月丙寅条が最初である。
（5）その例は、『海東諸国紀』に多数みられるが、その一、二をあげれば、朝鮮との通交に際して九州探題は、「九州節度使」

或いは「九州都元帥」或いは「九州総管」と称し、少弐氏は「筑豊肥三州摠太守太宰府都督司馬少卿」と称している。
(6) 厳原町斎藤定樹氏所蔵文書、『関東評定伝』『日蓮聖人註画讃』。
(7) 佐藤進一『鎌倉幕府守護制度の研究』対馬。
(8) 嶋雄成一氏所蔵文書(東京大学史料編纂所影写本)。
(9) 盛国発給文書は多数あるので、初見と終見の典拠のみを記す。初見は永仁六年八月十八日である(宗家判物写『享保八年仁位郷給人寺社足軽百姓御判物写』仁位村百姓次兵衛所持。なお、この判物写帳は、原表紙を欠くが、巻末に、

卯九月十五日　　山上判兵衛

御郡奉行所

とあり、享保八年癸卯年に、八郷べつに作られた判物写『某々郷給人寺社足軽百姓御判物写』の仁位郷分である。『長崎県史』史料編第一に「一一・一二仁位郷御判物写」として収めるのは、これである)。盛国発給文書の終見は、貞和五年九月二十二日(上県郡峰町木坂島居勝義氏所蔵文書)である。ここに典拠としてあげた「宗家判物写」とは、対馬藩が近世に数度にわたって島内諸家の判物を提出させて写したものである。
(10) 盛国と妙意が同一人であることは、花押の一致による。
(11) 厳原町斎藤定樹氏所蔵文書、延慶四年六月久根次郎右衛門尉定能申状并応長元年後六月七日少弐貞経外題安堵。
(12) 宗家判物写『宝永六年府内田舎寺社所持之御判物并執権ヶ之奉書之写』佐護郷嶋井安兵衛所持。
(13) 少弐貞経・頼尚から盛国への書下の宛名は「宗右馬弥次郎入道」或いは「宗右馬入道」となっている。この人物が盛国と同一人であることは、頼尚から「宗右(馬)入道」に対する書下を、妙意(盛国)が施行していることによって明らかである(宗家判物写『享保八年三根郷給人寺社足軽百姓御代々御判物写』三根村百姓善六所持)。彼に対する少弐氏の書下の終見は、康永三年七月二十日頼尚書下である(宗家判物写『享保八年与良郷給人寺社足軽百姓御判物写』黒瀬村平山五兵衛所持)。
(14) 経茂の北九州での活躍を伝える深江文書・深堀文書に、彼が刑部丞を称したことが見える。
(15) 内山文書(東京大学史料編纂所影写本)。
(16) 経茂と宗慶が同一人であることは、その花押の一致から言える。ただし、宗慶の花押が、経茂に一致するのは、その初期

だけで貞治二年頃には、別の花押に改められている。
(17) 貞享四年宗家判物写『社家』藤勘之允所持。
(18) 第六節参照。
(19) 宗家判物写『享保八年三根郷給人寺社足軽百姓御代々御判物写』三根村神主百姓少兵衛所持。
(20) 宗家判物写『享保八年伊奈郷給人寺社足軽百姓御判物写』(この宗氏文庫所蔵の判物写は、前欠で、表題を欠くが、体裁・書体・内容などからみて、享保八年に八郷べつに作られた伊奈郷のものであるので、他郷の題にならって、題名を付した)小鹿村辻七左衛門所持。
(21) 『神社棟札写』については、第一章注(12)参照。
(22) (一)貞享三年本『宗氏家譜』平義真の序、(二)享保二年本『宗氏家譜』凡例および同書付録の陶山存著『考証録』御家譜書改之事条。
(23) 注(22)の(二)に同じ。
(24) 享保五年、島主宗方誠が同社の修造を行なった時の棟札に、過去に行なわれた修造の年月、願主名等を記しており、至徳元年の頼茂の修造もこれにみえるものである。つまり後世の記述にかかるものではあるが、それらの記載は、過去の修造ごとに作られた棟札によって書かれていると思われ、事実たまたま記録に残っている棟札(注(25))の文面と比較すると、修造の年月も符合し、願主の官職姓名も棟札の記載のままに写されており、修造当時の棟札に準じて信頼できる史料である。享保五年の棟札は、対馬下県郡厳原町八幡宮所蔵。
(25) 『神社棟札写』所収、嘉暦三年十二月二十一日・応永二十一年十一月二十八日・文安二年仲春吉日付府内八幡宮棟札写。
(26) 貞享四年宗家判物写『町人御判物帳』梅野太左衛門所持。
(27) 『神社棟札写』所収、応永二十一年十一月二十八日付府内八幡宮棟札写。
(28) 貞享四年宗家判物写『歩行御判物帳』木寺源左衛門所持。
(29) ①明徳二年十一月十五日付津江三郎左衛門尉宛貞茂宛行状(『延宝二年御判形之写・町中』津江藤右衛門所持)。この文書は、今度の働きの恩賞として、「豊前国きくの郡ますた百六十町」を進め置くという内容であるが、このころ豊前企救郡に「ますた」という所があったことを捜し出すことはできない。またこの文書では、津江に与えた百六十町の土地について「子々孫々にいたるまで不可有相違」とするが、一般にこの当時の宗氏発給の宛行状・安堵状で、永代にわたっての領有を保証する文言はみられない。またこの頃宗氏は、この外にも九州本土において、家臣に土地を宛行なっているが、そのうちで百六十町というのは、桁はずれに広い面積である（陶山存も、その著『考証録』に、この文書を収めて、豊前・筑前・肥前における知行宛行判物のうち、右の判物の知行高ほど町数の多いのは他にないので記し置くと言っている）。耕地のほとんどない対馬を本拠とする宗氏が、このような広い所領を一家臣に与えたというのは、どうも疑問である。これらのことから、この文書は偽文書であると考えられる。

②明徳三年六月日付志ん大夫宛貞茂書下（貞享四年宗家判物写『享禄以前八郡御旧判写』与良郡安神村甚左衛門所持）。

この文書は、貞茂が宛名の志ん大夫の訴により、与良郡安神山の境について裁定した内容であるが、不自然な文章であるうえ、文末を「依為後日かきくたしの状如件」と結ぶなど偽文書と考えられる。

対馬で偽文書が作られた理由として、文書内容が利害にかかわるもので直接の効力を持つ場合のほか、近世になると島主宗氏が先祖に発給した判物所持の有無、さらに所持する場合にはその判物の新旧などによって家格が左右されたことなどが考えられる。

なお、筆者は旧稿「対馬島主の継承と宗氏家譜」（『史学雑誌』第七五編一号）および「黒田省三氏『宗氏の承統と対馬守護の職称』批判」（『朝鮮学報』第五十八輯）においては、右二通の文書を偽文書とは考えず、貞茂とあるのが澄茂の誤写でないとすれば、当時貞茂は何らかのかたちで島政に参与していたことになるとしたが、ここで訂正しておく。

(30) 貞享四年宗家判物写『享禄以前八郡御旧判写』与良郡竹浦百姓弥助所持。

(31) 「順叟大居士即月大姉肖像賛并序」については、第一章第三節、参照。

(32) 貞茂が讃岐守を称したことは、「讃岐守」と署判のある書下の花押が、貞茂の花押と同じであることによる（宗家判物写『文化十一年給人并寺社足軽百姓御代々御判物写帳』佐護郡恵古村社人安左衛門所持）。また『世宗実録』即位年八月壬寅条に、対馬島守護都々熊丸の父は貞茂であることがみえ、都々熊丸とは貞盛の幼名であるので（『世宗実録』元年六月壬寅条）、貞盛の父は貞茂である。

(33)　柚谷家の記録類については、拙稿「柚谷家の記録類について」(『対馬風土記』第五号)、参照。

(34)　『系図後集書』の終り近くに収める記事に、「寛永十七庚辰歳正月吉日　柚谷四郎右衛門成友記」と、その記事の筆者名と筆録の年月を記している。また本書の記事の書き手は、筆跡からみてすべて同じ人である。そこで、この書物は、寛永十七年頃に柚谷四郎右衛門成友が編んだものと考えられる。
　なお、表紙(第一丁)裏面に「清寛伝要録第二巻」との題も記されていて、一見、この書物は成友の孫である柚谷清寛の手になるもののごとくであるが、この文字は本文の記事の文字とは異筆で、かつ清寛の筆跡とも異なっている。「清寛伝要録」との題は、後人がこの書物をも、柚谷家記録類の大部分の筆者である清寛の手になるものと誤認して、書き加えたものと考えられる。

(35)　末安永真に関する文書の初見は、元徳三年卯月七日末安法橋御房宛妙意書下(宗家判物写『享保八年与良郷給人寺社足軽百姓御判物写』鶏知村大椽阿比留七左衛門所持)、終見は、康永四年九月十日末安法橋御房宛妙意書下(貞享四年宗家判物写『社家』藤勘之允所持)。
　末安永真が「惣御代」「御代」と名乗っている文書には、康永三年四月十七日惣御代永奚〔真〕裁許状(宗家判物写で「永奚」とする人物の花押は、内山文書・嶋雄成一氏所蔵文書の「永真」の花押と同じで、「永奚」とあるのは、正しくは「永真」である)(貞享四年宗家判物写『社家』藤勘之允所持)・けんむ三年九月一日うちやまのいあミたふ宛御代永真書状(内山文書)などがある。

(36)　貞和五年二月廿七日宗さけん志宛宗香副状(上県郡上県町樫滝川本源盛氏所蔵文書)。

(37)　貞和三年十二月廿六日宗香御房宛妙意書状(内山文書)。

(38)　宗香関係文書の初見は、康永四年九月十一日宗香御房宛妙意書下(対馬史料の採訪家内野対琴の『反故廼裏見』巻十七所収、宗家判物写『峯郷』木坂村いつ宮司所持。『反故廼裏見』所収の宗家判物写は、対琴が対馬の家老古川家旧蔵本より明治四十三年に書写したものである)。終見は文中(年欠)八月十九日そうみやしの御房宛宗香書状(貞享四年宗家判物写『社家』藤勘之允所持)。

(39)　宗香の館址は、現在の下県郡豊玉町仁位の小・中学校および豊玉高校の敷地のあたりと伝えられている。

(40)　宗香が中村氏を称したことは、本文第五節に掲げた『系図後集書』所収系図にも見えているが、現存の文書からも言える。

有智山明意房事、如故殿（宗盛国）御時、可有御扶持之状如件、

観応二

十月廿日　経茂（花押）

中村殿

〔内山文書〕

右の文書は観応二年（一三五一）、島主経茂が「中村殿」にあてて、前島主盛国の時と同じく、有智山明意房にたいする扶持を行なうよう命じたものである。一方、この明意房に関しては、この文書の年代より少し後の正平十四年（一三五九）に宗香から、故末安殿の書下の旨にまかせて山手を明意坊に給付するとの文書（正平十四年九月十二日せのさゑもん二郎宛宗香書下、内山文書）が出ており、末安永真・宗香二代の島主代官が明意坊に対する山手給付の措置をとっていることが知られる。このことからみて、先の文書で島主経茂から有智山明意房に対する扶持を指示された「中村殿」とは、島主代官の宗香にほかならないと考えられる（先の経茂書下の観応二年は、宗香の代官在職中である）。

また、貞治三年（一三六四）十一月十二日、宗慶（島主経茂）より「中村殿」へ宛てて、八幡宮供僧三人に対し、公事を免除しているうえは、宮番役等勤仕の催促をするよう命じた書下があるが（宗家判物写『享保八年与良郷給人寺社足軽百姓御判物写』鶏知村大掾阿比留七左衛門所持）、この内容・文書形式よりみて、この「中村殿」も当時の代官宗香を指すとしてよかろう。

(41)　天文十五年に宗氏を称する者の改姓を行なったことは、改姓した諸家の文書の宛名の変化から跡づけることができる。このことは『宗氏家譜』にも見えている。

(42)　康永四年（一三四五）正月四日付の島主妙意から代官末安法橋への書下であるが、「めういかさいこくのことく（妙意が在国の如く）、心やすくあたらせ給へく云々」（内山文書）とあって、代官が留守をあずかっていた状況が知られる。

(43)　頼茂の花押は、応永五年卯月廿七日宗六郎宛頼茂宛行状（宗家判物写『享保八年三根郷給人寺社足軽百姓御代々御判物写』三根村給人松村弥三兵衛所持）による。霊鑑の花押は、応永八年十二月十三日大山小田宮内左衛門尉宛霊監安堵書下（対馬

歴史民俗資料館所蔵大山小田文書）による。

(44)『定宗実録』二年四月癸丑条。

(45)注(44)及び『太宗実録』元年九月乙卯条。

(46)島主の実名は、少弐氏当主の一字を与えられていると推定される場合が多い（宗資国←少弐資能或は経資。宗盛国←少弐盛経。宗経茂←少弐貞経。宗澄茂←少弐頼澄。宗頼茂←少弐貞頼）ので、霊鑑にもその可能性があり、そうとすれば時代からいって少弐頼尚の一字を与えられたであろう。そして当時宗氏では、経茂、澄茂など茂を通字としているので、霊鑑の実名が尚茂であったとしてもおかしくはない。ただ、上県町伊奈阿比留弥七郎氏所蔵文書に、年未詳六月廿四日付で「ひさ志け」と署した書下があるが、この花押は霊鑑の花押（大山小田文書、応永八年十二月十三日大山小田宮内左衛門尉宛霊監安堵状）とやや異なり、花押から両者を同一人と断定することはできない。

(47)『寛永諸家系図伝』では、宗貞国の条に「申叔舟が記（海東諸国紀）に云々」とあるので、対馬で寛永呈譜の作成にあたって『海東諸国紀』を典拠として利用したことが知られる。

(48)なお、対馬における南朝年号使用の最中にあたる一三五七年（正平十二・延文二）に、北朝の年号を用いた延文二年二月六日付津原右衛門佐宛経茂書下（津原文書）があって、これは『大日本史料』六編之二十一にも収録されているが、書体・文辞・内容からみて偽文書である。

(49)応安元年八月十三日大椽宛宗慶書状（故賀島由己氏旧蔵『郷社八幡宮神社昇格追願書』所載厳原八幡宮文書写）。

(50)深江文書（『大宰府・太宰府天満宮史料』一三四一年四月二十日・十二月十四日条）。九州本土における宗経茂の活動については、川添昭二氏の「南北朝時代における少弐氏の守護代について」（同氏著『九州中世史の研究』一五五―一五七頁）に詳しい。

(51)阿蘇文書。この文書は九月廿三日とあるのみで年を欠くが、従来貞和六年のものとされている（『大日本古文書』家わけ十三阿蘇文書(二)、『大宰府・太宰府天満宮史料』一三五〇年九月二十三日条）のに従った。

(52)京都大学所蔵「古文書集八」所収文書（『大宰府・太宰府天満宮史料』一三五四年二月十三日条）。

(53)深堀文書（同右書一三六〇年七月十五日条）、川添昭二注(50)前掲書一五七頁、参照。

(54) 対馬における二回目の南朝年号使用の初見は、正平廿四年七月四日まこ二郎入道宛そうけい書下（『反故廼裏見』巻十七所収宗家判物写『与良郷』所持者名欠く）。

(55) 澄茂発給文書の年号は、初めは南朝年号であるが、間もなく北朝年号に変っている。南朝年号の終見は、文中四年（一三七五）十二月廿八日□衛門入道宛澄茂書状（上県郡峰町島居勝義氏所蔵文書）であり、北朝年号の初見は永和二年（一三七六）十月十六日大山左衛門五郎宛澄茂施行状（大山小田文書）であるので、この間に澄茂が征西将軍宮方から北朝方となったことがわかる。

(56) 山口隼正「南北朝期の筑前守護について」（同氏著『中世九州の政治社会構造』一八―三六・五二一―五四頁）。

(57) 同右三八頁。

(58) ①康安元年十二月十三日本通（少弐頼尚）書下（東京大学史料編纂所影写、嶋雄成一氏所蔵文書）。宗刑部入道（経茂）にあて対馬島住人六郎兵衛尉家時にその願いにより、代々の例にまかせ公事を免許するを伝う。
②康安元年十二月十三日本通書状（故賀島由己氏旧蔵『郷社八幡宮神社昇格追願書』所収文書）。惣宮司にあて、対馬嶋上津下津両八幡宮に在庁等、神役を先例に任せ沙汰すべきを令す。
③康安二年四月十一日本通書下（貞享四年宗家判物写『社家』藤勘之允所持）。須毛三位御房にあて、対馬国府天満宮々司職に補し、祈禱の精誠を致すべきを令す。
右のうち①③は、川添昭二氏が、対馬守護少弐頼尚の、対馬に宛てた直接発給文書として紹介しておられる（「南北朝時代における少弐氏の守護代について」同氏著『九州中世史の研究』一五二・一五三頁）。なお、年未詳十月十一日付で対馬の須毛藤次にあて、麝香を求める本通書状（出典は③に同）があるが、法名本通を称しているので、右と同じ頃のものであろう。

(59) 文中四年七月廿五日にたのさゑもん太郎宛澄茂施行状（上県郡上県町檻滝川本源盛氏所蔵文書）。

(60) 貞享四年宗家判物写『社家』藤勘之允所持および故賀島由己氏旧蔵『郷社八幡宮神社昇格追願書』所収文書。

(61) 注(7)に同じ。

(62) なお、次の康応元年（一三八九）澄茂発給文書を、黒田省三「宗氏の承統と対馬守護の職称」（『朝鮮学報』第五十三輯二二頁）・『長崎県史』史料編第一・瀬野精一郎編『九州地方中世編年文書目録』などでは、遵行状と名付けている。

つしまのかうらい御公事、先達申候まゝ、さたあるへく候、先達分もふさ汰有へからす候、先日任書下旨、可被致沙汰
状如件、
康応元
九月十七日　澄茂（花押）
大山左衛門五郎殿
〔大山小田文書〕

しかし、右の「先日任書下旨」というのは、澄茂自身が先日発給した書下をさしたものと解され、澄茂より上位にある者が出した書下をさしたものではないので、この文書を遵行状とするのは当らない。

(63)　御供屋文書。この外、澄茂が探題今川了俊から遵行の命を受けている例が、太宰府神社文書(年未詳正月七月宗伊賀守〇澄茂宛今川了俊書状）・有浦文書（年未詳三月十九日宗伊賀守宛今川了俊書状）にもある。

(64)　茂親発給文書の初見は、明徳四年六月七日宮師ほつけうの御房宛茂親寄進状（宗家判物写『与良郡社家』須茂正宮司分）。終見は、応永四年四月九日□《（こみやカ）》殿宛茂親書下（延宝二年宗家判物写『伊奈郡』下里村奴田次郎兵衛分）。

〔補注〕　本章で引用した柚谷家の記録については、注(33)のほか、長正統・長節子編「柚谷家記録類内容目録」（文部省科学研究費補助金昭和五九・六十年度研究成果報告書『中近世における環シナ海域交流史の研究』課題番号五九四五〇〇三九、研究代表者中村質）を参照されたい。

〔追記〕　本章は、『史学雑誌』第七十五編第一号（昭和四十一年五月）に発表した「対馬島主の継承と宗氏系譜――朝鮮国議政府への宗貞茂呈書をめぐって――」を修正し、改題したものである。旧稿の成稿に際しては、竹内理三先生・佐藤進一先生から多大の御教示を得た。このたび旧稿を訂正・増補したが、ことに第六節「政変の背後関係」では、かなりの部分を新たに加えた。なお、旧稿の第七節「宗賀茂の叛」は、本章から切りはなし、書き改めて、次の第三章「応永八年宗賀茂の政権奪取」の第一節「朝鮮史料にみえる宗賀茂の政権奪取」とした。

第三章　応永八年宗賀茂の政権奪取

前章においては、十四世紀後半の対馬でおこった二度の政変、すなわち仁位中村宗氏の宗澄茂による経茂系宗氏からの政権奪取と、経茂の孫宗貞茂による澄茂系島主宗頼茂からの政権奪還のいきさつをとりあつかったが、その後、すぐにまた、宗賀茂なる者が、貞茂から一時政権をうばう事件が起っている。

本章では、この賀茂の政権奪取の事件について考察することにする。この事件に関する信頼のおける史料として従来知られていたのは、朝鮮の『海東諸国紀』の記事であったが、それに加えて本章では、新たに対馬側の史料である「国分又二郎置文」を紹介する。この史料は、国分又二郎なるものが、自分の生涯に経験したいくたびかの戦いの手柄を、子孫のために書きつらねたものであり、その最後の部分が、貞茂に従って賀茂一派の討伐に参加したときの覚書である。この史料は、年紀を欠くが、事件を直接経験した人物の書きのこしたものとして価値が高い。この史料は、今日まで全く知られていなかったというわけではなく、従来も対馬の所伝を書きしるした古い記録や、『宗氏家譜』などでは、すでにいろいろな形で部分的に利用されていた形跡があるが、史料の全貌が紹介されたことは、これまでなかった。

本章では、賀茂の謀叛事件に関する近世以降の諸説にとらわれず、『海東諸国紀』やその他の朝鮮史料、また「国分又二郎置文」や柚谷家の記録類など、出来るだけ確かな史料に基づいて、この事件の真相を解明することを試み、また賀茂をめぐる人間関係を明らかにして、この事件が一体いかなる性格のものであったかを考えてみる。また「国分又二郎置文」によれば、賀茂一派が鎮圧された直後に宗五郎なる者の謀叛事件があり、これも賀茂の謀叛事件と関連した事件としてみのがせないものであるので、それについても考察する。

ところで、賀茂の謀叛自体はほんの一時的な成功をおさめただけで終った事件に過ぎないが、この事件が、その後の対馬の歴史に与えた影響には、まことに大きなものがある。そこで本章では、事件そのものの解明にひきつづいて、その後遺症ともいうべき後世への影響をも考察することとし、十七世紀末に藩命によって編纂された『宗氏家譜』において、この事件がどのように扱われているかを検討したところ、事実を覆いかくすためにいろいろ巧妙な工夫がほどこされていることが判明した。そして、幕末にいたって『宗氏家譜』の権威に対する批判的な風潮がおこってきたなかで、それまで闇にほうむられていた賀茂の系譜の解明などが、行なわれるようになってきている点についてものべた。

第一節　朝鮮史料にみえる宗賀茂の政権奪取

宗賀茂の政権奪取については、まず朝鮮の史料『海東諸国紀』対馬島卦老郡条の郡守宗茂秀に関する次の記事をあげることができる。

茂秀父賀茂、曾黜島主霊鑑而奪其任、霊鑑之子貞茂還奪之、然以賀茂族盛、不得絶之、以茂秀為都代官、

これによれば、かつて賀茂が、島主霊鑑をしりぞけてその任を奪ったが、霊鑑の子貞茂が、奪い返した。しかし、

賀茂の族勢盛んなるにより、これを滅ぼすことが出来ず、賀茂の子茂秀を「都代官」としたとある。では、この事件はいつ起ったものだろうか。『世宗実録』二十七年二月丁卯（二十三日）条の同知中枢院事李藝卒伝によれば、李藝が庚辰年（一四〇〇・応永七）回礼使尹銘に従って対馬を訪れたときは、「島主霊鑑」がいたが、翌辛巳冬、再び対馬に赴くと、「適霊鑑見竄、島中乱、失所乗船」すなわちたまたま霊鑑が竄せられるという事態に遭遇し、島中が乱れ、李藝も乗船を失うという目にあったということである。この辛巳冬の「霊鑑見竄」という事態こそ、『海東諸国紀』にいう「賀茂曾黜島主霊鑑」に相当するものであろう。とすれば、賀茂による政権奪取（以下賀茂の叛と記す）は、辛巳即ち応永八年冬のことである。

ところで、これらの記事では、賀茂の叛当時の島主を、貞茂の父霊鑑としている。先に第二章では、応永五年（一三九八）、すでに貞茂が島主となったことを明らかにした。その後いつか、貞茂から霊鑑に島主が替ったのだろうか。まず古文書によってみると、確かに霊鑑発給文書は、応永七年八月十日付公事免状と同八年十二月十三日付安堵状の二通が存在するが、(1)同時に、この頃はるかに多数の貞茂発給文書が残っている。次に、当時の朝鮮の文献で貞茂について記す所をみると、『定宗実録』二年（一四〇〇・応永七）四月癸丑（十八日）条に、「対馬島守刑部少輔宗貞茂使人、献馬十四、其父沙弥霊鑑亦献馬六匹、皆告誠心禁賊之意」とあり、応永七年四月当時の島主は貞茂で、霊鑑はその父にすぎないことが記されている。また、このほか貞茂が使者を遣わした時の称号をみると、『定宗実録』元年（応永六）七月朔日条に、「対馬島都摠管」、同年九月丁丑（十日）条に、「対馬島摠管」、『太宗実録』元年（応永八）四月丁亥（二十九日）・二年五月戊申（二十六日）・三年二月丁丑（三十日）条に、「対馬島守護」となっており、貞茂が、対馬の最高支配者であることが表示されている。これらのことから、応永五年以来、少なくとも同十年に至るまで、対馬島主は貞茂であって、その間に、霊鑑が島主となっていないことは明らかである。なお、『太宗実録』六年（一四〇六）三月己未（二十九日）条に、「遣人、賜対馬島守護宗貞茂米豆二百石、貞茂告有父喪也」とあって、霊鑑はこの年（応永十三年）の初め頃に死去したようである。

では、『海東諸国紀』および『世宗実録』の李藝卒伝に、霊鑑を島主としているのはどうしてだろうか。これは推測であるが、制度上の島主（武家職制で云えば守護）は、貞茂であるが、しかしながら後述するごとく、貞茂は九州本土へ出陣していたため、代って霊鑑が、留守中の政務を見ていたという事情があったからではないだろうか。そういう状況のところへ来島した外国使臣の李藝らには、霊鑑が島主と受けとられても当然である。ことに『海東諸国紀』の編者申叔舟は、先に第二章で見たごとく、貞茂の前代の島主を霊鑑と誤認していたため、貞茂就任の初期に起ったこの事件を、むしろ自然に、霊鑑の引退と貞茂の就任という島主交替の契機として理解したものであろう。

第二節　国分又二郎置文にみえる応永の謀叛事件

従来、宗賀茂の叛に関する日本側史料としては、近世の編纂物を除くと、同時代ないしはそれに近い時期のものは、なにも知られていなかったが、つぎに紹介する長崎県上県郡峰町吉田の国分哲士氏所蔵文書中の「国分又二郎置文」は、この事件を直接経験したものが書きのこした史料として貴重である。これは国分又二郎が、応永の初め頃から同九年に至る間に、宗氏の九州本土出兵にしたがって、肥前・豊前・筑前の各地に転戦したさいの戦功と、その上さらに九州出兵中に対馬で起った貞茂に対する謀叛事件（二度にわたっており、はじめのものは主謀者を明記していないが賀茂の叛と考えられ、あとのものは宗五郎なる者の謀叛である）を応永九年に鎮圧した際の功と、あわせて九度の功績によって、貞茂から所領を与えられたことを記して後の証とした書付けである。この文書には、年月が記されていないが、国分又二郎本人が、自己の体験を記したもので、史料としての信頼度は高い。

そこで、次に「国分又二郎置文」のうち、応永九年に鎮圧された謀叛事件に関する部分、すなわち第八条以下を史料Aとしてあげる（ただし説明の便宜上、いまはこれをかりにA―(1)、A―(2)の二つに分けて示すが、原文はひとつづきのものである）（写真参照）。

A―(1) 八、たちはな《(立花)》のしやうしゆ《(城主)》ニしんしゆう
さま《(信州様)》ニそゑられ申候てほうこう《(奉公)》
いたし、なかに《少》もしようし《(少弐)》御おん《(恩)》お《[を]》
さんしゆう《(讃州)》様よりくたし給候事ハ、
かつき《(香月)》かうちやく《(上津役)》のちん《(陣)》ハおうゑい《(応永)》
六ねんよりおなしくおうゑい《(応永)》九ねんの
と《(年)》しまてにて候、その御るす《(留守)》ニつしま《(対馬)》
にむほん《(謀叛)》を御たく《(企)》ミ候、さ候ほとに
さんしゆう《(讃州)》様ハしよちとの様《(少弐殿様)》ニ
御いとまお《[を]》御申候て、つしまに御
わた《(渡)》り候間、かなやとの様より《(与力)》きめされ候、

国分又二郎置文　第八条

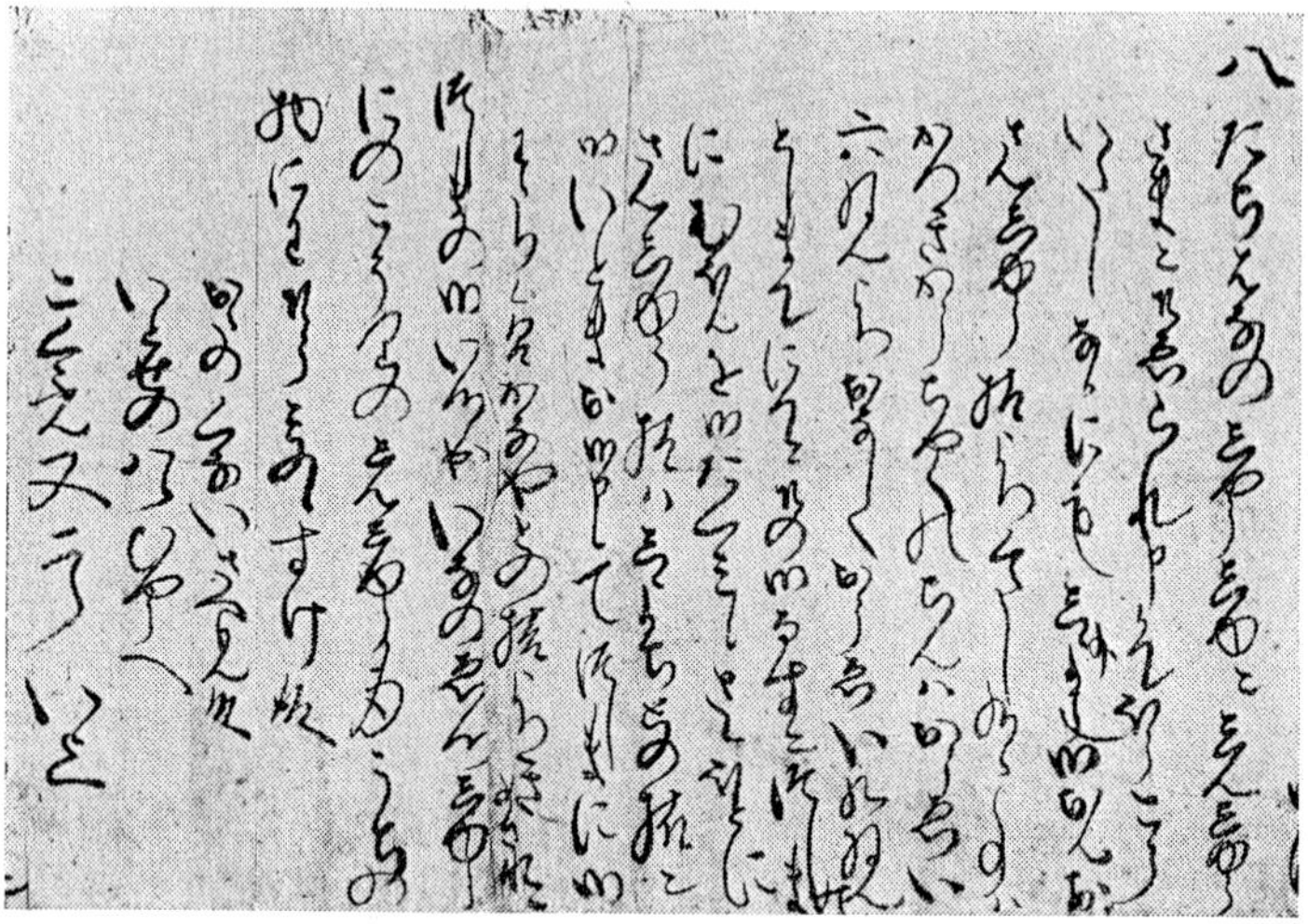

つしま《(対馬)》の御いつか《(一家)》いな《(伊那)》のゑつしゆう《(越州)》
にの《(仁》こうり《郡)》のしんしゆう《(信州)》か身うちの
物《[者]》にわ《[は]》、そう《(宗》ミの《美濃》ゝすけ《介)》殿
おた《(小田》のくない《宮内》さへもん《左衛門)》殿
いとせ《(糸瀬》の八郎ひやうへ《八郎兵衛)》
こく《(国》ふん《分)》又二郎　以上
おうゑい《(応永)》九年五月十三日ニゆき《(壱岐)》ニ
御つき候、おなしく七月八日ニ
つしまつゝ《(対馬酘豆)》ニ御つき候、すなわちむ《(謀》
ほん《叛)》の人々ミな〱かうさん《(降参)》候て、おなしく
八月十五日ニさか《(佐賀)》に御つき候、

A—(2)

そのゝちおうやま《(大山)》のそう《(宗)》九郎お《[を]》つかい《(使)》として、
そう《(宗)》五郎殿くわいふん《(廻文)》お《[を]》まわされ候
よし、さんしゆうさま《(讃州様)》きこしめし
候て、おなしく十二月廿日よ《(夜)》、
いとせの八郎ひやうへ《(糸瀬八郎兵衛)》、

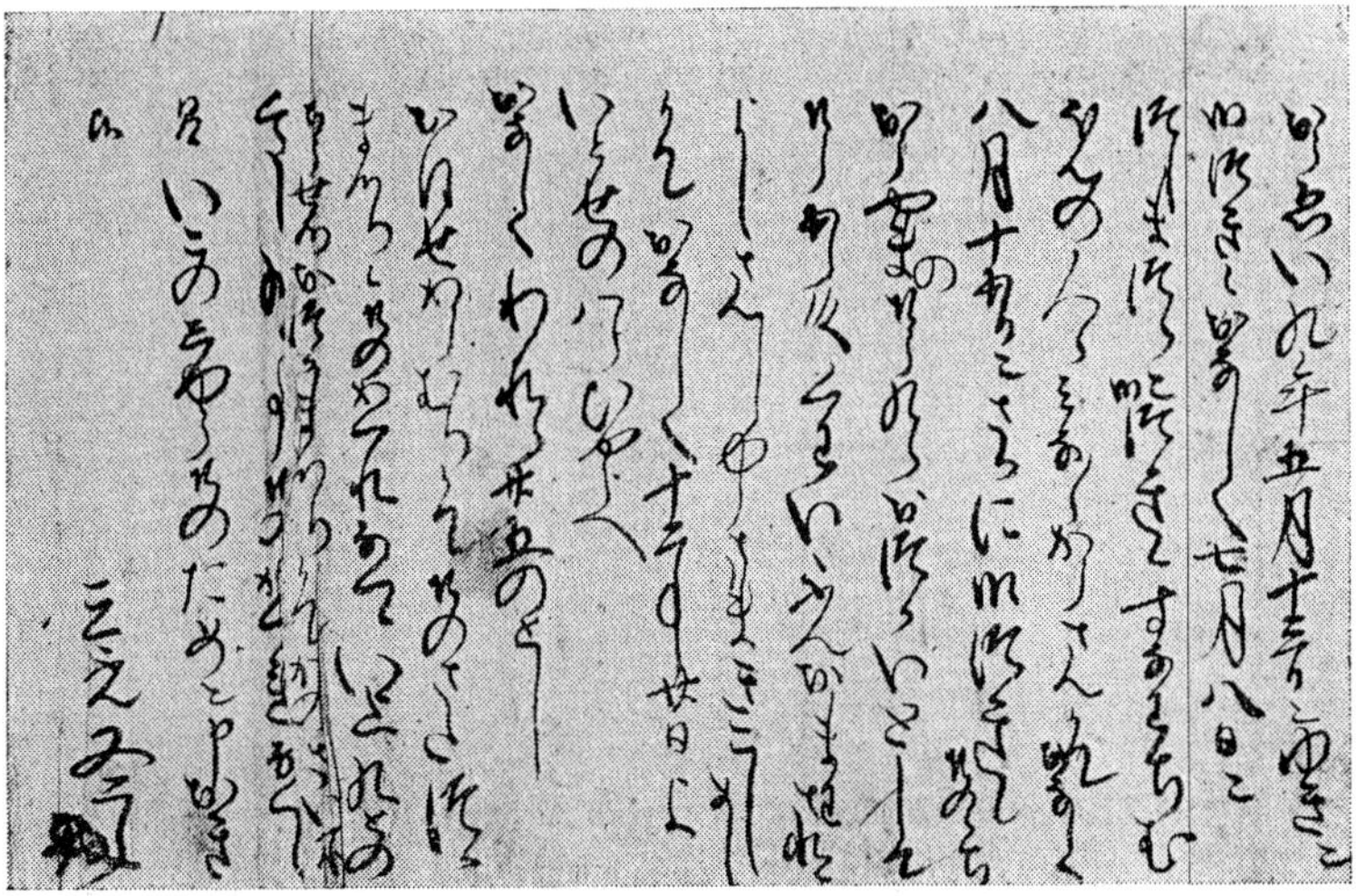

おなしくわれら廿五のとし、
おほせからむり候て、そのさた《沙汰》つか
まつり候、そのかくれなく候、以上九との
ちうせつ《忠節》お《[を]》つかまつり候て、かのさい所《在所》
くたし給候事、そのかくれなく候
間、いこ《以後》のしゆうそ《愁訴》のため＝申おき
候、
こくふん《国分》又二郎（花押）

まずA―(1)の部分であるが、文面によれば、これは「さんしゆう《讃州》さま」、すなわち宗貞茂(2)が少弐氏（貞頼）の命により、「にのこうり《仁郡》のしんしゆう《信州》さま」、すなわち仁位郡の宗信濃守満茂(3)らをひきいて九州へ出陣中という状況での話である。この置文の筆者国分又二郎は、応永六年から九年にかけての香月・上津役の陣に宗満茂の麾下に配属されて、立花の城主に奉公したが、島主宗貞茂らが対馬を留守にしていたその間に、対馬では謀叛がおこった。そこで貞茂は、少弐殿様に暇を請うて対馬に渡ったが、そのさい、「かなや殿様」が与力してくれたという。この記事につ

づいて、宗一家の伊奈の越州と、仁位郡の信州（宗満茂）の身内の者の宗美濃介・小田宮内左衛門・糸瀬八郎兵衛・国分又二郎の四人の名を記しているが、これらは九州在陣を切りあげ、貞茂に従って急遽帰国した対馬の面々である。貞茂一行は、応永九年五月十二日に壱岐に着き、同年七月八日に、対馬南端の酘豆に到着した（壱岐到着後、二カ月近く同地に滞留していたことになるが、これは直ちに対馬へ兵を進めることができず、対馬の情勢を壱岐でうかがっていたためと思われる）。すると謀叛の人々は、みな降参したので、貞茂は、八月十五日には、佐賀（上県郡峰町佐賀）に到着したということである。

前半に記された九州での出来ごとは、対馬の謀叛事件とは直接関係はないが、謀叛の起きた背景をなすものであるので、一応解説しておこう。

立花の城主とは、立花山（現在福岡市東区と福岡県粕屋郡新宮町および同郡久山町にわたる）の城主をさすとおもわれ、当時の城主は、大友の一族立花氏である。[4] 香月は、現在の北九州市八幡西区の香月、また上津役は、同区の上上津役・下上津役で、謀叛が起った当時、宗貞茂は、少弐氏（貞頼）の命にしたがって、立花の城主に属し、この地で戦っていたというわけである。少弐貞頼は、今川貞世にかわって応永三年（一三九六）四月に九州へ下向した新探題渋川満頼の命に従わなかったので、将軍足利義満の追討を受けることになり、九州各地で、探題や探題を後援する大内氏の軍と、戦闘をくりひろげていた。いま掲げた国分又二郎置文の第八条は、応永六年から同九年にかけての香月・上津役の陣についてのべているが、この前条の第七条にも、国分又二郎は、自己の戦功の一つとして香月・上津役における戦いについて次のように記している。

七、かつき（香月）かうちやく（上津役）のちん（陣）ニとりむかい

候御時、おうゑい(応永)六ねんのとし、
この御ちん(陣)ハさいふ(宰府)のめし(ぬカ)御かち候、
たんたい(探題)くわほく(和睦)めされ候御時、

これによれば、国分又二郎らが香月・上津役の陣にとりむかった応永六年（一三九九）の戦闘では、宰府の主すなわち大宰少弐貞頼が勝利を収め探題が敗れて和睦を申し入れたということである。香月・上津役で、応永六年から九年にかけて、このような戦いがあったことは従来知られていないが、これも少弐貞頼と探題渋川満頼との抗争の一つであって、少弐方には立花城主が参加していることからみて、当然、大友氏も加担していたものと思われる。

ところで、香月・上津役の陣の戦場のひとつ上津役の領主は、麻生氏分家の上津役氏であり[5]、いまひとつの戦場の香月は、鎌倉時代には香月氏が地頭職を持っていたことがわかっており、その子孫がひき続いて、この地を領していたらしい。ちょうどこのころとおもわれるが、香月氏には、義則なるものがおり、その妻は、麻生・山鹿一族の惣領家の麻生義助の女であったという[6]。すなわち香月氏は少なくとも義則の代には麻生氏と姻戚関係にあったことになる。そこで香月の領主香月氏と上津役の領主上津役氏は、当然香月・上津役の戦いに何らかの形でかかわりがあったと考えられるが、そのことに関連して注目すべきは、麻生・山鹿一族間に内訌があったことを示す文書が、この戦いよりも少し前の時期に存在することである。すなわち、応永二年（一三九五）六月、将軍足利義満は、麻生・山鹿一族の惣領家の麻生上総介義助に対して袖判御教書を発給し、惣領の指図に従わない義助の庶子山鹿遠江守仲中と、同じくこれも義助の庶子である北麻生筑前守資家および小倉・上津役の諸氏（ともに麻生氏の分家）の所領を没収して、すべて義助が知行するよう命じている[7]。ここに麻生の惣領の命令に従わなかった者としてみえる面々のうちの山鹿遠江守仲中は、麻生義助の庶子であるというにもかかわらず、山鹿を名乗っていることからみて、おそらく、同族である山鹿氏の養子となっていたものと思われる。

なお右の応永二年の処分には香月氏の名は見えず、その立場はよくわからないが、降って応永三十二年、香月氏には反探題ないしは反将軍の行為があったものか、将軍義持によって香月が、上津役などとともに闕所にされ、九州探題渋川満頼に宛行なわれている。(8) このような成り行きからみて、確証はないが、香月氏もまたすでに早くから上津役氏などと行動を共にしていたのではないかと思われる。そこで、香月・上津役の陣であるが、前記の応永二年の将軍の御教書の内容が、もしそのまま実行されていたとするならば、その後をうけたこの戦いは、さきの将軍の処置を不満とする山鹿氏・上津役氏ら一派の反撃であるということになりはしないだろうか。その辺の具体的情勢は如何とも断定しがたいが、いずれにしても香月・上津役の陣は、先の応永二年の文書にみえる山鹿氏・上津役氏らと麻生惣領家との対立関係の延長線上で起った戦いであると考えてもよいのではなかろうか。このように理解するとすれば、この戦いは、麻生・山鹿一族間の内訌に少弐氏や探題をまき込んだ形で行なわれた戦いであったというのが真相ではなかろうかと思われる。いうまでもなく、探題は将軍の信任を得ている惣領家の麻生本家側に味方し、少弐氏や宗氏は、将軍の勘気を蒙った山鹿仲中や上津役氏などの側を支援した筈である。

次に、「国分又二郎置文」には、謀叛を鎮圧するために対馬へ向かう貞茂にたいして、「かなや殿様」が与力してくれたということが見えるが、この「かなや」とは遠賀川河口の葦屋金屋（現在の遠賀郡芦屋町内）のことであろう。(9) 葦屋の金屋はよく知られているごとく、鎌倉時代以来、鋳物生産地として名高いところで、対馬でもこれより後のことであるが、応仁三年（一四六九）、対馬島主宗貞国らが願主となって作った旧清玄寺鐘は、その銘に「筑前州葦屋金屋大工大江貞家」とあって、葦屋金屋の鋳物師が鋳造している。そこで「かなや殿様」であるが、香月・上津役の陣のころ葦屋の地域を領有していたのは、山鹿氏と考えられる。この山鹿氏というのは、かつて鎌倉初期に山鹿庄に入部した山鹿一族の本宗の後と考えられている。その後この一族から同庄内の麻生庄（洞海湾の南側、北九州市戸畑区のあたり）による者が、麻生氏をとなえて分立し、次第に勢力を伸ばして山鹿氏を圧倒し、ついに山鹿・麻生一族の惣領家の地位についたもののごとくである。そして山鹿氏の方は、山鹿庄の根本である山鹿島の東部（現在の芦屋町山鹿・北九州市若松区の西部）から遠賀川流域に沿った地域に所領を持つようになり、山鹿・麻生一族の諸家の間では、「中」の家と呼ばれるようになっている。(10) この呼称は、同家の所領が、山鹿庄の庄域の中において占めている位置からくるもののようである（なお前述の応永二年六月の足利義満御教書で、山鹿遠江守仲中とともに所領没収の対象とされたことが見える北麻生筑前守資家は、山鹿庄の北部に当る洞海湾北側の地を占めていたが故に「北」の字を冠されている）。中の家山鹿氏の本拠は、まだこの家が山鹿氏全体の本宗であった時代と同様、山鹿庄の根本山鹿の地（遠賀川の河口で葦屋の対岸。現在の芦屋町山鹿）の山鹿城であったとされている。当然、山鹿氏は、遠賀川河口の良港である葦屋をも押えていた筈である。このように見てくると、「かなや殿様」とは、葦屋金屋の領主山鹿氏ということになり、もし応永九年当時も山鹿遠江守仲中が健在であれば、この人物のことではないかと思われる。

山鹿氏は香月・上津役の陣で、宗貞茂が自分たちの側で戦ってくれたことにむくいる意味で、本国の謀叛で存亡の危機におちいった宗貞茂にたいして援助の手をさしのべたものであろう。その援助の内容はよくわからないが、山鹿氏は水上交通の大動脈である遠賀川を領内に持っており、ことに葦屋津は当時遠賀川の渡し場として大層栄えていたところであるから、多数の船舶や船夫をその配下に抱えていたにちがいない。貞茂が急遽帰島した際には、おそらく葦屋あたりから船出したであろうから、かなや殿様の与力とは、そのための船舶と船夫の提供ではなかったかと思われる。

つぎに事件にさいして、貞茂にしたがって対馬へ渡った伊奈の越州・宗美濃介・小田宮内左衛門・糸瀬八郎兵衛・国分又二郎の五人であるが、かれらについては、対馬関係の他の史料や朝鮮史料などによっても、その存在を確認することができるので、以下順次それについて見ることにする。

伊奈の越州（宗資茂）

貞茂に従った「つしま《(対馬)》の御一家いな《(伊奈)》のゑつしゆう《(越州)》」とは、当時伊奈郡々主であった越中守宗資茂であろう。かれが伊奈郡郡主であったことは、伊奈郡に関する資茂発給文書が、応永三年（一三九六）から宝徳三年（一四五一）にかけて十数通あることでわかる。(11)

資茂は朝鮮へも使者を送って通交しており、その初見は太宗十三年（一四一三）である。(12) すなわちこの事件以後に通交を開始したもののごとくである。資茂の朝鮮通交の終見は、「伊奈郡主越中守宗資茂」と称して使者を送った世宗十八年（一四三六）である。(13) 資茂は、「国分又二郎置文」によれば、宗貞茂の一家ということであるが、貞茂との詳しい血縁関係はわからない。『海東諸国紀』対馬島伊乃郡条によれば、資茂の子で、後に同じく伊奈郡主となった盛弘は、宗貞盛（貞茂の子で貞茂につぐ対馬島主）の妹婿ということである。すなわち資茂の子盛弘が貞茂の女をめとっていることになるが、この姻戚関係は恐らくこの事件以後に生じたものであろう。

次に宗美濃介・小田宮内左衛門・糸瀬八郎兵衛・国分又二郎の四人であるが、先にみたごとくこれらは、いずれも仁位郡の宗信濃守満茂の「身うちの物《[者]》」である。「身内」とはある家の一門の人々を意味すると同時に、その家の家来をも意味するので、どちらとも言えないが、宗美濃介の場合、満茂と同じ宗姓であるから、満茂の一族と考えてよいであろう。しかし、小田宮内左衛門以下三人の場合は、単に満茂の家来ということである。

宗美濃介

まず宗美濃介であるが、この人物は、『享保八年仁位郷給人寺社足軽百姓御判物写』の嵯峨村給人佐伯六郎右衛門所持分の文書中にみえる宗美濃介と同一人と思われる。いま、それらの文書を列挙すれば次のごとくである。

(1) 応永十一年六月一日付

貞茂ヨリ舟志（豊崎郡、現在、上県郡上対馬町舟志）ノあゆ河ノ事ニツキ沙汰ヲ命ゼラル、

(2) 応永十一年八月二十五日付

正永（貞茂）ヨリ筑前国香椎領原上之郷内房正行名ヲ先立ノ折紙ノ旨ニ任セ給分トシテ安堵サル、

(3) 応永三十二年十月廿一日付

貞盛ヨリ、五根緒（豊崎郡、現在、上県郡上対馬町五根緒）ノ助善ノ孫助次郎・弥三郎ヲ召仕フコトヲ保証サル、

(4) 永享六年卯月十九日付

貞盛ヨリ、峯郡津柳（現在、上県郡峰町津柳）ノ私ノ竈ノ料足三百文ハ郡代官へ納メ、残リハ免険サル、

これによれば、宗美濃介は、宗貞茂から二通、宗貞盛から二通の文書を得ており、その年次は、応永十一年（一四〇四）から永享六年（一四三四）にかけてである。右の文書で宗美濃介が、島主から与えられている権益は、(1)舟志にある鮎の遡上する河の支配、(2)筑前の所領、(3)下人の使役権、(4)塩竈の公事免除など広範囲にわたっており、あるいは、これらのうちいくつかは、この度の謀叛の鎮圧の功によって獲得したものであるかも知れない。なお、(2)の筑前香椎

領坊正行名については、この文書に先立って、すでに応永九年七月二日付で、同じく貞茂から宗美濃彦六なる者に宛てた宛行状が出ており（この文書も右の四通と同じ『享保八年仁位郷給人寺社足軽百姓御判物写』嵯峨村給人佐伯六郎右衛門所持分にある）、これが(2)文書に言う「先立折紙」に当るかと思われる。恐らく宗美濃介と宗美濃彦六とは同一人であろう。宗美濃彦六（すなわち宗美濃介）に対して貞茂が香椎領坊正行名を宛行なった応永九年七月二日といえば、貞茂一行が対馬への進発を前にして壱岐に滞在していた時に当っている。貞茂は謀叛人平定に乗り込むにさいして、士気を鼓舞すべく所領を宛行なったのであろう。宗美濃介の子孫はその後も繁栄して天文十五年の改姓で峯氏に改め、その後また佐伯氏と改め、その子孫の家は現在も嵯峨（下県郡豊玉町嵯峨。もと仁位郡内）にある。

小田宮内左衛門

小田宮内左衛門は、浅茅湾に面した大山（当時は与良郡大山。現在は下県郡美津島町大山）を本拠とする大山小田氏である。同家に伝えた大山小田文書のなかに、対馬の人々が、南北朝期に高麗と交易していることを示す文書があることで知られている。この家の文書の中には、貞茂が大山小田宮内左衛門尉（または大山宮内入道。応永十一年頃出家したらしい）に宛てた文書が七通ある。それらは、応永八年（一四〇一）十二月十三日付で、父の大山宮内左衛門入道跡を安堵した書下を始めとして、対馬周辺における島民の漁業活動に関して、公事の徴収を命じた書下など、いろいろあるが、一番新しいのは応永十一年のものである。しかし、事件に直接関係あると思われる文書は、残っていない。なお、かれの子孫は、その後も大山の小田氏として同地域に重きをなし、繁栄を続けていたが、近年に至り家が断えた。(14)

糸瀬八郎兵衛

糸瀬八郎兵衛についても、直接この事件に関係がある史料は残っていないが、事件以後の応永十二年（一四〇五）八月二十五日付で、宗貞茂から伊士勢（糸瀬）八郎兵衛尉に宛てた書下が一通あり、その内容は唐舟志（豊崎郡唐舟志。現在の上県郡上対馬町唐舟志）内の田畠の相続を認めるというものである。(15) 彼の子孫の家は、唐舟志とは舟志湾をはさんで対岸にある五根緒（上対馬町）にいまも存在する。

国分又二郎

国分家の中世文書で現存するのは、又二郎の後孫の国分哲士氏（上県郡峰町吉田）が所蔵される「国分又二郎置文」を含む十数通であるが、その他延宝二年（一六七四）の書上げと考えられる判物写の『峯郡』吉田村国分与左衛門・同又衛門所持分や、享保八年（一七二三）の書上げである『三根郷給人寺社足軽百姓御代々御判物写』にも、いまは現存しない文書が、数通含まれている。これら国分家の文書中には、「国分又二郎置文」のほかには、この事件に関連する史料は含まれていない。

「国分又二郎置文」によれば、又二郎はこの度の謀叛鎮圧や九州本土での戦功によって、貞茂から「かの在所」を与えられたということであるが、置文中にはその所領名は見えない。この文書の現在の状態は、紙の右端ぎりぎりに第一行目の文字が書かれていて、右側が少し欠けている字もあるので、あるいは前欠があって、そこに所在や面積が書かれていたかも知れない。なお国分哲士氏所蔵文書中に、㈠文明十一年（一四七九）十月二十七日付と、いま一通㈡年未詳二月十六日付文書（差出人は、㈠㈡文書とも国分茂久）があって、それらによると又二郎の子孫に当る者の所領が「さか」（峯郡佐賀。現在の上県郡峰町佐賀）、「くちき」（峯郡の吉田の古名。現在の峰町吉田）、「さこのこおり」（佐護郡。現在の上県町の北部）などにあることがみえる。また前述のごとく、近世の判物書上げの際には、又二郎の子孫は、峯郡吉田に居住しており、現在も、その子孫の家は同所にある。

次にA―(2)部分であるが、これによれば、先の一件の後、同じ応永九年中に、宗五郎が、大山の宗九郎を使者として廻文をまわしたという。かれらは、同志を募って再び謀叛を企てようとしたものであろう。しかし、これは貞茂方の知るところとなり、貞茂は糸瀬八郎兵衛と国分又二郎（当時二十五歳）に命じて、同年十二月二十日夜に、その沙汰をさせたという（宗五郎・宗九郎ら一味を捕えるか殺すかして、その企てをくいとめたのであろう）。宗五郎・宗九郎が如何なる人物であるのか、またこの事件がどういう性格のものであったかについては、本章第四節(二)でとりあげる。

国分又二郎は、右の二つの謀叛事件を含めた都合九度の忠節によって、所領を宛行なわれたのである。

以上、「国分又二郎置文」によって、応永九年の謀叛鎮圧の経過は、かなり具体的に判明する。しかし、肝心の謀叛人の名前は、年末に再挙を企てたときの宗五郎・宗九郎を除いて一切表に出ていない。したがって、この鎮圧行動の対象が、宗賀茂の叛であったと、ただちに断定することはできないが、前節で見たごとく、朝鮮史料では辛巳年（応永八年）冬に、宗賀茂が、貞茂の父霊鑑をしりぞけて政権を握り、その後貞茂が、それを奪いかえしたという経緯が明らかであり、この政権奪還を、右の「国分又二郎置文」に見える応永九年の貞茂の帰島と叛徒鎮圧に比定することは無理のないところである。ただ、国分又二郎が自己の功績を主張するためにしたためた文書に、鎮圧した謀叛人の名を記していないのは奇妙であるが、その理由については後述する（本章第四節(一)）。

第三節　柚谷家記録にみえる嶋八郎左衛門の謀叛事件

つぎに後世のものではあるが、柚谷家の記録類の中にも、この事件について記したものがいくつかあるので、それらについて検討する（柚谷家記録については、第二章第五節、参照）。

1　対秘録(16)

まず柚谷家記録のうちの『対秘録』（柚谷清寛撰）であるが、この書物は、対馬藩が『宗氏家譜』（貞享三年成立）を編纂したとき、その史料として、藩命により柚谷家から提出したものの控であると考えられる(17)。

『対秘録』中巻の「宗讃岐守貞茂公」の条に、次のごとき記事がある（原文はひとつづきであるが、いま説明の便宜上、B―(1)B―(2)に区切った）。なおこの書では貞茂の父を尚茂とし、貞茂前代の島主としており、『海東諸国紀』に言う貞茂の父「霊鑑」の名は見えない。

B―(1)　宗讃岐守貞茂公

（前略）応永六年正月一日、尚茂公筑前江御渡ハ、対馬国今〔近〕年ハ静謐故、近年（渡海也）催束〔促〕及度々条、筑前国ヘ御渡也、然者筑前国モ、肥前方之兵乱ヤマズ、対馬勢宗家各一円、隙無ハタラキ也、対馬国ニハ、子息讃岐守貞茂公ヲ国守ニ被成置玉フ処ニ国守尚茂公ノ御留守ヲ喜ビ、宗家ノ一門ニハ、嶋八郎（中村ノ一門也）左衛門尉平茂秀・其子越中守貞秀・中嶋伊勢守・仁位村兵庫正・中嶋藤助等也、ムホンヲ起シ、貞茂公ヲ打而対馬国ヲ治メント、クハタツル、夫ニ寄騎〔与力〕ノ人々ハ立石民部左衛門・臼祗五郎右衛門・嶺与五右衛門・波多野平二郎・阿比留小平次・佐奈冨《トヨ》金平・内田《タ》与八郎・中里猪介・小田与一助・宗弥二郎・宗平六左衛門・宗平次郎・宗上総守・朝伊奈権介・香野弥五平・梅野与平次・天野三蔵（十四也）・川野平六・其外仁位一郡相加テ、打々〔内々〕、佐賀村江寄ル由、風聞ヲ聞シ召シ、上四郡ノ勢ヲ集メ、（応永八年五月十一日）大綱村ニ而軍在リ、国守勢失軍利、犬野辺ノ軍ニ、国中ノ勢打負ケ、追ツメラレ、皆コト〳〵ク被打也、国守貞茂公、立石藤八郎一人召連、与郎〔良〕ニ落玉フ、大船越ケゴシ宿ニテ、一飯求、主従ノ助ケトナス、夫ヨリ、御船ニ召シ、与郎[良]ニ落、下津郷ノ八幡宮師信教カ家ノ奥ニ隠レ、便ヲ求メ、筑前ニ被渡也、夫ヨリ、小児殿肥前国ニ向玉フニ加リ、彼地ヲ亡シ、タンダイ(探題)ニ力ヲ合セ、忠功ヲハゲマシ、彼地治テ後、尚茂公・貞茂公御父子ノ勢ニ、小児殿勢加テ弐百余騎、応永九年五月十三日、壱州ニ御著岸、同七月八日ニ対馬国酘豆村ニ御著津、金剛院ニ軍立也、其時御供ノ面々ハ、糸瀬八郎兵衛
国分又次郎（仁位一門ト云）・宗美濃守（仁位ノ郡守宗信濃守家老也、御向[迎]ニ参ル）・小田宮内左衛門尉、各打立也、比事ヲ伝聞キ、国中ノ勢、豊崎西泊村ニ寄合、高麗国ニ有之対馬勢百五十人、約条司ニ附有之者也、此三年異国ニ在、大半両国通用ヲ調処ニ、国中ノ兵乱ヲ伝ヘ聞キ、飛船ノ様子ニ驚、対馬ノ船ハ、取物モトリアヘズ、約条司柚谷外記橘ノ光則ヲ捨テ、ニゲ帰也、然トモ、連々ニ引取、豊崎迄来処ニ、嶋ガ勢二手ニ分ル、酘豆村ニ貞秀ヲ向ヘ候ヘ共、一軍モセス起証文ヲ仕リ、カウサン也、国守是ヲ被免也、一方ニハ茂秀向フ、豊崎ニ来ル、遠キ山坂《サカ》ヲ以《テ》テキヲツカラシ、比田勝村ニテ得大利、則宗上野介佐護ヨリ出テ、是ヲ打取、初テ比田勝名字ヲ玉フ、其忠功ニ、則宗上野介平茂久ヲ比田勝上野大椽平茂勝ニ改玉フ、国守御父子同道ニテ、八月十五日佐賀村御著也、

B—(2)

是時、大山惣領使ニ被成宗五郎取次ヲ以テ、八郡廻文ヲマワシ玉イ、国中静謐後、御イトマ被成下、各在所〳〵ニ被帰、則糸瀬八郎兵衛ト国分又二郎両人承リ、酘豆祭ヲ仕也、(下略)

先の「国分又二郎置文」では、宗讃岐守貞茂が九州出兵の留守に、対馬で叛乱が起ったことになっているのにたいして、右では九州へ出兵していたのは貞茂の父尚茂で、貞茂は対馬にいて謀叛にあい、筑前に脱出し、捲土重来を果たしたことになっているなど、事件の経緯の記述にはいろいろくいちがいがあるが、右の応永八年の嶋八郎左衛門尉

茂秀らの謀叛というのが、先の「国分又二郎置文」に言うところの事件と、同一のものであることは間違いない。むろん、後世の伝承であるという点で、「国分又二郎置文」にくらべて、史料価値はひくいが、これもまた、『海東諸国紀』に見える宗賀茂の叛の日本側史料における所見の一つである。

ところで、右の『対秘録』の記事を「国分又二郎置文」とくらべてみると、「国分又二郎置文」が、まったく記していなかった謀叛の主謀者の名前を、『対秘録』の方では、嶋八郎左衛門尉茂秀とその子越中守貞秀等々と列記し、また謀叛への与同者の名も、立石民部左衛門以下多数あげている（B―(1)の部分）のが目につくが、事件の推移そのものは、明らかに「国分又二郎置文」を下敷きにして叙述しているようである。すなわち、謀叛人討伐のため九州本土から対馬へ帰る貞茂一行が、壱岐、ついで酘豆、最後に佐賀へと到着した、それぞれの年月日は、「国分又二郎置文」と完全に一致しており、この記事が、それをよりどころにしていることは明らかである。

またB―(1)の終りに、貞茂父子が八月十五日に佐賀村に到着したとあるのにつづいて、B―(2)には、このとき貞茂は、宗五郎を「大山惣領使」に任命し、その取次でもって、八郡に廻文をまわさせた云々という意味の記述が見えるが、これは「国分又二郎置文」に、「おうやま《大山》のそう九郎お《を》つかいとして」とあるのを、おそらく「おうやまのそうれうおつかいとして」（大山の惣領御使として）と誤読したことに基づく誤った解釈である。またそれにつづけて、糸瀬八郎兵衛と国分又二郎両人が、命令をうけて「酘豆祭《ツツマツリ》ヲ仕也」としているのも、「国分又二郎置文」に「そのさたつかまつり候」とあって「か」が踊字の「ゝ」に読める字形で書かれている（写真参照）のを、字面だけから早合点した誤解であると考えられる。そしてこの誤解は、『対秘録』が「国分又二郎置文」を拠りどころにしていること（『対秘録』の筆者柚谷清寛が、「国分又二郎置文」を直接見たか、またはそれをすでに誤って解釈してしまった編纂物を用いたか、いずれにしても）のより直接的な証拠にもなるであろう。

では『対秘録』は、謀叛の首謀者・加担者の名や、その他「国分又二郎置文」にない立石氏・比田勝氏の活躍などを、何によって補ったのであろうか。筆者が直接見たものではないが、幕末の対馬の史家唐坊長秋（一八二一—一八六四）は、その著『史氏異聞』で、「立石家記」なるものをあげ、それがこの事件のことを詳しく記述していることを言っている。[18] この「立石家記」のほかにも、おそらく、茂秀の討伐に功のあったという比田勝家などにも旧記があって、筆者の柚谷清寛はそれらを利用したものと思われる。

2　系図後集書[19]

右の『対秘録』より早く、寛永十七年（一六四〇）頃に柚谷成友（清寛の祖父）によって編まれた『系図後集書』には、嶋八郎左衛門茂秀とその子息嶋越中守貞秀が、逆心によって殺されたとする、次のごとき仁位氏の系図をのせている（説明の便宜上、左の系図を「系図甲」とする。この系図の一部は、すでに第二章第五節にも引用した）。

〔系図甲〕

仁位

中村弾正忠頼次入道宗香
- 中村弾正忠頼宣
  - 宗信濃守満茂
  - 宗右京亮茂信
  - 嶋八郎左衛門茂秀 逆心以被殺
    - 嶋越中守貞秀 以逆心被殺
- 宗伊賀守澄茂
- 宗宮内国秋
- 宗与三左衛門国信
- 宗右馬尉

3　古実録秘書[20]

また、柚谷清寛が正徳四年（一七一四）頃に記した『古実録秘書』には、応永八年に宗氏庶流の嶋貞秀・貞重兄弟が貞茂に叛して亡ぼされたとしている。

4　聞書所望摺[21]

右の書物は柚谷清寛が、寛文九年（一六六九）から元禄十二年（一六九九）にかけて、島内諸氏の所望に応じて各家の系図や家伝を書き与えた際の覚書きであるが、その仁位氏の条に、仁位氏は中村宗香の流で、その末葉は変事が多く、嶋八郎左衛門尉貞秀・重秀は叛逆に亡んだとしている。

以上四種の柚谷家の記録類に見える、この謀叛の首謀者の名前を整理してみると表Ⅰのごとくである。

これを一見すれば、首謀者の名前が種々くいちがっていることがわかる。すなわち表の①②は共に首謀者として嶋八郎左衛門茂秀とその子越中守貞秀をあげる（但し①では表にはあげなかったが、この二人以外にさらに三人あまり加えている）が、③では首謀者二人を兄弟としその名を貞秀・貞重としており、また④では嶋八郎左衛門を①②のごとく茂秀とはせず

表Ⅰ　柚谷家記録類にみえる謀叛の主謀者

出典	謀叛の年次	謀叛の首謀者
①対秘録	応永八年	嶋八郎左衛門尉茂秀と子越中守貞秀他
②系図後集書所収の仁位系図		嶋八郎左衛門茂秀と子嶋越中守貞秀
③古実録秘書	応永八年	宗氏庶流嶋貞秀・貞重兄弟
④聞書所望摺		嶋八郎左衛門尉貞秀と重秀

貞秀とし、いま一人を重秀とするなどである。①③④はいずれも柚谷清寛の手になるものでありながらこのような違いがあるのは、彼が手にした情報自体が、すでに種々混乱していたことを示すものであろう。

さきの「国分又二郎置文」では、謀叛の首謀者の名が見当らなかったし、また柚谷家の記録の場合には、首謀者の名前をあげてはいるものの、その名前は種々混乱していて確定しがたい。このように肝心の首謀者の名前が、見当らなかったり、また記されていても、種々混乱しているという伝承のあり方自体が、対馬の歴史における、この事件の持つ意味の深刻さをあらわしていると思うが、それについては後に言及する。

ただし、柚谷家の諸記録では、首謀者の名前やその関係に混乱がみえるとは言え、首謀者が単数ではなく、血縁者の二人組とされていることは共通している。おそらく、そういう伝承が古くからあったのであろう。これは注目しておくべきことである。

なお、以下では便宜上、柚谷家の諸記録に見える右の謀叛事件を、嶋八郎左衛門の叛と呼ぶことにする。

第四節　宗賀茂の叛の性格および宗五郎の謀叛事件

(一)　宗賀茂の叛の性格

朝鮮史料にみえる宗賀茂の叛の、国内史料「国分又二郎置文」および柚谷家記録における所見は以上のごとくであるが、問題はそこに、賀茂という名の人物が見当らないことである。そこで、つぎに賀茂とは一体いかなる人物なのか、またその系譜関係はどうなっているのか等を考えてみたい。そして、さらにそれらのことを手掛りにして、この事件が、歴史的にみて、いかなる性格のものであったかについても考えてみたい。

対馬に伝存する古文書に、賀茂ないしはそれに相当すると思われる人物の発給したものでも見出すことができれば、話は簡単であるが、そういう一等史料ないしは、それに準ずる同時代的史料は皆無である。そこで、史料的価値は、はるかに低いが、前出の柚谷家記録中の『系図後集書』におさめる仁位家の系図（前節の「系図甲」）を利用する以外にない。まずはじめに、この系図を、『海東諸国紀』に伝える賀茂の系譜関係と対照してみることにする。『海東諸国紀』対馬島卦老郡（佐須郡に当る）条に次のごとくある。

郡守宗茂秀

癸丑年遣使来朝、書称出羽守宗大膳茂秀、無子、以其弟茂直子宗彦九郎貞秀為嗣、茂秀父賀茂曾黜島主霊鑑、

（下略）

これによれば、賀茂は卦老郡、すなわち佐須郡の郡守出羽守宗大膳茂秀の父であり、茂秀は子が無かったので、弟茂直の子宗彦九郎貞秀を嗣としたということである。なお賀茂の親やその先祖が誰につながるかについては、『海東諸国紀』は、何も言っていない。この系譜関係をいま便宜上、「系図乙」として、つぎに示す。

〔系図乙〕

宗賀茂──茂秀──貞秀 茂直子
　　　　└茂直──貞秀 茂秀養子

この系図を、前節の系図甲と対比してみて気がつくのは、茂秀と貞秀の父子が、両系図に、ともに見られることである。両系図に見えるこの父子は、同一人物を指しているものとしてよいであろう。とすれば、対馬史料（系図甲）に

記す茂秀の父頼宣は、朝鮮史料（系図乙）にみえる、茂秀の父賀茂に相当するということになる。同一人物が朝鮮と対馬で、それぞれ賀茂と頼宣という別々の名で伝えられている理由はよくわからないが、ともかく賀茂は、対馬史料にあらわれる頼宣と同一人と考えてよいであろう。

かくして、系図甲の頼宣のところへ賀茂を置いてみることにより、系図乙、すなわち『海東諸国紀』ではわからなかった、賀茂をめぐる系譜関係が、いろいろ判明してくる。そのうち、もっとも注目すべきは、賀茂が宗香の子であることである。また、仁位宗氏の祖となる信濃守満茂が賀茂の子であること、あるいは前章で宗氏の対馬守護の初見として指摘した宗伊賀守澄茂が、賀茂の兄弟に当ることなども注目しておくべきであろう。これらのことを手掛りにして、賀茂の叛が、一体いかなる性格のものであったかを考えてみたいと思うが、その前に片付けておかなければならない問題が一、二ある。

まず朝鮮史料では謀叛の首謀者を賀茂としているのにたいして、対馬史料では頼宣（すなわち賀茂）の子の茂秀と孫の貞秀（『対秘録』、『系図後集書』所収仁位系図）とか、孫の貞秀・貞重兄弟（『古実録秘書』）、あるいは同じく孫の貞秀と重秀（重秀は貞秀と同じく宗香の後というが、貞秀との詳しい関係は記されていない）（『聞書所望摺』）としているのは、どうしてだろうか。これら対馬の所伝で、事件の首謀者の一人とされている貞秀は、その発給文書や朝鮮への遣使記事からみれば、一四六〇年頃から一四八四年頃にかけて活躍した人物で[22]、応永八年（一四〇一）に謀叛事件の首謀者となるのは、時期的に無理である。貞秀のような、かなり時代のずれた人物を、謀叛の首謀者とする所伝が、なぜ生じたのであろうか。それは、頼宣の後孫や宗氏の本家の間に、頼宣を首謀者とはしたくないという事情が、存在したためではないかと思われる。

その事情とは、頼宣の子に満茂がおり（前掲系図甲）、これが仁位郡主となり、以後その子孫のものが、この職を継承して仁位家として繁栄したということ、またこの後、仁位家と宗氏本家とは婚姻関係を結んで、その間に生まれた貞国が、島主（一四六七年襲封）となったのをはじめとして、その後も両家は婚姻や養子縁組を行ない、貞国につづく歴代の島主、すなわち材盛・義盛・盛長が、いずれも仁位家の血を引いているということなどである（第四章参照）。

つまり、仁位家の先祖の頼宣が謀叛人とあっては、当の仁位家はもとより、宗氏本家としても、その血縁につながっているという意味において、誠に具合が悪かったにちがいない。そこで仁位家としては、自分の家が、謀叛人の直系ではないことにするために、謀叛の首謀者を、頼宣より後の世代へずらして、頼宣の子の茂秀（仁位家の始祖満茂の兄弟）とか、孫の貞秀（満茂の甥）の世代へもっていったものと考えられる。ことに前節でみたごとく、首謀者を血縁関係のある二人とする伝承があったとすれば、茂秀のみならず、年代の上で無理をしても、さらにその子の貞秀あたりまで、謀叛人に数えざるをえないということは十分にありうる。また、首謀者を貞秀・貞重の兄弟とする説（前節引用の『古実録秘書』）なども、謀叛の首謀者を、満茂の系統である仁位家から、少しでも離れたところへ持って行きたいという意向のあらわれと考えてよいであろう。

ところで、謀叛の首謀者を血縁の二人とする伝承を、史実の反映として尊重するとすれば、頼宣（すなわち賀茂）以外に、いま一人首謀者がいなければならないことになるが、それは以上見てきたところから考えて、賀茂の子の茂秀とするのが妥当である。賀茂の叛は、賀茂と茂秀が中心となって企てたものと考えてよいであろう。

先に第二節で「国分又二郎置文」を検討した際に、この文書が、応永九年の討伐の相手の名前を、まったく書いていないことの奇妙さを指摘しておいたが、以上のべてきたところを考慮すると、その理由がわかってくる。それは、なんといっても、賀茂の系譜につながる仁位家へのはばかりである。国分又二郎は、第二節に引用した置文にあるごとく、「しんしゆう（信州）」すなわち宗信濃守満茂の「身うち」のものとして、主君満茂に従って出兵していた九州から、対馬で起った謀叛の鎮圧のために、宗貞茂と共に帰国したのであるが、かれが討伐に行った相手は、これまでのところから明らかなごとく賀茂（すなわち頼宣）と茂秀で、この二人は、第三節にあげた仁位系図（系図甲）でわかるように、かれの主君満茂の父に当る人物と、兄弟に当る人物である。そして満茂としては、置文にもあるごとく、自分の一族の宗美濃介や家来の国分又二郎・小田宮内左衛門・糸瀬八郎兵衛を貞茂にそえて討伐を助けさせることにより、貞茂に対する身の証しを立てたということであろう。こういう状況では、満茂本人はおそらく帰国せず、九州本土にそのまま、とどめ置かれた筈である。以上のような状況を考えると、「国分又二郎置文」が、討伐した相手の名前をはばかって、記さなかった理由がよく理解できる。

また第一節に引用した『海東諸国紀』対馬島卦老郡条によれば、謀叛をおこした側の賀茂の一族の勢力が盛んで、貞茂はその鎮圧に成功はしたものの、その勢力を根絶することができず、賀茂の子茂秀が都代官（守護代の意）、すなわち島主につぐ重要な地位に就任したということであるから、その意味からも事件後はこの事件のこと、ことに謀叛の首謀者の名を口にするのは、はばかられたと考えられる。

そこで本題にたちかえり、賀茂の叛とは、一体いかなるものであったかということを考えてみたい。すでに第二章でのべたことであるが、十四世紀中頃、仁位中村宗氏の澄茂は、従来の島主経茂の系統を排して島主の地位につき、その後、応永五年（一三九八）に経茂の孫の貞茂が、澄茂の次の島主頼茂（澄茂の系統と考えられる）から政権を奪い返している。賀茂の叛は、その後間もない応永八年に、澄茂の兄弟で仁位中村宗氏に属する頼宣、すなわち賀茂が、貞茂から政権を奪取したものであることからみて、貞茂の政権奪還に対する再反撃であったと考えるべきであろう。

以上、賀茂の叛をめぐって縷々述べてきたが、これまでの所論の一番の基礎は、朝鮮史料に見える、出自不明な賀茂を、対馬史料に見える頼宣に比定し、それによって、賀茂を宗香の子であり、また仁位家の祖である宗信濃守満茂の親であるとするところにある。本章の所論の大半は、賀茂の系譜についてのこのような理解を正しいとした上で成り立っている。しかし、そのような系譜関係を言うために用いた対馬史料が、近世に書きとめられた系図（柚谷家記録の『系図後集書』所収仁位系図）であるということが、いささかの不安を感じさせることになっているのを否むことはできない。賀茂に関する古文書や、そのほかの同時代的史料（賀茂に比定した頼宣の分もふくめて）が全く見当らないのが[23]、考証を困難にしている主な理由であるが、見方によっては、そういう状況こそ、賀茂の叛以後、対馬では賀茂そのものの存在の痕跡を抹消しようとする意志が、如何に強かったかを示すものであると言うこともできるかも知れない。そこで次に、右にのべた賀茂の系譜関係を傍証する事柄を二つほどあげておこう。

その一つは文明九年（一四七七）に、仰之梵高が作った「順叟大居士即月大姉肖像賛并序」（全文は第一章第三節に掲載）における即月の系譜関係についての叙述が、きわめて不自然なことである。この賛と序は、第一章でものべたごとく、宗盛国（順叟大居士）とその妻（即月大姉）の肖像に付したもので、この夫妻の徳と事績をたたえるべく書かれる筈のものであるが、内容は盛国夫妻の事というよりも、むしろ盛国夫妻にいたるまでの宗家の歴史を説くのに重点を置いている。すなわち宗氏の始祖が白河帝の曽孫に当る人物であるとする同家の淵源から説きおこし、それ以降順叟（盛国）に至るまでの歴代の系譜と事績を記し、あわせて妻即月の系譜についてもふれている。しかし、そのうちでも重点は、あくまでも宗氏の淵源と歴代の記述にある。したがって、順叟（盛国）の方の先祖については、きわめて詳しい叙述をしており、名前（実名あるいは法名）をあげている者だけでも四代前の高祖妙意（それ以前の歴代の具体的な名前は、当時すでに不明であったらしい）にまで及んでいる。

これにひきかえ、順叟の妻即月の先祖については、即月が宗香の「彦孫」というのみである。「彦孫」とは、第四章第二節でのべるごとく、曽孫の意味であるので、即月については、父の名も祖父の名も省略し、曽祖父の名を記していることになる。一般的にいって、夫婦の事績を記す場合、夫にくらべて妻に関する記述が簡単になることがあるとはいえ、この賛と序があくまでも順叟とその夫人即月の両人の肖像画に付されたものであることを考えれば、この省略はあまりにも極端である。また父と祖父を省略して、その先の曽祖父の名だけをあげるというのも不自然である。即月関係の記述をいかに省略するとしても、少なくとも即月が誰の娘であるのか、その父親の名ぐらいは記してしかるべきであろう。なぜこのような不自然な省略がなされたのであろうか。ことによると、そこには宗香と即月の間の二代の名を隠しておかねばならない、何か特別な事情でもあったのではなかろうかと考えられる。

そこで、即月関係の系譜をたどってみると、第四章第二節で考証するごとく、その父は仁位郡守の宗信濃守満茂であることがわかる。しかし、その祖父、すなわち満茂の父は、前述の近世の柚谷家記録の仁位系図（前掲系図甲）などを除外した確実な史料によるかぎり、全く不明である。なお、満茂は後世、仁位家の祖と仰がれており、その事績には「順叟・即月肖像賛并序」が、名を挙げるのをはばかるようなものは、これといって見当らない。父と祖父二人のうち、名を挙げるのをはばかる人物ありとすれば、それは祖父（宗香の息子にあたる）であるということになる。

以上のところは、「順叟・即月肖像賛并序」における即月の系譜叙述の不自然さということに着目して得た一つの推測にすぎないが、このことは前節までのところで、賀茂を宗香の子で、満茂の父にあたる人物と推定していたのと符合してくる。賀茂という人物の系譜上の位置を直接教えてくれる確実な史料は、結局のところ何もないが、右の「順叟・即月肖像賛并序」の即月の系譜記述の不自然さもまた、賀茂が宗香の子で、満茂の父という関係にあることを推測させる状況証拠の一つとはなりうるであろう。「順叟・即月肖像賛并序」が書かれた文明九年は、賀茂の叛が鎮圧されてから七十五年目である。まだ事件の記憶は、かなり生々しいと言える。名を出すのを直接はばかるのは、即月の祖父賀茂だけであったとしても、もし即月の父の満茂の名を出したとすれば、満茂の父が賀茂（または賀茂に相当する頼宣）であることは、恐らく当時の対馬の人々の常識であったろうから、結局、「順叟・即月肖像賛并序」は賀茂・満茂二代を省いてしまって、即月を単に宗香の「彦孫」（曽孫の意）とだけ記すところに落ちついたのではなかろうか。

次に、これも賀茂と満茂の密接な関係をおもわせるものとして、仁位郡主宗満茂が、仁位宗氏の本拠である仁位中村に(24)、新霊社なる社を創建した時のいきさつが注目される。天正十七年（一五八九）にこの社を改建した時の上梁文が、『神社棟札写』におさめられているので、いまそれを左に掲げる。

奉修造扶桑国鎮西路対馬州仁位郡中村新霊社壇一宇梁銘
神風浩々、如天之濶、臣徳淵々、似海之深、修造霊廟、改凶為吉、則尽善尽美、擁護檀門、輔〔転〕禍作祥、則克始克終、恭惟創建大檀越平朝臣宗信濃守満茂、為当郡主時、初作之、其孫平職家修補焉、職家之後平右衛門尉家茂修造、家茂後平朝臣宗左馬之助盛親企修造、其子有二男、兄曰盛家、弟曰康親、于再于三造栄（ママ）云、令〔今〕又修造、檀越盛家之嫡孫平朝臣仁位民部少輔調豊〔興〕、為本郡主、仰冀武運長久、子孫繁茂、（下略）
于時天正十七年己丑八月廿二日

これによれば、新霊社は、仁位家の初代である満茂が仁位郡主であった時、はじめてつくり、その孫の職家の代に修補し、以後、仁位家の歴代が、檀越として維持修補してきたことがわかる。そして右の上梁文より後であるが、寛文六年（一六六六）、藩主宗義真が同社の修造をした時の上梁文が、おなじく『神社棟札写』におさめられているが、それには「対馬州仁位郡中村新霊灵(霊)廟」とあって、この社が何者かを祀る霊廟として造られたものであることがわかる。問題は、満茂がこの何者かを祀る霊廟を造った趣旨が、右の天正十七年の上梁文にみえるごとく、「改凶為吉」とか「輔禍〔転〕作祥」とかにあったらしいことである。これは霊廟に祀られた主が志をとげず怨をのんだまま世を去った者であり、霊廟の創建が、その怨霊の祟りを鎮める目的であることを思わせる。霊廟に祀られた主が誰であるか、一切書いてないので断定はできないが、これをその存在の痕跡を抹殺された、満茂の父某とし、それが賀茂であるとすれば、この霊廟を満茂が、仁位氏の本拠地の仁位中村に創建した理由もよく理解できる。

満茂は永享六年（一四三四）ごろまで、仁位郡主として在任したと考えられるので[25]、新霊社は、すくなくとも賀茂の叛以後、三十年あまりを経過するまでの間に、創建されたものとしてよいであろう[26]。仁位中村新霊社が、右の推測のごとく、賀茂を祀ったものであるとすれば、それは、賀茂の謀叛が仁位家一門に残した様々な傷跡をいやす役割を、ながく果たし続けたであろうと想像される。この仁位中村新霊社の上梁文もまた、宗香―賀茂―満茂の系譜関係を想定させる材料の一つである。

(二)　宗五郎の謀叛事件

先に第二節であげた「国分又二郎置文」によれば、宗貞茂が宗賀茂から政権を奪還した直後に、宗五郎なるものが、またもや謀叛を企て、おうやまの宗九郎をして同志をつのらせたが、貞茂の察知するところとなり、宗五郎・宗九郎の企ては、失敗に終ったということである。この事件は賀茂の謀叛にひきつづいて起っているという点で見落せないものであるが、事件そのものについては、「国分又二郎置文」以外に同時代的な史料が見あたらないので、わからない点が多い。しかし、宗五郎と宗九郎という人物については、朝鮮史料につぎのような記事がある。すなわち『太宗実録』二年（一四〇二）五月戊申（二十六日）条に、宗九郎と宗五郎の使人が、朝鮮国王からそれぞれ「米豆十石・松子二石・虎皮一張」を賜わった事が見える。なおこの時、少弐殿の使人も、宗九郎らと同品目同量の回賜品を賜わっている。この宗五郎と宗九郎は時期的にみて、貞茂に対して謀叛を企て、この年（応永九）の末に鎮圧された宗五郎と宗九郎に外ならないであろう。かれらが朝鮮へ遣使したのが、ちょうど賀茂が一時政権をとっていた時期に当っていることも注目すべきである。当時はまだ、対馬から朝鮮へ使者を派遣する者は、島主宗氏のほかは、ごくわずかで、宗五郎・宗九郎の朝鮮通交は、対馬人としては早いほうである。また少弐氏とおなじ回賜品を与えられていることからみて、朝鮮から相当勢力のある対馬人と認められていたことも間違いない。それにもかかわらず、その後宗五郎・宗九郎両人の遣使記事が、朝鮮史料で全く見えなくなっていることは、かれらの失脚を想像させるものである。宗五郎と宗九郎への回賜が、同時におこなわれているということは、恐らく両人の使人が一緒に朝鮮へ渡ったからであり、この両人は、謀叛を起こす以前から、すでに親密な関係にあったであろうことが推察される。宗五郎と宗九郎に関して、同時代的史料から、ほぼ確実に補足しうるのは、以上のようなことである。

なお宗九郎であるが、これは比田勝文書[27]にみえる宗九郎なる人物と同一人ではないかと思われる。同文書によれば宗九郎は貞茂から応永六年（一三九九）五月三日付で、「佐護郡内観音畠二段余」を宛行なわれている。この宛行ないは宗九郎が同所を、自分の本給の地であると申立てたことによるものである。貞茂によるこの宛行ないは、賀茂の叛より少し前のことである。なお比田勝文書によれば、宗九郎の属する一族（すなわち後の比田勝氏）は、佐護郡に所領を持つほか、豊崎郡の比田勝にも所領を持っており、天文十五年（一五四六）島主晴康が臣下で宗氏を称する者を他の氏に改めさせた頃には、比田勝を本拠としていたらしく、その時比田勝氏に改めている。

ところで、「国分又二郎置文」には、「おうやまのそう九郎」とある。「おうやま」とは、与良郡大山(28)（現在の下県郡美津島町大山）であろうか。ただし、「おうやまのそう九郎」が比田勝文書にみえる宗九郎と同一人とすれば同文書で見るかぎり、同家の所領や屋敷などが、与良の大山にあった形跡はないので、「おうやま」とは島内の別のところをさしているのかもしれない。あるいは「おうやまのそう九郎」は、与良の大山に本拠をもつ宗氏で、比田勝文書にみえる宗九郎とは別人であるということも考えられる。

また謀叛の首謀者となった宗五郎であるが、唐坊長秋は、その著『十九公実録』の善勝公実録において、『宗氏家譜』と「佐護系図柚谷本」をよりどころとして、宗五郎茂豊なる者が謀叛をくわだて、応永九年十二月誅されたとしている。「佐護系図柚谷本」とは、柚谷家記録にのせる佐護系図の意であるが、筆者は、現存する柚谷家記録中には、唐坊の用いたものに当る佐護系図を見出しえないでいる(29)。しかし、柚谷氏が作成したものによっていると考えられる、故賀島由己氏旧蔵『諸氏之系図』所載の佐護系図には、宗五郎茂豊をのせ、「此間三不見《ママ》、ムホンニ付絶ル」とか「子兄弟三人此三代謀叛ノ曲ニテ窂人」との注記を付している。ここには誅されるということは見えないが、唐坊長秋は、ほぼこのような記事を材料にしていると考えられる。なおこの系図で、宗五郎は、佐護氏（佐護郡によった宗氏で、天文十五年の改姓により、佐護氏と改めた一族）の先祖に属していることになっている。ただし、佐護氏は、享保の判物書上げの際、八十年前の火災で判物を焼失してしまったととどけ出ているように、同家には中世文書が伝わっていないこともあって、宗五郎が、佐護氏の先祖に属するかどうかは、確かな史料からはわからない。(30)

以上要するに、宗五郎と宗九郎とは、ともに宗氏一族であるということが言えるだけで、この両人と貞茂あるいは賀茂や茂秀などとの具体的な系譜関係や姻戚関係は、はっきりしない。したがって、そういう角度から、宗五郎の謀叛の性格を論ずることはできない。しかしこの事件は賀茂が貞茂から政権を奪い、それを貞茂が奪還した直後に起っており、一連の事件の流れからみて、宗五郎らは賀茂にくみする一派であって、貞茂の政権奪還に対する再反撃として、再び貞茂から政権を奪うことを企てたものと考えてよいであろう。

第五節　『宗氏家譜』における宗賀茂の叛

先にのべたところから柚谷家記録の仁位系図（系図甲）が、賀茂に相当する頼宣を謀叛人とせず、世代をずらして、その子茂秀らに謀叛人の名を冠していること、これが仁位家、ひいては宗氏本家の立場を配慮した作為であることは明らかになったと思うが、近世に藩命によって編纂した宗家の歴史書の類は、これとはまた別の仕方でもって、賀茂の叛の真相を覆いかくす作為を行なっている。

近世初頭に編纂された『寛永諸家系図伝』では、この事件のことは、まったく記されていないので、同書編纂のために宗家から幕府へ呈出した寛永呈譜では、それについてふれなかったものらしい。対外的にはこれで済むかも知れないが、対内的には藩内諸家にのこる史料や、すでに対馬へ入っていて見ることのできた『海東諸国紀』などにのこるこの内乱の徴証を、何とか宗家の体面に不都合でない形で、処理しなければならなかった。それを行なったのが、陶山存（訥庵、一六五七―一七三二）である。

陶山存は、藩主宗義真の命を受けて貞享三年、『宗氏家譜』三巻を執筆した（以下この貞享三年本を、その後の改訂本と区別して言う必要がある場合には『貞享家譜』と略記する）。この書物の宗頼茂の条には、次のような記事がある（引用した記事は一連のものであるが、いま説明の便宜上、C―(1)、C―(2)の二つに区切った）。なお同書では頼茂を霊鑑と同一人とし、それが貞茂の父で、貞茂前代の島主であるとするが、これは誤りである。頼茂は、貞茂の前代の島主ではあるが、貞茂の父霊鑑とは別人である（第二章第五節、参照）。この『貞享家譜』を改訂した享保二年本『宗氏家譜』（以下『貞享家譜』と区別する必要がある場合には、『享保家譜』と略記する）もこの事件に関する記事は、ほぼ同じ内容である（『宗氏家譜』について詳しくは、第二章第二節中の宗澄茂の項、参照）。

C―(1)　応永九年壬午五月、頼茂族宗賀茂謀叛、是時、頼茂来対州居志多賀在峯郡、聞賀茂之叛、率州北四郡之兵、到仁位郡、与賀茂戦、頼茂軍不利、頼茂竊越海、到筑前州、立石藤八郎等従之、頼茂有一子、刑部少輔貞茂、同年七月、貞茂率兵士三百余騎、発筑前州、到対州豆酘村、於是州兵党賀茂者、多背賀茂而降、先是州北四郡兵不党賀茂者、屯于西泊村、至是将発兵討賀茂、賀茂聞之、率士卒四百余人、到豊崎郡、戦于比田勝村、賀茂戦敗、佐護上野茂久刺賀茂獲其首、貞茂賞茂久之功、与比田勝村、改茂久為茂勝、

C―(2)　同年十二月、貞茂族宗五郎謀叛、使宗九郎招州兵、是時貞茂在佐賀、聞五郎之叛、同月廿日、命糸瀬八郎兵衛・国分又二郎、誅宗五郎等、

右の記事を、陶山存は、何を典拠として書いたのだろうか。内容を、先にあげた諸書と比較検討してみると、まずC—(1)の部分であるが、事件の首謀者の名を賀茂とするのは、『海東諸国紀』によったものである。そして事件の大筋は「国分又二郎置文」を用い、さらに同置文には記されていない、事件の細かい経緯や、賀茂を討つのに功のあったという立石藤八郎や佐護の茂久の行動などは、柚谷家記録の『対秘録』（この書物が、『宗氏家譜』編纂のための資料として提出されたものと推定できることは第三節にのべた）によったものと思われる。次にC—(2)部分の記事であるが、これは「国分又二郎置文」とほとんど同内容であるので、それをよりどころにしていることは間違いあるまい。なお『貞享家譜』にはないが、ほぼその文辞を修正したに過ぎない『享保家譜』が巻初に「引用証拠」の文献一覧をあげており、そこに『海東諸国紀』『国分私記』（「国分又二郎置文」そのものか、これをよりどころにして書かれた国分家の家記の類と思われる）『柚谷私記』（『対秘録』をはじめとする柚谷家の記録類と推定される）等々が見えることから言っても、記事の典拠についての右の推測は誤りではなかろう。

『宗氏家譜』が事件の首謀者を賀茂としたのが、『海東諸国紀』によったものであろうことは、唐坊長秋（一八二一—一八六四）も、その著『史氏異聞』巻二において、「応永年謀叛ノ宗賀茂ハ、本藩ノ旧記ニ其名ヲ見ズ、海東諸国記《（ママ）》ニ其事有リ、貞享家譜モ海東記《（ママ）》ニ拠レルナルベシ」と指摘している。また唐坊は、『宗氏家譜』を批判する立場に立って、みずから初期宗氏歴代の事績・系譜などを記した『十九公実録』をあらわしたが、その善勝公実録（唐坊は善勝公の諱を頼茂、法名を霊鑑とする）の条で、「仁位系図柚谷本」（柚谷家記録に収められている「仁位系図」の意）などを用いて、応永九年五月仁位人嶋八郎左衛門茂秀が反したと述べ、その註記において、『宗氏家譜』は『海東諸国紀』によって茂秀を改めて賀茂としたが、外国の書は証とするに足らないので従わないとしている。

しかし、唐坊が批判したこの点こそ、まさに陶山存の『宗氏家譜』の苦心の存するところである。というのは唐坊の如く、「仁位系図柚谷本」によって嶋八郎左衛門茂秀の謀叛を記すとすれば、たとえ前述のごとく、すでにその系図に仁位家などへの配慮による作為がある程度なされていたとしても、なお仁位家や、ひいてはのちの宗氏の本家までもが、謀叛人の血縁につながっているということまで否定することはできない。そこで陶山存は、むしろ『海東諸国紀』を積極的に利用する方策をとったのである。すでに第四節の系図乙で見たごとく、『海東諸国紀』は賀茂の子孫については記述していても、幸なことに、その親や兄弟等については、何も記していない。陶山存は、この点に着目して、柚谷家の記録類（『対秘録』や、『系図後集書』等）に見える嶋八郎左衛門らの謀叛を、すっかり賀茂の叛に置きかえてしまって記述し、賀茂の親や兄弟等についての記述が、『海東諸国紀』にないのを幸に、その具体的な係累関係に、一切口をつぐんでしまったのである。また第四節㈠で見たごとく、柚谷家記録の仁位系図（系図甲）と『海東諸国紀』の系図（系図乙）とを対比して見れば、賀茂と頼宣の同一人説が容易に浮かびうることについても、かなり神経を使っているふしがある。すなわち頼宣の存在が問題にならざるを得ない個所では、その実名を慎重にさけ、単に「弾正」と記すにとどめている。すなわち『貞享家譜』の経茂条では、宗香の子息らの名を次のように記している。

宗香有五子、曰弾正、曰伊賀守澄茂、曰宮内国秋、曰与三左衛門国信、曰右馬（宗香五子只弾正称中村氏、其他皆称宗氏、）

『享保家譜』（刑部少輔公条）も、右と同内容で、長男を「弾正某」とする。この記事は前掲の柚谷家記録の『系図後集書』所収「仁位系図」（系図甲）によったものと思われるが、(31) 仁位系図が宗香の長男を「弾正忠頼宣」と記しているのを、あきらかにその実名だけ意識的に省略している。

しかし、賀茂という名を挙げながら、その出自を全く不明にしておくというのは、かえって故意の隠蔽を目立たせて好ましくない。そこで陶山存は、前記のC―(1)の記事の冒頭で、賀茂について、あっさり「頼茂族」とのみ説明して、それ以上具体的に係累関係を説明することを避けている。

これだけの作為をほどこせば、ほぼ目的は達せられたように思えるが、陶山存はさらに仁位家の出自について、いま一つ配慮を加えている節がある。それは仁位家の祖の信濃守満茂を宗香の長子頼宣の子とする説（柚谷家記録の仁位系図、すなわち系図甲などに見える説）をしりぞけて、同じ宗香の子ではあるが四男の国信の子とする説を採っていることである。この説が何を典拠にしたものか、いまだ確定しがたいが、少なくともこの説に立てば、仁位家の直接の先祖が謀叛人であると言われるおそれは、ほぼ完全になくなることはたしかである。慎重な上にも慎重な配慮と言うべきであろうか。

『宗氏家譜』は、前述の賀茂の叛のこと以外にも、『海東諸国紀』を実によくつかっている。しかし、そのつかい方には賀茂のとり扱いに見えたと同じ配慮が、かなり明瞭に読みとれる。その一つは、『海東諸国紀』に見える賀茂の後孫にかんする記事の処理の仕方である。

『海東諸国紀』には、二人の賀茂の子がみえる。一人は賀茂の謀叛後、貞茂から郡代官（守護代）に登用され、卦老郡（佐須郡のこと）の郡守でもあった茂秀で[32]、いま一人は茂秀同母弟の茂直である[33]。また同書には、茂秀には子がいなかったので、弟茂直の子貞秀を養子として家を嗣がせたこと[34]、貞秀の従兄盛直は代官（守護代）であったことがみえる[35]。なお李朝歴代の実録や対馬伝存の文書によれば、茂直も貞秀も守護代であり[36]、盛直は実は茂直の子である[37]。陶山存が李朝の実録の類を利用できなかったのは当然であるが、右の『海東諸国紀』に記すことだけは、少なくとも知りえたはずである。しかし、『宗氏家譜』は、賀茂の子の茂秀と茂直のことは全くとりあげていない。宗盛直および宗貞秀については、守護代となったことは述べているが、その親や先祖の系譜は一切記していない。従ってこの両人が賀茂の孫であることはわからない記述になっている。『宗氏家譜』における『海東諸国紀』の記事の、このような取捨選択の仕方の根底には、賀茂の叛以後もその子や孫が、守護代や佐須郡主となって活躍し、依然として権勢を保ったことを明らかにしたくないということ、また謀叛人賀茂の子孫の系譜が、その後の対馬の諸家にどのようにつながっていっているのかを明らかにしたくないということ、この二つの方針が貫かれている。

第六節　宗賀茂系譜の成立

『宗氏家譜』がひとたび出来すると、それは、宗家の系譜・歴史についての官撰の記述として、大きな権威を持つにいたった。その権威がいかなる程度のものであったかは、唐坊長秋がその著『史氏異聞』で、

(宗氏家譜ガ)一度官ニ蔵リテ、国是既ニ定マリ、家々ノ旧記宗氏家譜ニ合ハザル物ハ、訴上有リテモ取用給ハザル如ク成リシヨリ、大方ノ記録モ宗氏家譜ニ拠リテ年月ヲ改メ、姓名ヲ換ヘ、一人ヲ両人トシ、別人ヲ同人トシテ、真面目ヲ失ヒタル者少カラズ、

と述べていることでもって十分に察することができる。『宗氏家譜』という書物は、一藩の公式な書物として宗家の権威や体面を大前提としながらも、編纂に当っては、過去の史料の探索を徹底しておこない、その所見を十分斟酌した叙述をすることに心をくだいており、官撰の史書としてはまこと、一時代を画する名著と呼ぶにふさわしいが、それ故にこそ逆に目立ってくる弱点もいくつかある。ことに宗家の内紛がからんでいるような事柄の叙述などでは、そ

ういうことが多い。ここで問題にしている宗賀茂の叛に関係した部分などは、その一例である。しかし、唐坊長秋が右のようなことを言っていること自体、『宗氏家譜』の伝統的な権威に対する明確な挑戦が始まっていることを示すもので、かれに限らず、幕末期の対馬では、伝統的な見方にとらわれない歴史研究の風潮が起っている。勿論こういう動きは単に対馬だけの問題ではなく、幕末の日本全体における大きな時代思潮と関係する面もあるが、それは当面の主題ではないので、問題を幕末になって対馬でおこった賀茂の叛の再検討のことだけにしぼることにする。

まず唐坊長秋であるが、すでに本章第五節で述べたごとく、かれは賀茂という名前が『海東諸国紀』にだけあって、対馬の旧記に見えないものであることを指摘し、対馬の旧記で嶋八郎左衛門の謀叛として伝えられているものの内容を、『宗氏家譜』がそっくりそのまま賀茂の謀叛として記述しているのはよろしくないと批判している。かれは賀茂という名前を排除し、事件の首謀者を仁位の人嶋八郎左衛門茂秀とその子越中守貞秀であるとしている。そして茂秀は中村弾正忠頼宣の子で、また頼宣は、中村頼次（法名宗香）の子であるとしている。唐坊は以上のことをその著書『十九公実録』（一八六四年成立）に述べているのであるが[38]、その史料的根拠としては、柚谷家の記録類の中の仁位系図（唐坊は「仁位系図柚谷本」という言い方をしている）を用いている。なお嶋八郎左衛門らをめぐる右のような系譜関係は、先に筆者が、本章第三節において、柚谷家記録中の『系図後集書』所収の仁位氏の系図を用いて説明したところと同じである。唐坊は単に「仁位系図柚谷本」といっているだけで、それがはたして筆者が用いた『系図後集書』所収のものであるかどうかまではわからないが、恐らく同一本ないしはその系統の一本を見ているのであろう。唐坊の所説の最大の特徴は、何といっても賀茂という名前を排除したところにあるが、これはかれが、本邦の旧記は尊重すべきであるが、外国の書は証とするに足りないとする方法上の信念を持っていたことによるものである。そのかれが、対馬の

旧記のうちで、もっとも信頼すべきものの一つと考えていたのが、ほかならぬ柚谷家の記録類であった。(39)

以上要するに唐坊長秋は、単に賀茂という名前を対馬史の叙述から放逐しただけでなく、そのことにより前述のごとく謀叛の首謀者をめぐる系譜関係に光をあてることに成功したのである。すなわち陶山存が『宗氏家譜』において、賀茂という名を利用することによって行なった謀叛人の系累関係の隠蔽工作をするどく指摘したわけである。唐坊は賀茂という名前こそ否定したが、結果的には、賀茂の叛の実像解明を一歩前進させたと言えるであろう。以上のような唐坊の所説は、前述のかれの著書『十九公家録』ばかりでなく、いま一つの著書である『史氏異聞』にも見えるが、よりまとまった叙述は前者の方にある。

ところで、唐坊長秋が、『十九公実録』を著した元治元年（一八六四）より少し前の天保五年（一八三四）から同八年ごろまでに書かれたと推定される、(40)立花氏清の『宗氏家譜略』もまた、『宗氏家譜』には極めて批判的である。(41)同書は、私的に編んだものであるので、比較的自由な立場で考察し記述しているが、この書物は、唐坊の場合とは反対に、宗賀茂という名前を、宗家の系譜の中に、明確に位置付けている。そこでいま、同書の「御庶子略系」の項に見えるところを、「系図丙」として示す。

これは賀茂を宗香の子とし、かれが応永九年、宗貞茂に対して謀叛を起して滅ぼされたこと、また滅ぼされた賀茂は、軍殿《いくさどの》として仁位天神社（天満宮に同）の傍に祀られていることなどを記している。特に注意すべきは、賀茂を宗香の子とする系譜関係が、系図上に明記されていることであって、これは先に筆者が考証したところと同じ結論である。もしこのような系図が、すでに中世以来伝わっていたものであったとすれば、筆者が本章でこれまでおこなったような考証は、不要のはずである。しかし、左様な系図はおろか、唐坊長秋も言うごとく、賀茂という名すら、対馬の旧記には見えないというのが実情である。そして管見の限りではあるが、『宗氏家譜略』の右の系図が、賀茂の出自を明記した宗氏の系図としては、もっとも時期の早いものである。同書が賀茂を宗香の子であるとするのは、恐らく撰者立花氏清が『海東諸国紀』の宗賀茂とその子茂秀らに関する記述と、柚谷家の記録類（『宗氏家譜略』は出典として「柚谷私記」を随所に掲げている）などとを、つき合わせて考え出したところであって、そういう考えにいたった道筋は、筆者が本章で試みた考証とほぼ同様であったろう。ただし、『宗氏家譜略』は、仁位家の始祖満茂の出自に関しては、筆者のごとく、それを賀茂の子とせずに、『宗氏家譜』と同様、中村宗香の四男国信の子としている。宗賀茂の出自に関する、『宗氏家譜略』のこのような結論は、ある意味で唐坊長秋の見解とは対照的であるが、これもまた、『宗氏家譜』の権威への大きな挑戦であることは間違いない。そして、近代以降になると、賀茂を宗香の子とする考えの方が、むしろ主流となり、『対馬島誌』（昭和二年）、『新対馬島誌』（昭和三十八年）等いずれもその説をとっている。(42)

以上考察した『宗氏家譜略』ならびにそれ以降の諸書における、宗賀茂の出自についての記述の出来の経過を、かりに賀茂系譜の成立という言葉で表現するとすれば、それは何よりも『宗氏家譜』に代表される藩政下の官製の歴史叙述への批判・反省の気運の中で生まれてきたものであり、近世末期以降の時代思潮の産物であることを注目しておくべきであろう。このよ

〔系図丙〕
五代
右馬頭盛国君之二子
中村宗香
○弾正頼次
貞和之頃本州ノ守護代ト成、是守護代ノ始也
　　後宗氏
├中村弾正賀茂
応永九年壬午叛ヲ謀ル、七月某日、貞国君ト比田勝（茂カ）
村ニ戦テ敗死ス、宗上野茂久刺之
戒名不伝
祭テ神トナシ軍殿ト号、此祠仁位天神社
傍ニ在
├宗伊賀守澄茂
永和ノ頃守護代トナル
前賀州本州都代官玄宗大禅定門
├宗宮内国秋
├宗与三左衛門国信――宗信濃守満茂――（下略）
　　　　　　　　　　　　　　　仁位郡主
└宗右馬

うに見てくると、宗賀茂を宗家の系譜（具体的には仁位中村宗氏の系譜）の中へ位置付ける作業をはじめて試みた『宗氏家譜略』が、対馬史研究進展の経過の中で占める位置はきわめて大きいといえる。

しかし、宗賀茂という名前を、仁位家ゆかりのものとして認識する動きは、民間信仰の次元においては、すでにもう少し以前から進行していた。その事実は、『宗氏家譜略』が前掲の系図において、宗賀茂が軍殿《いくさどの》と号して、仁位天神社の傍に祀られていることを註記している一事からでもわかるが、賀茂をこのような形で祀っていることは、平山棐著『津島紀事』（一八〇九年成立）にも見え、少なくとも十九世紀初頭までは、さかのぼることができる(43)。仁位家ゆかりの仁位天神社(44)の境内に祀られているということは、賀茂が同氏一族から縁故のある存在として扱われていたことを示すものであろう。あるいは、このような事実も、『宗氏家譜略』の著者は、その所論をささえるものとして理解していたかもしれない。ただし、仁位天神社の軍殿《いくさどの》を賀茂とするのは、はるか昔からという訳ではなく、恐らく『津島紀事』の成立（一八〇九年）を、それほどさかのぼらないころからのことであろう。このような形での賀茂の登場もまた、文献上とは別の次元であるが、一種の賀茂の復権現象として理解すべきではなかろうか。

注

（1）応永七　八月十日霊監書下（貞享四年宗家判物写『佐須郡』久根浜村百姓四郎兵衛所持）、応永八年十二月十三日大山小田宮内左衛門尉宛霊監安堵状（厳原町所在の対馬歴史民俗資料館所蔵大山小田文書）。

（2）このころ対馬で、「さんしゅう」、すなわち讃岐守の官途を持っていたのは宗貞茂である。貞茂が讃岐守を称したことについては、第二章注(32)参照。

（3）「にのこうりのしんしゅうさま」は、仁位郡の信濃守ということである。国分又二郎が、この置文を書いたのは、子孫のためにということであるので、応永九年の事件からある程度時がたってからのことであろう。とすれば、官途で人を呼んでいる場合、それは事件当時のものというより、置文を書いた時点での官途と理解するのが妥当であろう。そこで、この事件に近いころに、仁位郡関係者で信濃守の官途を持っている者を捜すと宗信濃守満茂がいる。かれは応永二十三年（一四一六）に、「対馬州唯〔惟〕宗信濃守満茂」と称して、朝鮮へ使者を送っている（『太宗実録』十六年五月己亥（八日）条）。次に「にのこうりのさんしゅう」という場合の「にのこうり」が居住地を意味するのか、仁位郡郡主を指しているのか、よくわからないが、満茂は仁位郡仁位中村に本拠を置いた仁位中村宗氏の宗香の孫に当る（宗香の居住地については、第二章第五節、満茂が宗香の孫であることについては、本章第三節・第四節および第四章第二節、参照）ので、やはり仁位郡に居住していたと考えられ、また少なくとも応永二十五年（一四一八）には、仁位郡郡主となっている（第四章第二節、参照）。

（4）立花氏は、大友能直の五代の孫貞載のとき、筑前国糟屋郡立花山に城を築いて入居してより立花氏を称し、以後子孫継承して城主となり、大友氏の筑前支配の拠点として活躍したと云うが、鑑載のとき、本家の大友義鎮に叛いて、永禄十一年（一五六八）に滅ぼされたので、それ以前の歴史がよくわからない（鑑載の後の立花城主で、後に柳川藩主となった立花氏は大友の一族戸次氏より入ったもの）。「国分又二郎置文」に記す「たちはなのしやうしゆ」が立花氏の誰であるかはっきりしないが、参考までに『立花家譜』（旧柳川藩の安東文庫本）の貞載より鑑載にいたる系図を左にあげる。

立花左近将監
貞載（依住筑前糟屋郡立花山、以立花為氏（中略）建武二年正月十二日卒）
―立花左近将監
宗匡（継兄貞載之家）
―立花三河守
親直（法名宗徳）
―立花丹後守
親政（卒于九州赤間関　法名道運）
―立花左近将監
宗勝（法名宗玉）
―立花左近将監従五位下
鑑光（法名宗玉）
―鑑載（（前略）叛大友義鎮、使戸次鑑連撃之、永禄十一年戊辰八月十四日鑑載自殺、法名了禅）

（5）長沼賢海「筑前の麻生氏」（同氏著『日本海事史研究』二二四頁）。なお注（8）参照。

（6）九州史料叢書『麻生文書』一号・五号・一四五号「麻生系図」。山口隼正「「御料所」「探題領」管見」（同氏著『中世九州の政治社会構造』一九二頁）。

（7）九州史料叢書『麻生文書』三七号。なお足利義満袖判御教書には、「小倉・上津役以下輩」とあり、これらの者が麻生氏の分家であるとは記されていないが、麻生系図（九州史料叢書『麻生文書』一四三号）に、資氏（義助の高祖父）の二男家貞が小倉氏を、三男顕貞が上津役氏を称えたことがみえるところから、長沼賢海氏は、二男・三男が小倉・上津役に於いて所領を与えられてそれぞれ別家したものとし、義満袖判御教書にみえる小倉・上津役輩はそれぞれの分家の子孫であるとされている（長沼賢海、注(5)前掲書二二四・二二七頁）。

(8)『蜷川家古文書』第二十三集、応永卅二年七月十日付右兵衛佐入道（渋川満頼）宛足利義持御教書案。山口隼正、注(6)前掲論文参照。なお、この時将軍が探題に与えた筑前国御牧郡（遠賀郡）内の頓野・広渡・底井野・香月・上津役は、山口氏によれば遠賀川の中・下流域一帯に位置し、互いに隣接しており、後に幕府料所として見える「御牧郡内五人跡」「御料所河上」に当る。

(9)なお、「かなや」という地名の所は、葦屋金屋のほかにもあったが、その所の領主は「かなや殿様」に当るとは考えられない。文安五年（一四四八）八月付、麻生弘家知行惣庄郷村浦浜所々目録写（九州史料叢書『麻生文書』五二号）に、「麻生庄内金屋」とみえるもので、麻生庄内にも金屋なる地名があったことが知られる。麻生庄は、洞海湾の南側に位置し、現在の北九州市戸畑区辺に当り、金屋については竹中岩夫氏が、麻生庄内金屋は戸畑区の昭和町付近にあった小字「金屋」に関係があるとしておられる（「鎌倉時代の麻生氏とその一族」『郷土八幡』第一号一六頁）。麻生庄を領有するのは、惣領家の麻生本家で、本文で述べたように、応永二年の義満袖判御教書によれば、この惣領家は義満の信任をえていた家である。したがって本家麻生氏が、探題や将軍と敵対する少弐陣営にあった「かなや殿様」であるということは、ありえないことであろう。

(10)「山鹿系図」（九州史料叢書『麻生文書』一四二号）。長沼賢海、注(5)前掲書二二四頁。

(11)延宝二年宗家判物写『伊奈郡』下里村奴田次郎兵衛所持分。『享保八年伊奈郷給人寺社足軽百姓御判物写』葦見村百姓善九郎持所分ほか。

(12)『太宗実録』十三年六月是月条。

(13)『世宗実録』十八年閏六月己卯（十五日）条。

(14)小田家が断絶したため、「大山小田文書」は、姻戚の庄司家（厳原町）に保管されていたが、一九八六年に長崎県立対馬歴史民俗資料館の所蔵となった。

(15)『享保八年豊崎郷給人寺社足軽百姓御判物写帳』五根緒村糸瀬幾左衛門所持。

(16)慶応大学図書館所蔵『宗家記録系伝草稿』第二冊所収。

(17)『対秘録』は上中下三巻から成り、内容は、宗義重（同書ではこれを宗家の始祖とする）から宗義成にいたる二十三代の伝記である。中巻や下巻の表紙に、「柚谷代々聞書」と註記していることによってもわかるごとく、本書は柚谷家代々の聞書類をもとにして編纂したものと思われる。撰者・成立年次は記されていないが、筆跡は柚谷清寛（初名は友姿。一六四五年生、一七二二年隠居、没年は不明）のものであり、また内容が藩主義成時代の柳川一件（寛永十二年・一六三五）までを記し、しかも、その際の柚谷八郎右衛門成姿（清寛の父）の行動を、聞き書きの形で記述していることから見て、本書は、柚谷清寛が柳川一件までの宗家代々の歴史をまとめて記述したものであると考えられる。

柚谷家記録の中には本書以外にも、柚谷清寛の手になるものは多いが、それらのほとんどすべてが、乱雑な筆遣いで記したものであったり、とりとめのない備忘ないしは覚書的なものであったりするのにくらべて、本書は内容・筆跡ともによくととのっており、各巻の表紙にそれぞれ紙数を記したり、巻末に印をおしたりしていることなどが目につくが、このような体裁のととのえかたは、本書が他所での被閲を前提として書かれていることを思わせる。

そこで考えあわせるべきは、対馬藩が貞享二年（一六八五）から同三年にかけておこなった『宗氏家譜』編纂事業である。『宗氏家譜』も『対秘録』同様、宗義成の代までを扱っており、おそらく『対秘録』は、柚谷清寛が藩命をうけて、『宗氏家譜』の編纂史料として藩へ呈出するために編んだものの控であると考えられる。なお、『宗氏家譜』は、引用史料として「柚谷私記」をあげているが、これは『対秘録』その他、柚谷家から提出した史料の総称であると考えられる。

(18)『史氏異聞』巻二には、「立石家記ニ嶋某ト記シテ西泊ノ合戦ナドイト精詳ナリ」と立石家記なるものに、嶋八郎左衛門の謀叛に関する詳しい記述があることを述べている。

(19) 慶応大学図書館所蔵『宗家記録系伝草稿』第八冊所収。『系図後集書』の編者・成立年については、第二章注(34)、参照。

(20) 慶応大学図書館所蔵『宗家記録系伝草稿』第五冊所収。

(21) 同右。

(22) 宗貞秀発給文書の初見は、文明元年（一四六九）九月二十日さいとう掃部助宛宗彦九郎貞秀施行状（斎藤文書）、終見は文明十四年（一四八二）五月十三日三ケ寺侍者禅師宛宗出羽守貞秀施行状（『宝永六年府内田舎寺社所持之御判物并執権方之奉書之写』豆酘村耕月庵所持）。貞秀の朝鮮通交の初見は一四六〇年（『海東諸国紀』対馬島、沙愁浦、宗彦九郎貞秀条）、

終見は『成宗実録』十五年（一四八四）正月癸巳（五日）条である。なお貞秀は、一四八六年九月以前に死去した（『成宗実録』十七年九月甲寅（十二日）条）。

(23)『世祖実録』二年（一四五六）六月庚子（二日）条に、「宗賀茂遣使来献土宜」とある。ここにみえる宗賀茂を、筆者はさきに、いま問題としている応永八年（一四〇一）に謀叛事件をおこした宗賀茂と同一人として紹介したが（「対馬島主の継承と宗氏系譜」史学雑誌第七五編一号）、年代がかなりへだたっているので、この両人を同一人とするのは、いささか無理のようである。

(24)仁位中村が、仁位氏の本拠地であることについては、第二章第五節、参照。

(25)第四章第一節、参照。

(26)この上梁文では満茂の姓が惟宗ではなく、「平朝臣」となっているが、この上梁文は、天正年間のもので満茂の創建のときのものではないので、平姓改姓（宝徳元年が初見、第一章第三節、参照）以後の実情に合わせ、ことに上梁文中、満茂の子孫が平姓であるのにかんがみ、姓を改めた記述にしていると解釈してよいであろう。

(27)長崎県上県郡上対馬町比田勝雋氏所蔵。

(28)美津島町の大山は、現在「おやま」と読み、また『海東諸国紀』に吾也麻（オヤマ）と記す浦に比定されるが、それ以前の宗貞茂島主時代には「おうやま」と言っていたようである。すなわち大山の住人小田氏関係の大山小田文書には、年未詳四月十日付で、「おうやまのくないさへもん」に宛てた貞茂書下がある。

(29)唐坊長秋は、『十九公実録』の善勝公実録で、宗五郎の実名茂豊は、佐護系図柚谷本に見えるものとしている。筆者の見た限りの柚谷家諸記録中には、「宗御系図記并御庶子流集記」（慶応大学図書館所蔵『宗家記録系伝草稿』第十冊所収）に佐護宗氏の系図があり、宗五郎の名を記し謀叛のことなどを注記しているが、その実名茂豊を記してはいない。

(30)『享保八年佐護郷給人寺社足軽百姓御代々御判物写』佐護茂左衛門口上。

(31)『宗氏家譜』の宗香の子息たちに関する記事が、柚谷家記録の『系図後集書』所収仁位系図（系図甲）によっていることは、宗香の長男弾正忠のみが中村姓で、他の弟四人は宗姓になっていて、あきらかに仁位系図の記述の特徴をうけついでいることでもわかる。

(32) 『海東諸国紀』対馬島、卦老郡、郡守宗茂秀条。
(33) 『海東諸国紀』対馬島、沙愁浦、宗茂直条。
(34) 注(32)に同じ。
(35) 『海東諸国紀』対馬島、沙愁浦、宗彦九郎貞秀条。
(36) 茂直は、対馬伝存文書によって知られる次のことから守護代と考えられる。対馬の島政に関する茂直発給文書は、永享二年(一四三〇)から同七年にかけて残っている(初見は、内野対琴『反故廼裏見』巻十七所収、宗家判物写『峯郷』木坂村いつ宮司所持、永享二年十一月二十一日近江房宛茂直書下。終見は、『享保八年三根郷給人寺社足軽百姓御代々御判物写』賀佐村足軽多田善左衛門所持、永享七年十一月十三日茂直書下)。それらの文書の内容は、土地や職の安堵あるいは公事免除をつたえるもので、そのなかに島主貞盛の袖判のあるものがみられるし(『享保八年伊奈郷給人寺社足軽百姓御判物写』小鹿村辻七左衛門所持、永享三年七月五日辻与一宛貞盛袖判茂直奉書。『反故廼裏見』巻十七所収、宗家判物写『峯郷』木坂村民部房所持、永享六年正月廿二日きさかせいし房宛貞盛袖判茂直奉書)、その対象とする地域は、三根・伊奈・佐須など各郡にわたっているので、茂直は守護代であったと考えられる。次に、宗貞秀が守護代であったことは、成宗七年(一四七六)に来島した対馬島宣慰使金自貞の報告にみえる(『成宗実録』七年七月丁卯(二十六日)条)。
(37) 『世宗実録』三十一年四月庚午(二十一日)条に「対馬州宗盛直、遣人献馬、(中略)盛直、茂直子也」とある。従って宗貞秀と宗盛直はともに茂直の子で、兄弟である。『海東諸国紀』対馬島、沙愁浦、宗彦九郎貞秀条に「故代官宗盛直従弟」とするのは、貞秀が伯父茂秀の養子となったために、血縁上は兄弟の盛直と、従兄弟関係になった状態をいっている。
(38) 『十九公実録』雲岩公実録・善勝公実録。
(39) 唐坊長秋は、その著『史氏異聞』巻一において、『宗氏家譜』出来後は、島内の諸家が、自分の家の旧記類を、『宗氏家譜』に合わせて書き改めるという弊風が生じたことを記したのに続けて、「唯一二ノ謬誤有リト云ヘドモ、絶エテ湊合附会ノ累無キ者ハ、柚谷氏ノ諸記録ナリ、予好ミテ之ヲ閲シ云々」と柚谷家記録を大変信頼していることをのべている。
(40) 筆者が用いた『宗氏家譜略』は、鈴木棠三氏が、村田書店から歌野吉甫氏所蔵本を影印出版されたものである。歌野本は、明治二十七年に根緒家所蔵本から歌野和之氏が筆写したもの。歌野本には義質以後の義章・重望に関する記事もあるが、鈴木棠三氏によれば、これは根緒本にはないもので、その後歌野和之氏が補筆したものと言う（鈴木棠三氏の『宗氏家譜略』解題、参照）。そこで根緒本が本書の原形であるとすれば、その成立年次は、内容が藩主義質の天保五年（一八三四）十二月の記事までであることと、また収載している歴代将軍の花押影が家斉将軍（一七八七―一八三七在職）のものを最後としていることでもって、天保五年（一八三四）以後、家斉在職中の同八年頃までの間であると考えられる。

(41)　『宗氏家譜略』は、凡例の最後につぎのように記している。「家譜陶山先生所編ニハ三記ノ証ナキモノハ取レサル由ナレトモ、公庁ノ日記又ハ世ニ伝フル所ノ私記ニ見ヘシコトハ、朱書シテ忘ニ備、一己ノ私記ナルカ故ナリ」と記している。この一条は、陶山存の『宗氏家譜』の編纂方針にたいする、かなり思いきった本質的な批判である。「三記ノ証」（三箇の典拠）がないものでも、「公庁ノ日記又ハ世ニ伝フル所ノ私記」に見えるものは、記事として採録するというのは、本書が一己の私的編纂物だから信憑性のない記事でもかまわず載せるということではなく、陶山が三記の証という方針を、宗家の体面上好ましくない史実を抹殺するさいの口実に利用していることへの批判である。また、「世ニ伝フル所ノ私記」と同時に、「公庁ノ日記」という文言を押し出しているところにも、陶山が例えそういう根本史料の記事であっても、その事柄が忌わしいことであったり、宣伝さるべきものではなかったりして、他に幾種類もの記事がのこっていない場合には、それを無視してしまうことがあったことを批判する気持が表明されていると考えられる。また、同じ凡例の一条に「総テ法諡牌名ハ、諸寺ノ記録ヨリ記ス所ナル故、少モ誤字謬名アル事ナシ」と記して、法名などの調査の正確なることを主張しているのであるが、その末尾にとくに「家譜ト異ナリ」と記している。これもまた、『宗氏家譜』における陶山の三記の証という方針が、必らずしも、同書の記述の正確さにつながっているものでないことを批判しているのである。

(42)　筆者は、旧稿「対馬島主の継承と宗氏系譜」において、明治における対馬史料の採訪家内野対琴が、その採訪ノート『反故廼裏見』に、宗香とその親・兄弟・子息（賀茂と澄茂ら）を記した系図をのせており、この系図を記した前後が唐坊長秋の『津島叢書』の抜書であることからみて、この系図は元来『津島叢書』に所収されていたものかと考え、また『対馬島誌』（昭和二年刊）にも同様の系図をのせていたので、そういう系統の系図が古くから対馬に伝わっていたのではないかとして、『反故廼裏見』所載系図をそのまま利用した。これら系図の特徴は、賀茂を宗香の子とする点である。しかし、その後、別本の『津島叢書』を見るに及んで、かかる系図は同書には元来載せられていないことがわかった。『反故廼裏見』所載系図や『対馬島誌』が用いた系図において、賀茂を宗香の子とするのは、本文でのべたように、幕末の宗家の歴史に対する再検討のなかから新たに生まれたものと考えるのが良いと思われる。

(43) 仁位天神社傍の祠の軍殿が賀茂を祀ったものであることを明記している最も古い文献は、一八〇九年成立の『津島紀事』である。それ以前の文献、たとえば貞享三年(一六八六)に加納幸之助が藩命によって編纂した『対州神社誌』は仁位天神宮の屋鋪内にある軍殿の神体は石であると記すのみで、祭神については言っていない。しかしその後宝暦十年(一七六〇)に、藤内蔵助・一宮藤馬が編纂した『対馬国大小神社帳』では、祭神は武位起命としている。これから見ると祭神を賀茂とするようになったのは、少なくとも宝暦十年(一七六〇)以後ということになる。

(44) 仁位天神社は今日、正式な社名を和多都美御子神社というが、これは明治以降になって、この神社を式内の名神大社「和多都美御子神社」に比定して正式名称としたためのことであって(永留久恵『対馬古跡探訪』一七二頁。ただし、寛政六年に同社を修造した際の上梁文には「宮建仁位村天神宮一宇　当社旧号和多都美御子神社」(この上梁文は、和多都美御子神社宮司平山多久美照清が、明治十二年九月七日同社の棟札を写しとった「和多都美御子神社棟札」所収。この史料は、元仁位高等学校長藤井勝男氏の御教示による)とあり、天神社の前身を和多都美御子神社とする説はすでに寛政六年頃には生まれていたことがわかる)、中世以来ずっと天神社(または天満宮)として名が通っている。仁位天神社は仁位地方最大の神社で、その修造は、仁位郡主をつとめる仁位氏(仁位氏が賀茂の後であることは本章第四節(一)にのべた)が十五世紀の初め以来つかさどり、仁位家から入って島主となった盛長が大永三年(一五二三)に修造を行なって以後は、島主単独か、島主と仁位郡主の仁位氏が共同で修造を行なっている。このことからもわかるように、仁位天神社は仁位氏と格別の関係にあり、しかも対馬島内としてはきわめて格式の高い神社である。そういう神社の境内に賀茂が祀られるようになったということは、賀茂が仁位氏とゆかりの深い人物であると考えられるようになったことを示すものである。

〔追記〕　宗賀茂の謀叛事件については、「対馬島主の継承と宗氏系譜——朝鮮国議政府への宗貞茂呈書をめぐって——」(『史学雑誌』第七五編第一号、昭和四十一年一月)の第七節「宗賀茂の叛」でとりあげ、主として朝鮮側史料によって論じたことがあるが、その後、この事件に直接かかわった人物の書き残した「国分又二郎置文」を新たに知った。さらに、後世の対馬におけるこの事件についての伝承には、多くの異同があり、また藩で編纂した『宗氏家譜』等の官撰の史書では、この事件の真相について、いろいろな作為がほどこされていることがわかった。そこで日朝両国史料によって、この事件をめぐる諸問題を総合的に検討するために本章をたて、右の旧稿の第七節を書き改めて本章第一節「朝鮮史料にみえる宗賀茂の政権奪取」とし、第二節以下を新たに執筆した。

第四章　仁位郡主歴代と仁位家血縁の島主たち

賀茂の叛は、それが起った当時における事件そのものの直接的衝撃もさることながら、それが後世の対馬の歴史の上に落している影ともいうべきものの大きさに驚かされる。その具体相の一端は、すでに第三章において考察したが、この事件の影が後世に長く尾を引いた理由は、何といっても賀茂の子孫が、事件後も滅亡することなく、島主家に対抗する大きな勢力として存在し続けたことにある。宗賀茂の後で、永く後世まで続いたのは、賀茂の子満茂の系統と、同じく賀茂の子である茂秀ならびに茂直兄弟の系統の二つである。前者は満茂が仁位中村宗氏発祥の地である仁位郡の郡主となって以来、其の地で繁栄して歴代の仁位郡主を輩出しており、後者は茂秀・茂直兄弟が相継いで守護代となって以来、歴代の守護代を輩出し、佐須郡主をも兼ねて佐須に本拠を置いて栄え、その系統はのちに佐須氏となっている。そこで本来ならば、この両者の実態をいずれも考察する必要があるが、ここではさしあたって前者すなわち仁位郡の関係だけをとりあげることにし、後者についての考察は別の機会にゆずる。なお一言ことわっておくが本書では、仁位中村宗氏が宗賀茂以後、右の二つの系統に分かれていることに留意して、前者すなわち満茂の方の系統を、後者すなわち後に佐須氏となる守護代茂秀・茂直の系統から区別する意味で、特に仁位宗氏と呼ぶことにする。またこれを場合によっては、島主家などという言葉との対応において仁位家と呼ぶ場合もある。なお仁位宗氏は、天文十五年（一五四六）に、島主宗晴康が、本宗以外の一族の宗氏を他姓に改めさせた所謂天文改姓以後、仁位氏を名乗るようになっているので、それ以後は、仁位宗氏というような呼び方でなく、文字通り仁位氏ないしは仁位家ということになる。

そこで、以下仁位宗氏の実態を理解する手掛りとして、まず仁位郡主の歴代を確実な史料に基づいて考証する作業を行ない、あわせてそれらの系譜関係を解明する。なお仁位家の満茂の子の世代からは島主家との姻戚・血縁関係が入りくんで来ており、その結果、仁位家の血を引く宗貞国ら四代の島主が出現するにいたっているので、それらのことについても考察する。

第一節　仁位郡主歴代

まず初めに、代々の仁位郡主には、どのような者がいたかをみることにするが、それに先立って、仁位郡とはどういう行政区画であるかを簡単に説明しておく。仁位郡とは、令制上の対馬の二郡、すなわち上県郡・下県郡とは別のもので、中世に行政区域としておかれた八郡（北から豊崎・佐護・伊奈・三根・仁位・与良・佐須・酘豆の各郡）の一つである。近世には郡を郷と改めたので、仁位郷と呼ばれた。仁位郡は地域としては、現在の下県郡豊玉町に当る。

八郡の各々におかれた政務の責任者は、それぞれ何々郡「郡主」と称していたことが対馬の史料からわかるが、朝鮮通交に際しては「郡主」ではなく、「郡守」の文字を用いていたらしく、朝鮮側史料には何々郡「郡守」と出ている。本稿では、朝鮮史料の文言を引くとき以外は、「郡主」の表記を用いることとする。

そこでつぎに、ある人物を某郡の郡主であると認定する際の基準について述べておこう。その一つは、朝鮮側の史料（すなわち『海東諸国紀』の対馬八郡条の記載や、李朝実録の遣使記事）、あるいは日本側の史料ことに神社の上梁文や鐘銘などに、その人物の肩書があって、某郡郡主（郡守）と明記している場合である。いま一つは、その人物の発給文書の内容とその分布形態による判断である。郡主の発給文書は、その郡主が職権を行使し政務を行なうために出すものであるので、内容的には知行の宛行ないとか、公事の免除とか様々であるが、ただ郡主という職掌からして、発給文書が対象としている事柄が、ある特定の郡内の事に限られているという特徴がある。郡主の上には上級支配者として島主がいるわけであるが、郡主の発給文書には島主の意をうける形、すなわち奉書形式のものはむしろ少なく、大部分の郡主発給文書は、発給者自身の意を伝える形式のものであるので、一点一点の文書だけを見ると、その発給者が、島主であるのか、郡主であるのか、全く見分けられない場合が多い。しかし、分布状態を見れば、島主発給のものは、全島に分布しているので、容易に区別できる。なお、郡主発給文書に島主の命令を受けて、それを施行する形式で書かれていないものが多くあるということは、郡主が郡内の諸権益の処理に関して、ある程度の自主性を持っていたことを意味していると考えられる。以上の二つの判断基準の双方、ないしはそのいずれか一方を満たしている場合は、その人物を郡主と認定するという原則に立って、仁位郡主の歴代を考察してみることにする。なお個々の郡主の発給文書に言及する場合、それらの内容や分布形態について、いちいち詳述するのは繁雑になるので省略するが、特にことわらない限り、右に述べた郡主発給文書の判断基準によっていることを、あらかじめことわっておく。

茂信

この人物に関しては、仁位郡主という職名を明記した史料はないが、応永六年（一三九九）に、かれが仁位郡関係者へ発給した文書四通があり(1)、このころ茂信なる人物は、おそらく仁位郡主であったろうと考えられる。とすれば、この人物は、史料の上で見える、もっとも古い仁位郡主ということになる。

宗信濃守満茂

茂信の文書の後しばらくの間、仁位郡主の発給文書らしきものは見あたらないが、応永二十五年（一四一八）から、満茂の発給文書が見えるようになる。かれが仁位郡主であったことは、世宗元年（応永二十六・一四一九）二月、朝鮮へ通交して「対馬島二位郡主宗満茂」と称しており(2)、また、大永三年癸未八月十日付の仁位郡仁位村天満宮上梁文に(3)、「郡主惟宗朝臣宗信濃守満茂、永享三年三月八日作新焉」とあることによって知られる。満茂の仁位郡主としての発給文書と思われるものは、前述のごとく応永二十五年（一四一八）から見えはじめ、永享六年（一四三四）まであり(4)、すくなくともこの頃、かれは仁位郡主であったと思われる。

宗信濃守盛家

満茂につぐ仁位郡主は、宗盛家である。この人物については、『海東諸国紀』対馬島、尼老郡（尼老郡は仁位之郡の表音で仁位郡のことである）の条に、「郡守宗盛家、宗貞盛再従弟、為貞盛女婿」という記事がある。また、盛家発給文書の方は、永享八年（一四三六）から応仁三年（一四六九）まであって(5)、このころ、かれが仁位郡主であったことが知られる。なお、かれの官途は信濃守であった(6)。

宗民部少輔職家

盛家につぐ仁位郡主は、宗職家である。文明九年（一四七七）に書かれた「順叟大居士即月大姉肖像賛并序」によれば、「大姉亦宗香之彦孫、今仁位郡主職家之姨母也」とあって、文明九年当時、職家が仁位郡主であったことが知られる。そして職家発給文書は、文明二年（一四七〇）から文亀二年（一五〇二）まであるので(7)、かれがこのころ仁位郡主であったことがわかる。なお、かれの官途は民部少輔であった(8)。

茂信・満茂・盛家・職家の系譜関係

そこで、ひとまず右の四人の系譜関係についてみておこう。まず文書上の所見がもっとも早い茂信であるが、前述のごとく、かれについては仁位郡主の職名を記した史料はないし、また確実な史料で、かれの官途名や系譜関係が判るものは何一つない。ただ、柚谷家記録の中の『系図後集書』所収の仁位氏の系図（第三章第三節に系図甲として示したもの）に、中村弾正頼宣（すなわち賀茂）の子で、信濃守満茂や嶋八郎左衛門茂秀らと兄弟の関係にある人物として宗右京亮茂信なる者が見える。応永六年に仁位郡主と覚しき文書を発給している茂信は、あるいはこれに当るかも知れないが、傍証は何もない。

つぎに茂信以外の三人、すなわち満茂・盛家・職家の系譜関係であるが、かれらについては、茂信の場合よりも確実な史料が存在する。まず、旧仁位清玄寺鐘（現在は対馬歴史民俗資料館蔵）の応仁三年（一四六九）十月二十二日付の銘文であるが、そこには願主の名前を次のごとく記している。

国主惟宗朝臣　貞国
本寺檀越惟宗朝臣信濃守盛家
　　并子息職家
　　信女祚庭祐啓

右によれば、この鐘をつくるに当って島主の貞国も関係していたことがわかるが、それはさておき、右の第二行・第三行によって、盛家と職家が父子であることが確認できる。なお、第四行目の信女祚庭祐啓は、盛家の夫人とする

説もあるが、確実な証拠はない。(9)

つぎに天正十年壬午（一五八二）三月十日付の仁位郡仁位村天満宮上梁文(10)であるが、これには同宮のそれまでの修造の経緯の記述があり、そこに「初保郡主平朝臣宗信濃守満茂并嫡子宗信濃盛家、其嫡子宗民部少輔職家、其甥宗四郎盛家、謹勗之」という文言があるので、盛家は満茂の嫡子であり、職家はその盛家の嫡子であることがわかる。また職家の甥に宗四郎盛家なる者がいたことも知られるが、この宗四郎盛家は、大永三年癸未（一五二三）八月十日付の仁位郡仁位村天満宮上梁文(11)に、「平朝臣宗民部少輔職家、以甥子平朝臣宗四郎盛家相続奇躅矣」とあることから、おじの職家の家督をついだ者であることが知られる（宗四郎盛家の出自については本章第三節㈡参照）。ところで満茂の子の盛家（信濃守）は、前記の『海東諸国紀』対馬島、尼老郡の郡守宗盛家条によって、島主宗貞盛の女を妻にしていることがわかるが、これは仁位家と島主家とのその後の関係を考える上で、大変重要な事実であると思う。そして、これとちょうど対応するように、満茂の女で盛家（信濃守）の姉ないし妹に当る人物（法名即月大姉）が、貞盛の弟の盛国（法名順叟大居士）のところへ嫁していることも注目しておいてよいであろう（即月大姉をめぐる血縁・姻戚関係については本章第二節および第三節で詳述する）。この二つの婚姻が、その後の仁位家と島主家との間の様々な姻戚・血縁関係の基礎になっている。なお仁位家の盛家（信濃守）の夫人が島主貞盛の女であるとすれば、盛家の嫡子である職家の母親は、恐らくこの夫人であろうと思うが、そのことを直接示してくれる史料は見当らない。

宗四郎盛家

前述のごとく四郎盛家が職家の家督を継いだのなら、かれは、職家がつとめていた仁位郡主の職も継承したと考えるのが順当である。しかし、仁位郡に関して、職家の後をうけて盛家の名のある文書が、出てくるということはない。[12] ところが、仁位郡では職家の文書の見えなくなった後をちょうど受継ぐような形で、貞信なる人物が、永正三年(一五〇六)から同十一年にかけて、文書を出しているのが見られる。[13] そしてこの人物は、その発給文書の内容から見て、恐らく仁位郡の郡主であったと考えられる。この人物こそは、職家の家督を継いだという四郎盛家その人ではなかろうか。四郎盛家は、仁位郡主となるにあたって、自分の名が、前々代の仁位郡主信濃守盛家の名と同じであるところから、自分の名を貞信と改名したのではないかと思われる。

その後の仁位郡主

貞信の発給文書の終見は、前述のごとく永正十一年(一五一四)であるが、これ以降になると、仁位郡では、知行の宛行や公事の免除などが、大部分、島主の発給文書によって行なわれるようになる。勿論、その後も郡主発給文書は数多く存在するが、実は、そのほとんどが、加冠状ばかりという状態になってしまうのである。ところで、加冠状を発給して仮名や実名を賜与するという行為は、主従関係を具現化するための手続きではあるが、なにも郡主だけが、独占的に行なうと限ったものではない(同じ郡内で郡主以外の有力者が、加冠状を発給している例はいくらでもある)。仁位郡における、一五一〇年代以降のこのような状況にあっては、前述の第二の基準、すなわち発給文書でもって、郡主を確定するということは、ほとんど不可能になる。しかも、この時期になると、三浦の乱以降の朝鮮通交制度の大改革によって、朝鮮通交者の中に、対馬の諸郡の郡主の肩書を見出すことが困難になる。すなわち李朝実録の記事が、郡主の認定にはあまり役に立たなくなるという事情も加わってくるわけで、以後の仁位郡主歴代は、仁位郡関係の神社の上梁文の記事を手掛りにして考察する以外にはなくなる。

まず、天正十七年八月二十二日の日付を持つ仁位郡中村新霊社の上梁文[14]を示す。

（前略）恭惟、創建大檀越平朝臣宗信濃守満茂、為当郡主時、初作之、基孫平職家、修補焉、職家之後、平右衛門尉家茂修造、家茂後、平朝臣宗左馬之助盛親、企修造、其子有二男、兄曰盛家、弟曰康親、于再于三造栄云（ママ）、今又修造、檀越盛家之嫡孫平朝臣仁位民部少輔調豊〔興〕、為本郡主、仰冀、武運長久、子孫繁茂、福寿増長、（中略）

于時天正十七年己丑八月廿二日

大工梅野左馬允　宮司長久此間滅某謹誌

ここに見えるのは、仁位家の人々のうち、中村新霊社の普請にかかわった人物だけであるが、この社をはじめて作った仁位郡主宗信濃守満茂、その孫の職家、職家の後（前述のごとく職家には子がなく甥の四郎盛家に継がせたから、実際には四郎盛家の後ということであるが）に当る平右衛門尉家茂、家茂の後に当る左馬之助盛親、盛親の二子、すなわち兄の盛家と弟の康親、それと天正十七年（一五八九）の修造当時の仁位郡主として、兄盛家の方の嫡孫である民部少輔調豊の名が見える。ただし最後の調豊は、調興の誤写ではないかと思われる。というのは、仁位郡関係の文書を見ると、調豊という名で発給したものは一通もなく、ちょうど右の天正十七年をはさんだ前後の時期（元亀三年から慶長六年の間）に、調興の名前で発給した文書が数通存在するからである。[15]調豊すなわち調興であるとすれば、これは次に述べる仁位天満宮の天正十年度の普請の願主の一人として名の見える民部少輔調興と同一人物ということになる。

そこでつぎに、天正十年（一五八二）三月十日付の仁位天満宮上梁文である[16]が、そこには、このときの普請の願主名を、つぎのごとく記している。

大檀越国主平朝臣宗義調公、并平朝臣宗昭景公、郡主平朝臣仁位大和守調房、厥嫡子同民部少輔調興、

すなわち天正十年の仁位天満宮の普請では、仁位郡主の大和守調房とその嫡子の民部少輔調興のほか、宗義調（当時

は前島主）と島主宗昭景（のちの義智）が、願主となっている。

また、同じ仁位天満宮の元和五年（一六一九）十月付の上梁文(17)には、ときの普請の願主であった人々の名前を、次のごとく記している。

大檀越国主平朝臣宗義成公、保郡主調興、嫡子同民部少輔智信、

すなわち元和五年の普請では、郡主の調興とその嫡子民部少輔智信に加えて、ときの藩主宗義成も願主になっている。

また寛永十八年（一六四一）八月十三日付の同社の上梁文(18)では、ときの普請の願主の名前を、次のごとく記している。

大檀越国主平朝臣宗義成公、郡主仁位民部少輔智信、

すなわち前の元和五年のときは、郡主は調興であったが、この時は、その子の智信が郡主になっている。

以上、仁位中村新霊社の上梁文一通と仁位天満宮の上梁文三通によって、両社の普請の願主となった仁位家の人々の名前を見てきたが、この結果を、四郎盛家までの仁位家の関係者についての先の考察と合わせてまとめてみると、系図Ⅰ「仁位家系図」のようになる。

〔系図Ⅰ〕　仁位家系図

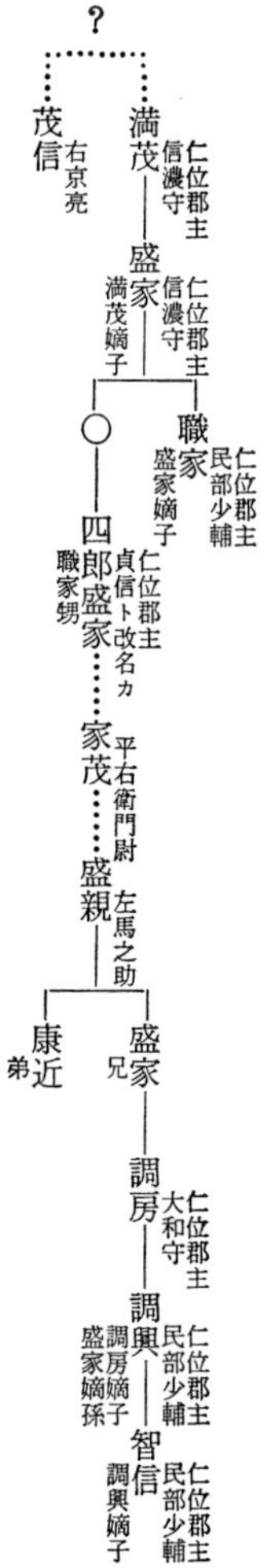

これによると四郎盛家以前の歴代と大和守調房以後の歴代は、いずれも仁位郡主であったことが確認できるが、その中間の時期の郡主名は確認できない（家茂・盛親・盛家らの名は見えるが、かれらが仁位郡主であったことは確認できないし、その系譜関係も一部点線で結んである部分が明確でない）。前述のごとく四郎盛家の発給文書の下限は、永正十一年（一五一四）であり、また大和守調房が仁位郡主として見えるのが、天正十年（一五八二）三月十日付の仁位天満宮上梁文であるので、中間の不明期間は、一五一四年以降約七十年ということになる。ところで、この期間には、仁位郡にとっても、また仁位家にとっても、画期的な出来事が起っている。それは島主宗盛長が、仁位郡を直轄支配し、仁位郡に郡主がいなかった時期があったということである。盛長の島主在職期間は、永正十七年（一五二〇）頃から大永六年（一五二六）までと考えられるが(19)、その間かれは、大永三年（一五二三）に、仁位天満宮の普請を行なっている。すなわち同年八月十日付の同社の上梁文(20)の末尾には、次のごとくある。

国主平朝臣宗彦次郎盛長再興之、敬勤修者也、仰冀門葉繁栄、武名発威略了、孫技〔枝〕隆々、寿筭得増長、寔大永三年癸未八月十日、代官山上出雲守長次、大工平山将監之允、宮司長久坊、亨檀命管城子、謹識焉、

これまでの仁位天満宮の修造は、先に見たごとく信濃守満茂、信濃守盛家、民部少輔職家、四郎盛家らの仁位郡主が願主となって行なってきていたが、右の大永三年度では「国主」すなわち島主の盛長だけが願主となっており、仁位郡主の名前はどこにも見えない。これは、どうしたことであろうか。当時、もし仁位郡に郡主が存在していたら、たとえ島主の盛長が願主になったとしても、郡主もまた、当然かれとともに願主として名をつらねた筈である。とすれば、少なくともこの当時は、仁位郡に郡主はいなかったと考えるべきであろう(21)。それでは仁位郡内の政務は、誰が担当していたかということになるが、これは島主盛長が、直接行なっていたと考えられる。盛長が島主として在任し

ていたと考えられる前述の期間、かれの発給文書が、全島にわたって分布しているのは言うまでもないが、その間、かれは仁位郡内へも多数の文書を発給して、公事免除や知行の宛行などを行なっている。(22)一方その期間、盛長以外のものが仁位郡内へ知行宛行その他、郡内の政務に関する文書を出している例は見当らない。これらのことから、盛長は島主として在任しながら同時に、仁位郡内の政務を直轄していたと考えられる。(23)なお、盛長以前の歴代島主、たとえば貞茂・貞盛・成職・貞国・材盛・義盛などは、いずれも寺院などごく特殊な例を除き、仁位郡内へ知行宛行や公事免除などの文書を出している例がない(この点、詳しくは第五章第五節で述べる)。このことから考えると、盛長の仁位郡に関する行為は、それまでの島主家の慣例を破ったものであるといえる。そこで盛長は、なぜこのようなことを敢えて行なったのかということになるが、それは本章第三節(二)で後述するごとく盛長が、実は仁位家の人であり、仁位家から出て島主になったという事情があったからであろうと思われる。この直轄支配は、仁位郡が盛長の故郷であるという特殊事情によるものであって、かれ一代に限ったものであったと思われる。なお、盛長が仁位郡を直轄支配していたといっても、恐らく代官のようなものは置いた筈である。それが誰であったかはよくわからないが、一つの推測として前記の大永三年の上梁文の終りの方に見える「代官山上出雲守長次」がそれに当るということも考えられよう。

以上のことから、仁位郡の歴史の中には、仁位家出身の島主盛長が、仁位郡を直轄支配していて、仁位郡に郡主がいなかった時期があることがわかる。ところで前述したところで、仁位郡主の肩書を確認できないとした家茂・盛親・盛家の三人であるが、このうち盛家は、天文十三年(一五四四)から永禄六年(一五六三)にかけて仁位郡内へ文書を多数出しており、(24)その中には知行安堵の文書や、島主よりの感状の副状、あるいは島主の知行宛行の施行状などがあって、(25)明らかに仁位郡内の政務を行なっていたことがわかるので、これを仁位郡主と認めても問題はない。かれが何時家督を継いだか、また何時隠居したか、あるいは何時死亡したかなど何もわからないので、郡主在任期間は正確には判らないが、恐らく、右の文書の分布期間にほぼ対応しているであろう。次に盛家の親の盛親であるが、かれの発給文書は、大永六年（一五二六）から天文九年（一五四〇）にかけて存在する。[26] しかし、それらの文書はいずれも加冠状ばかりであって、文書から郡主としての職務を確認することはできない。残る一人は家茂であるが、かれの場合は発給文書が一通も見当らない。しかし、前記の満茂から智信に至る系図の中でこの盛親と家茂の二人以外の仁位家の歴代が、すべて仁位郡主であったことが明白である以上、仁位郡主の職は、原則として仁位家の歴代が勤めてきたと考えてよいであろう。盛長が島主であった一時期のように特別なことがない限り、この二人も、仁位家の歴代として、それぞれ仁位郡主を勤めたと考えてよいであろう。そこで、かれらの仁位郡主としての在任期間であるが、盛親の場合は、その文書の分布年代（大永六年から天文九年）とほぼ対応する期間と推定することができる。しかし、家茂の場合は、盛親の在任期間より以前で、四郎盛家の在任期間よりも後ということが言えるだけで（勿論その間の島主盛長直轄時代は除外されるが）、結局いつごろであるかは、よくわからない。

第二節　宗満茂の周辺

すでに前節でも引用したが、天正十年三月十日付の仁位天満宮の上梁文には、「初保郡主平朝臣宗信濃守満茂公」という表現がある。これによってもわかるごとく、後世の仁位家では、信濃守満茂をその歴代のうちで、はじめて仁位郡主をつとめた人物としている。勿論これは、前節で考察した結果とも一致する。満茂は、言わば仁位家の祖ともいうべき人物である。ところでこの満茂が、実は賀茂の子であるらしいということは、すでに第三章で柚谷家の記録類の中にある仁位系図を参考にしながら述べたが、満茂をめぐるそれ以外の系譜関係、ことに満茂が、対馬宗氏全体の系譜関係の中で、一体どのようなところに位置しているのかということについては、これまでほとんど何も言及しなかった。しかし、これは対馬の歴史の中における仁位家の立場を考える上で、大変重要なことであるので、以下それについて補足しておく。

ところで、満茂をめぐる系譜関係を知ろうとする場合、もっとも有効なのは「順叟大居士即月大姉肖像賛并序」に出てくる即月大姉の血縁・姻戚関係を見ることである。というのはこの人物が、後述するように、実は信濃守満茂の女であるからで、彼女をめぐる血縁・姻戚関係をしらべることによって、逆に満茂の周辺がわかってくるということがあるからである。そこで順序は逆であるが、まず即月大姉の姻戚関係の方から見ていくことにする。「順叟大居士即月大姉肖像賛并序」では即月大姉の夫を「順叟大居士」ないしは単に「大居士」という法名で記すのみで、その俗名を記していないが、この人物は、俗名を宗盛国といった[27]。この盛国（すなわち順叟）の系譜関係については、この「賛并序」の文面に詳しいので、まずその関係部分を引用する。

（前略）其後妙意、其子宗慶彦次郎、（中略）有弟曰宗香、今之諸宗者厥後也、宗慶生善勝寺、讃州太守者其子也、讃州生三男、長謂貞盛、継其家業、家本州佐賀、其子成職、相継治国者十七年、無嗣、大居士乃讃州之次男、貞盛之寵弟也、（中略）其子今国主貞国公、以成職無嗣、合国推以称主、（下略）

右のうち、冒頭部分に見える妙意の俗名が、盛国であること、またその子に宗慶と宗香の兄弟がおり、兄の宗慶は俗名が経茂であること、さらにこの経茂の子が善勝寺公で、その子に讃州太守すなわち宗讃岐守貞茂がいること等については、すでに第二章第四節で簡単な説明がしてある。なお、ここに見える「善勝寺」というのは、貞茂の父ということから考えて、朝鮮史料に見える霊鑑に当る。(28)ところで右の記事によれば、「大居士」すなわち宗盛国は、宗貞茂（讃州）の三人の男子のうちの次男で、長兄は宗貞盛であり、そして盛国の子が宗貞国であるという。なお対馬島主の職は、貞茂の後、長兄の貞盛が継ぎ、さらに貞盛の子の成職がこれを継いだが、この成職に嗣子がなかったので、盛国の子の貞国が継いだという。すでに第一章第三節で述べたごとく、盛国は文安元年（一四四四）、三十八歳で肥前春日嶽で戦死したが、その子の貞国が島主になったことにより、島主の親としての栄誉を得たわけである。即月の夫の盛国（順叟）の血縁関係は大体以上のごとくであるが、次に即月の血縁関係を見てみよう。

まず、即月大姉は、宗盛家（満茂の嫡子で仁位郡主の信濃守盛家）と姉弟（または兄妹）の関係にあると考えられるのでその点について述べておく。それは朝鮮史料から言えることであるが、まず『海東諸国紀』対馬島沙愁浦条に、「上護軍宗盛吉、宗盛家弟」とあって、盛家の弟に盛吉なる者がいることがわかる。したがって、この盛吉もまた、盛家と同じく満茂の子と考えられる。ところで、『成宗実録』二十一年（一四九〇）正月癸亥（十日）条によれば、この盛吉のことを対馬島主宗貞国が、「臣之叔父」と呼んでいることが見えるので、盛吉は、貞国の父方の叔父か母方の叔父かのいずれかであるということになるが、この場合、父方ではない。というのは貞国の父盛国（順叟大居士）は貞茂の子であり、一方盛吉は満茂の子であるので、両者（盛国と盛吉）は兄弟とは考えられないからである。(29)とすれば、盛吉は、貞国の母方の叔父ということになる。ところで、貞国の母は次節で説明するごとく即月大姉であるから、盛吉は即月大姉と兄弟ということになる。したがって盛吉の兄である信濃守盛家もまた即月と兄弟の関係にあるということになる。そして、前述のごとく盛家の父は満茂であるから、盛家と兄弟の即月の父もまた満茂ということになる。

また即月大姉は、「順叟・即月肖像賛幷序」によれば、仁位郡主職家(信濃守盛家の子)の姨母で、宗香の「彦孫」ということである。姨母と言うのは、元来は母の姉妹のことであるが、この場合は、父(信濃守盛家)の姉妹をさして用いられていることになる。なお、即月は、宗香の「彦孫」ということであるので、即月と兄弟の盛家も同様に、宗香の「彦孫」ということになる。日本の親族呼称のなかに「彦孫」という呼称はないが、曽孫のことを、「ひこ」あるいは「ひこまご」などと言うので(30)、それを「彦孫」の文字で表記したものにちがいない。すなわち、即月や盛家は宗香の曽孫であるといえる。とすると盛家の父である満茂は、宗香の孫ということになる。

以上、即月大姉を中心にして、その姻戚関係を解明してきたが、前述のごとく、即月大姉は満茂の女であるので、それら諸関係はとりも直さず満茂をめぐる諸関係でもあるということになる。これらの諸関係の外にいま一つ、これはすでに前節で述べたところであるが、満茂の嫡子の盛家(信濃守)が、島主宗貞盛の女を迎えて妻としているという事実を加えれば、満茂をめぐる血縁姻戚関係は、ほぼ大要を尽したことになる。以上のところで明らかになった諸関係を系図Ⅱ「宗満茂をめぐる系譜関係」として示す。

〔系図Ⅱ〕 宗満茂をめぐる系譜関係

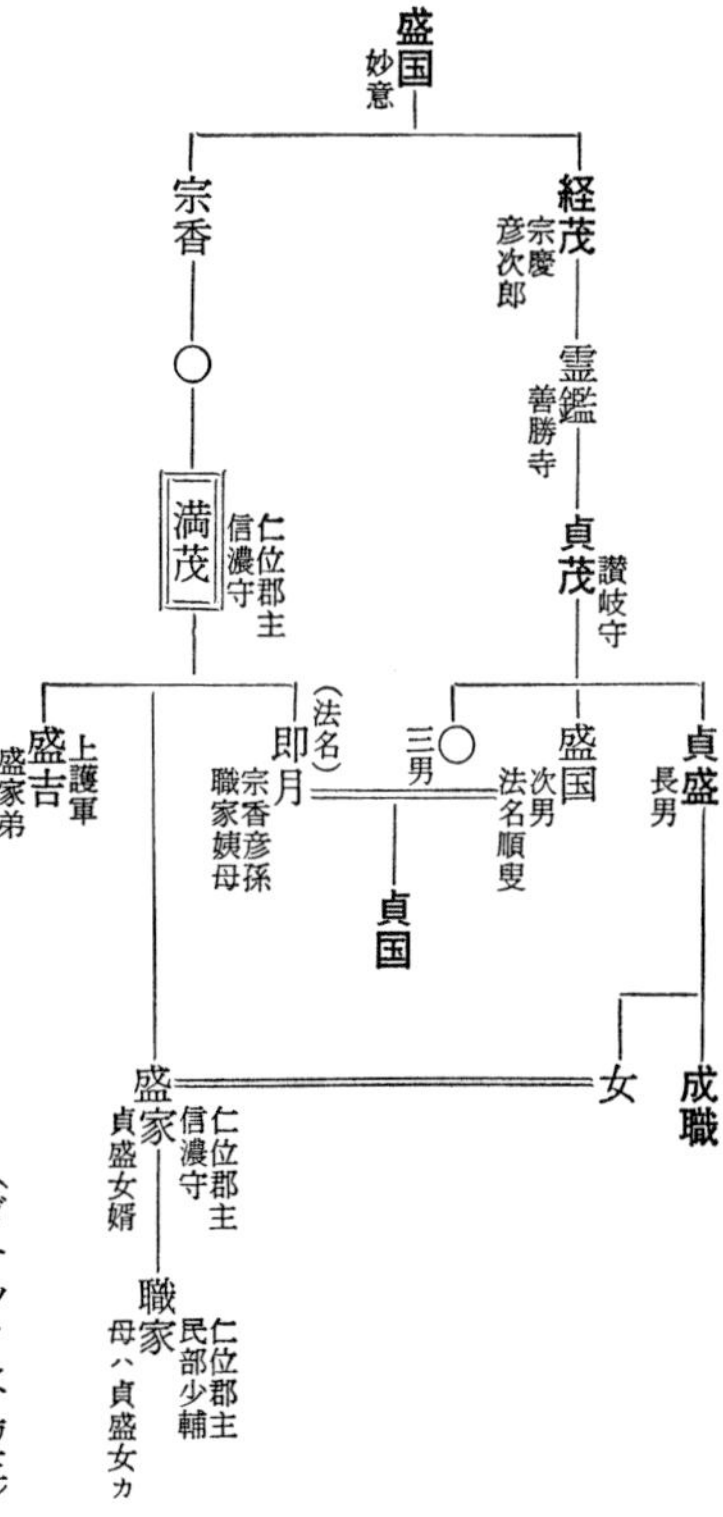

(ゴチックは島主)

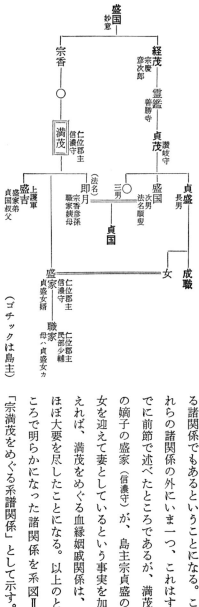

これによって、満茂が少なくとも宗香の孫であることだけは明確になったが、満茂の父の名は、依然として不明である。しかし、それは第三章第四節(一)で述べたような様々な状況から判断して、結局、応永八年に謀叛を起こした宗賀茂（賀茂は朝鮮史料にみえる名、日本史料に見える宗頼宣に当る）と考えるのが妥当である。

第三節　仁位家と血縁の島主たち――貞国・材盛・義盛・盛長――

これまでみたごとく、仁位家は、満茂以来代々仁位郡主をつとめ、島内有数の大勢力として、仁位の地で繁栄しつづけたが、同家をめぐる姻戚・血縁関係をこまかく見ていくと、仁位家は決して孤立しておらず、第一節・第二節ですでにその一端を紹介したごとく、島主家との間に様々な入りくんだ関係をつくりあげている。とくに十五世紀後半から十六世紀前半にかけての歴代の島主、すなわち貞国・材盛・義盛・盛長の四人が、いずれも仁位家と深い血縁関係にあったことは、注目しておいてよいであろう。これらの島主と仁位家との姻戚・血縁関係については、すでに『宗氏家譜』その他、江戸時代以来の対馬の諸書でもある程度言及してはいるが、それらは各種史料の取扱いにさいして、必ずしも厳密な史料批判の手続をふんでいない場合が少なくない。そこで以下においては、それら諸書の記述に依拠することなく、逐一、確実な史料にまでさかのぼって、これらの島主と仁位家との姻戚・血縁関係を再構築してみることにする。

㈠ 島主宗貞国とその母即月大姉

まず宗貞国であるが、かれの母は仁位家の満茂の息女の即月大姉（法名）であると考えられるので、その点について論証しておこう。即月大姉について記した史料は、すでにたびたび引用した「順叟大居士即月大姉肖像賛并序」であり、その全文は第一章第三節に載せた。その際、この「賛并序」は、当時の島主宗貞国の弟である国分寺住持崇睦がえがかせた、その両親（順叟大居士とその夫人即月大姉）の肖像に付されたもので、崇睦の請嘱によって僧仰之梵高が撰したものであることを述べておいたが、「賛并序」の原文を見ると「崇睦」という名前はどこにもなく、ただ「国分師」なるものが長い間の諸方遍歴の後、「数歳之前」（すなわち仰之梵高がこの「賛并序」を撰した文明九年より数年前）に帰島したので、国主が「国分精舎」を改建してそこに居らせたこと、またこの「国分師」が、画工に命じて大居士ならびに大姉の尊容をえがかせ、その賛詞の選述を、景徳庵（対馬峯郡佐賀）の仰之梵高に依頼したことが見えるだけである。この「国分師」が崇睦なる僧であることは、以下の論を進めるに先立って改めて説明しておかなければならないが、そのことを明示してくれるのが、成宗四年（文明五年・一四七三）に、対馬島主宗貞国が、朝鮮へ送った書に見える次の一節(31)である。

吾州本雖有国分精舎、茅屋簫然、不足儔于余州、実可慙羞、臣之令弟崇睦上人、蚤歳棄俗入仏、遊方参禅者十数年、前歳臘月、偶来帰、一拝先人之墳墓、而又欲逃去、臣於玆相地旅幽絶之処、夷其険隘、改造国分精舎、而宏其規模、凡叢社之可有者、已成其一二、因而命睦公俾住之、

ここに見える「崇睦上人」なる人物は、島主宗貞国の弟であるという。かれは若くして仏門に入り、諸方遍歴のの

ち、「前歳臘月」すなわち文明四年の十二月に対馬へ帰ったので、宗貞国が「国分精舎」を「改造」して、そこに落着かせたという。これはまぎれもなく「賛并序」にいう「国分師」の経歴そのもので、国分師は宗貞国の弟崇睦であるということになる。(32) ところで第二節でのべたごとく、貞国の父は、順叟大居士（盛国）である。従って、貞国の弟である崇睦（国分師）にとっても、順叟は父であるということになる。また、成宗七年（文明八・一四七六）、朝鮮から対馬へ宣慰使として赴いた金自貞の復命報告によれば、「崇睦即島主同母弟也」とあって、(33) 島主すなわち貞国と崇睦は、母をも同じくする兄弟であることがわかる。ということであれば貞国・崇睦兄弟の父である順叟大居士（盛国）の夫人即月大姉は、当然かれらの母親であろうと推測されるが、ただ、この母子関係を明言した文言は、「賛并序」にも、その他の史料にも見当らない。しかし、「賛并序」の原文を一読すれば、すぐ気付くことであるが、文章の内容は、この夫妻の行実そのものを記すということよりは、むしろ夫妻それぞれの先祖からの系譜関係を記述するのに重点を置いている。貞国・崇睦兄弟にとって、親の系譜関係についての文章を撰述させるということは、とりもなおさず、自分達の先祖からの系譜を、内外に向って公示することでもある。ことに島主貞国にとっては、規模こそ小さいが、いわば島主家の公式な歴史の編纂とも言うべき行為である。しかも、そのような「賛并序」を付した順叟・即月の肖像画が、貞国の肝煎りで再建された国分寺に安置され、実弟崇睦の手によって「常住供養」されるというに至っては、一層そういう色彩が強くなる。「賛并序」が持っているこのような側面を考慮するならば、順叟の系譜は言うに及ばず、即月の系譜もまた、島主宗貞国自身の（したがってまた崇睦自身の）先祖の系譜の一部になるが故に、そこに記述されていると理解しておいてよいのではなかろうか。もし即月が、島主貞国らの実母でないとすれば、かかる者の先祖の系譜が、わざわざ「賛并序」に書きこまれることもあるまいと思われる。仰之梵高は、順叟の行実と順叟・即月両人それぞれの先祖の系譜を書き終えた末尾を「所謂、同姓一家、実万世太平之洪基也」という文言で結んでいる。これは、かたや島主家の順叟（盛国）と、かたや仁位宗氏の即月との結びつきが、ともに宗氏を名乗るもの同士による一家を構成し、それが宗氏全体の将来の泰平のいしずえとなったとたたえるもので、貞国・崇睦の兄弟が、順叟・即月夫婦の実の子であるという状況においてこそ、賀詞としての意味を持ちうる文言である。即月は貞国・崇睦兄弟の実の母であると考えて間違いあるまい。

(二) 島主材盛・義盛・盛長と仁位家

対馬宗家の江戸の菩提寺養玉院に所蔵されている宗晴康の肖像には、対馬国府西山寺の僧方室宗諸が、永禄五年（一五六二）に撰述した「桃林宗春大居士寿像賛并序」と題する画賛がある。[34] 選述の日付は「永禄五年壬戌十二月上澣」となっている。ここにいう桃林宗春大居士とは宗晴康のことで、宗義調の父であり、その前代の島主である。この肖像は、宗義調が画工に命じてえがかせたもので、賛文もまた、義調が、方室宗諸に依頼してつくらせたものである。文中に、方室宗諸が記しているところによれば、宗義調の依頼の趣旨は、先に仰之梵高が作った「順叟大居士即月大姉肖像賛并序」によって、宗貞国以前の「宗家譜系」は、すでに明らかになっているが、それ以後のことが詳らかでないので、それをこの際、まとめた形で賛詞をつくってほしいということであったという。このことは、当時「順叟大居士即月大姉肖像賛并序」が、単に盛国（順叟）とその夫人の行実の記述としてだけでなく、宗貞国以前の「宗家譜系」、いわば宗貞国にいたるまでの宗家の歴史全体の叙述として、うけとられていたことを示すもので、先に即月大姉と貞国との母子関係の考察に関連して述べたところと合わせ考えて興味深い。宗義調の右のような依頼の趣旨にそってつくられた、この「桃林宗春大居士寿像賛并序」は、先の「順叟大居士即月大姉肖像賛并序」の記述に続く時期の宗氏の系譜を知るための貴重な史料である。いまその中から、貞国以下の島主の継承を記した部分を引用すれば、次のごとくである。

貞国之嗣曰材盛、材盛之嗣曰義盛、義盛無胤嗣、故以姪盛長為嗣、盛長亦無嗣、以盛弘之息将盛為嗣、（下略）

これによれば、貞国、材盛、義盛の歴代は、順次親から子へ世襲して島主になったが、義盛には嗣子がなかったので、姪（甥に同じ）の盛長をして島主を継がしめたという。ところが、この盛長もまた、嗣子がなくて、盛弘の息子の将盛が、後を継いだという。[35]本節の冒頭でも述べたごとく、これら歴代島主のうち、貞国・材盛・義盛・盛長の四代が、とくに仁位家との関係が深いので、以下その点について考察するが、貞国については、その母が仁位家出身の即月であることをすでに述べたので、ここでは省略する。

そこで次に、貞国の子の材盛であるが、かれは初名を盛貞といい、長享三年（一四八九）四月から延徳三年（一四九一）八月の間に、材盛と改名している。[36]盛貞はすでに、父貞国在職中の文明六年（一四七四）以降、島政に関する文書を出している。[37]これは、島主貞国の後継者としての活動であると考えられる。一方、朝鮮側の史料を見ると、貞国の後継者としては、貞秀なる名前の人物が出ている。すなわち『海東諸国紀』対馬島古于浦条には、貞秀について次のごとき記事が見える。

宗貞秀

貞国長子、与貞国同居、丁亥年遣使来朝、書称対馬州平朝臣貞秀、（下略）

すなわち貞秀は、貞国の長子で、貞国と同居している者として朝鮮では知られており、丁亥年（一四六七年・世祖十三年・応仁元年）以来、朝鮮へ遣使しているという。そして李朝実録で見るかぎり、貞秀の名義による遣使は、燕山君元年（一四九五）三月まで続いている。[38] また、成宗七年（一四七五）に朝鮮から来島した対馬島宣慰使金自貞に対して、島主貞国は、自分は老いたので、子の貞秀に島主の職を継がせようと思うということも言っている。[39] すなわち貞国の後継者は、国内的には盛貞であったが、朝鮮側では貞秀であったということになる。しかし実は、この両者は、次のことからわかるごとく同一人である。まず、盛貞の方であるが、文明八年（一四七六）十二月日付の府中正八幡宮上梁文に、「大檀越当州主平朝臣宗刑部少輔貞国・子息宗彦七盛貞等」云々とあって、盛貞は島主貞国の子息で、「彦七」ともいっていたことが見える。[40] 一方朝鮮史料に見える貞秀であるが、これも同じく「彦七」を冠して、「宗彦七貞秀」と名乗って通交している例が多い。[41] かたや盛貞、かたや貞秀と、名前は異なるが、共に「彦七」を冠し、しかも貞国の子であるこの両者は、同一人であると考えてよいであろう。国内と朝鮮向けとで、名前をつかいわけている理由は、よくわからないが、この頃には他にも同じような例がある。[42]

ところで、成宗七年（一四七六）に朝鮮から対馬へ赴いた宣慰使金自貞の復命報告には、「宗職家領兵百余、賷酒餞来慰、贈人情、職家乃島主子貞秀妻兄也」[43] とあって、貞秀（対馬側での名前は盛貞）は、職家の妹を妻としていたことがわかる。すなわち盛貞（後の材盛）もまた、仁位家の当主職家の妹（その父は盛家）を、妻に迎えていたのである。盛貞すなわち島主材盛は、貞国の子であるので、その祖母は、仁位家の即月（満茂女、盛家の姉か妹）ということになり、その妻もまた、このように仁位家の女である。

次に材盛（初名盛貞）の子で、材盛の次の島主になった義盛であるが、かれの母親は、仁位家の職家の妹（父は盛家）と考えられるので、その点について述べよう。義盛は、初名を盛順といった。盛順発給文書は延徳四年（一四九二）六月七日付を初見とし、(44)以後何通か見られる。そして永正六年（一五〇九）八月から同七年八月の間に、盛順を義盛と改名している。(45)なお盛順もまた、前述の貞秀、すなわちかれの父材盛（初名盛貞）の場合と同様、朝鮮へ使人を送る際に彦七を冠して、「宗彦七盛順」といっていた。(46)彦七という小字は、材盛の父の貞国も、その父の盛国（順叟大居士）も用いており、(47)恐らく盛国の系統において、嫡子を表す象徴として用いられたのであろう。ところで、文亀二年壬戌（一五〇二）三月二十七日付府中正八幡宮上梁文(48)には、願主名を次のように記している。

大檀那平朝臣宗右馬刑部少輔材盛、并嫡子宗右馬彦七、次男宗右馬四郎盛家、

これによって、材盛の嫡子に宗右馬彦七、次男に宗右馬四郎盛家がいたことがわかる。右馬彦七の方は、実名を記していないが、嫡子とあるところから見て、のちに材盛の後をついで島主になった盛順（後の義盛）であると思われる。なお、すでに前述したが、盛順が朝鮮通交にさいして、「彦七」を称していたことも、この推測を助けてくれる。ところで、右の府中正八幡宮上梁文に見える島主材盛のいま一人の息子、すなわち次男の宗右馬四郎盛家であるが、この人物はすでに本章第一節で見たごとく、仁位郡主職家の甥であり、その後を継いで仁位郡主になった人物である。このことと、島主材盛の妻が職家の妹であるという前述の事実（金自貞の帰朝報告に見える）とを合わせ考えると、四郎盛家の母は、島主材盛のところへ嫁した仁位郡主職家の妹であるということがわかる。そこで次に、嫡子盛順（右馬彦七）の方であるが、かれの場合は次男の四郎盛家の場合のように、その母を特定する確実な史料はない。しかし、島主材盛のところへ行っている仁位郡主職家の妹というのは、当時の仁位家の勢力や格式から見て、よもや正妻でないということはありえないであろうから、材盛の「嫡子」という立場にある盛順（右馬彦七）は、まずこの人の子であると見て間違いなかろう。ただし材盛が、職家の妹である夫人を娶る以前に、すでに別の夫人を娶っていたことでもあった

とすれば、それが盛順の母親であるという可能性もなくはないが、史料の上では、そういう所見はまったくないので、一応、嫡子の盛順（のちの義盛）も、次男四郎盛家と同じく、その母は、仁位郡主職家の妹であると考えておく。

最後に盛長であるが、かれは、先に「桃林宗春大居士肖像賛并序」の記事でみたごとく、義盛（初名盛順）の甥である。盛長の親が誰であるかを明記した確かな史料はないが、先に文亀二年の府中正八幡宮上梁文でみたごとく、義盛には弟の右馬四郎盛家がおり、これが盛長の父ではないかと思われる。ただし、義盛には四郎盛家の外に兄弟姉妹がいなかったとは断言できないので、盛長は、あるいは四郎盛家以外の兄弟姉妹の子である可能性がなくもない。しかし盛長の菩提寺には、仁位氏の本拠である仁位の東泉寺があてられており(49)、このことは、盛長が仁位の地と関係のある立場にあったことを思わせる。これを状況的な証拠といえばそれまでであるが、このことからみても、盛長は、島主材盛の次男で仁位家へ養子した四郎盛家の子としても良いのではなかろうか。とすれば、盛長は仁位家から出た島主ということになる。以上縷々考察した、貞国から盛長までの歴代島主と仁位家との関係を要約すると、表Ⅰ「島主と仁位家との血縁関係」のようになる。

表Ⅰ　島主と仁位家との血縁関係

島主名	仁位家との関係
貞国	母が仁位家の即月大姉（仁位家の満茂の女、盛家の姉妹）
材盛	祖母が仁位家の即月大姉、妻が仁位家の職家の妹（盛家の女）
義盛	母が恐らく仁位家の職家の妹
盛長	父が恐らく宗四郎盛家（島主材盛と仁位家の職家の妹との間の子）である。すなわち祖母が仁位家の職家の妹で、父は仁位家の養子であるから盛長は仁位家から出た島主といえる。

このように十五世紀後半から十六世紀前半にかけての貞国・材盛・義盛・盛長の四代の島主はいずれも仁位家と濃い血縁・姻戚関係にあったことがわかる。そこで最後に、本節で考察した系譜関係を、系図Ⅲ「仁位家血縁の島主」にまとめておく。

仁位家と島主家とのこのような入りくんだ関係を見

てみると、前章で考察した賀茂の叛が、単に仁位家の先祖だけに関係した事柄だけにとどまらず、島主家をもふくめた対馬宗氏全体の過去にかかわる大問題であった理由がよくわかるであろう。なお仁位家と島主家とのこのような関係が、当時の対馬の政治情勢の展開にどのようにかかわりあっていたかについては次章で言及する。

〔系図Ⅲ〕　仁位家血縁の島主（□内が仁位家血縁の島主　＝は養子）

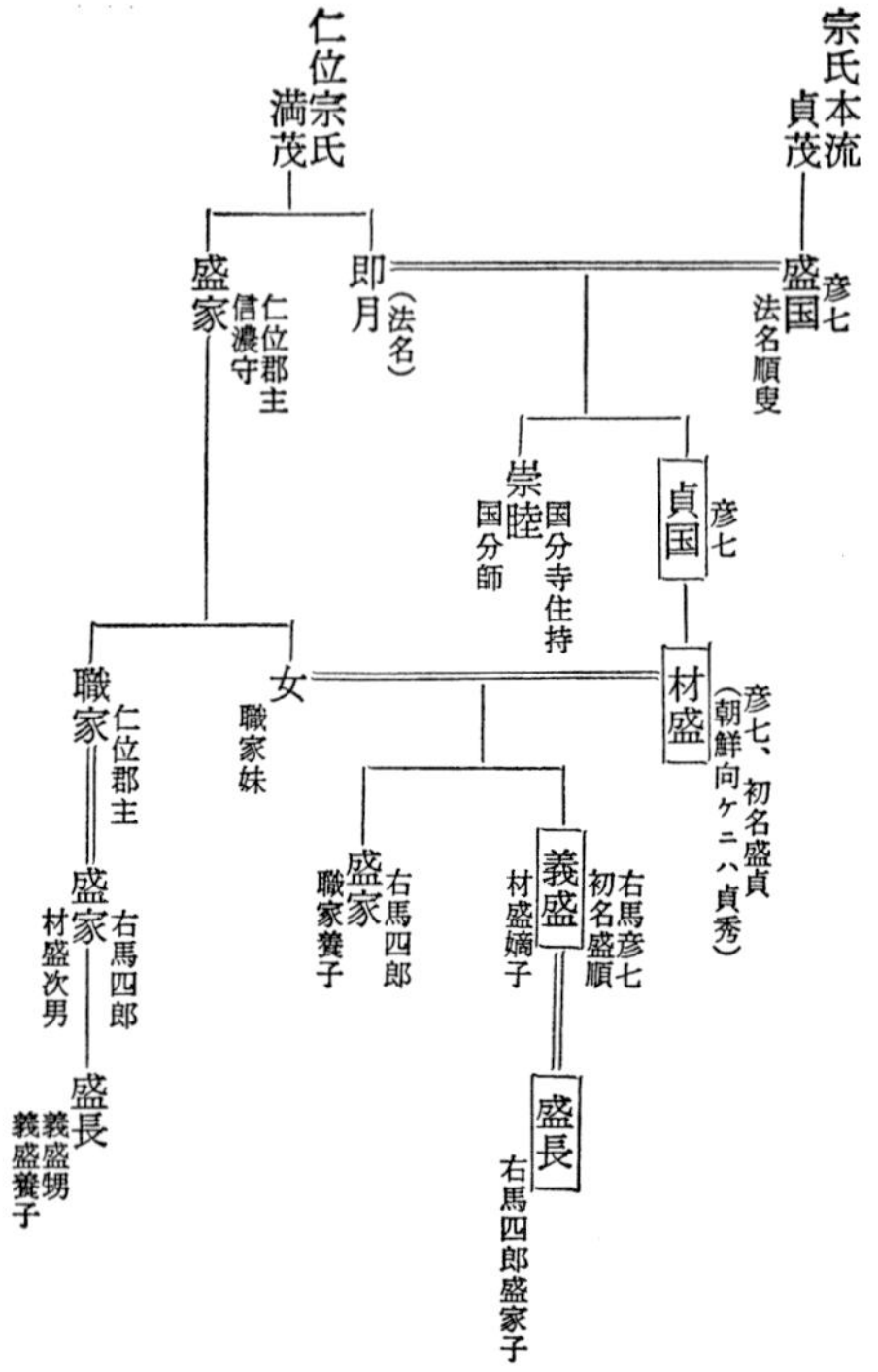

注

（1）長崎県下県郡豊玉町仁位長岡公氏所蔵文書・同所山上睦氏所蔵文書・『享保八年仁位郷給人寺社足軽百姓御判物写』唐洲村給人阿比留市右衛門所持分・同大綱村百姓伊三郎所持分。

（2）『世宗実録』元年二月甲辰（二十九日）条。

（3）『神社棟札写』所収。

（4）満茂が仁位郡のことに関して発給した文書の初見は、応永二十五年二月一日付清玄寺塞拙和尚宛寄進状（『享保八年仁位郷給人寺社足軽百姓御判物写』仁位村清玄寺所持分）であり、終見は、永享六年三月日付宗彦三郎宛書下（『享禄年迄馬廻御判物帳』仁位久兵衛所持分）である。なお、享徳四年（一四五五）にも、満茂から宗彦三郎に宛てた文書がある（出典は前に同じ）が、これは満茂の家と宗彦三郎の家との親類づきあいに関して記したもので、満茂が仁位郡主の立場で発給したものとは言えない。

（5）永享八年九月二十四日付梅野左衛門五郎宛宗盛家安堵状（『享保八年仁位郷給人寺社足軽百姓御判物写』曽村足軽与右衛門所持分）・応仁三年六月十三日付太郎四郎・兵衛五郎宛玄心（宗盛家）宛行状（同上書、曽村給人梅野作右衛門所持分）。なお、宗信濃守盛家は、晩年出家して法名を玄心といった。

（6）応仁三年十月二十二日付旧仁位清玄寺鐘々銘。

（7）文明二年八月廿日付職家宛行状（『享保八年仁位郷給人寺社足軽百姓御判物写』仁位村山上平兵衛所持分）・文亀二年正月日付妙幢寺宛職家寄進状（同上書、妙幢寺所持分）。なお、職家発給文書として、対馬諸家に伝存するものや近世の判物書上げの際に記録されたものの中には、かなり多くの偽文書が含まれている。上記の文亀二年のもの以後にも偽文書と考えられる職家名義の文書が数通ある。その一通ずつについてのべるのは煩雑であるので省くが、一例をあげれば、永正十九年極月二日付で阿比留新左衛門宛の職家加冠状がある（同上書、佐保村百姓勘兵衛所持分）。これは加冠状にはふさわしくない文言があり、また永正十九年（一五二二）十二月付であるが、すでに前年の八月に大永と改元されて、対馬でも翌年（一五二二）のこの年からは大永年号を用いており、このように年末に至っても永正年号を用いているのは異例である。また花押も転写のさいの誤りということもあるかも知れないが、他の職家のそれとは全く異なり、この文書は偽文書と考えられる。

（8）大永三年癸未八月十日付仁位郡仁位村天満宮上梁文（『神社棟札写』所収）。

（9）旧仁位清玄寺鐘の銘文に見える祚庭祐啓信女は、仁位郡主信濃守盛家やその子息職家と並んで記されていることからみて、恐らく仁位家の縁者であることは間違いなかろう。立花氏清は、『宗氏家譜略』で、これを島主の宗貞盛の三女で、信濃守盛家の夫人となった人物であるとする（同書「御庶子略系」条）。なるほど、貞盛の女が、盛家の夫人であることは、『海東諸国紀』尼老郡の郡守宗盛家条にみえるが、この人物が、祚庭祐啓という法名であったことを示す確実な史料は見当らない。なお、銘文で祚庭祐啓の名が、職家の次に並べて書かれていることからみて、職家の姉妹、ないしは夫人ということも想定されないではないが、確かなことはわからない。

(10)　注(3)に同じ。
(11)　注(3)に同じ。
(12)　ただし、職家がまだ仁位郡主在職中と考えられる明応三年（一四九四）十一月十五日付で、盛家名義で出された二通の文書があるが（一）『享保八年仁位郷給人寺社足軽百姓御判物写』仁位村山上半兵衛所持。（二）下県郡豊玉町仁位松尾熊介氏所蔵文書）、ともに偽文書である。二通とも官途状であって（一）は出雲守（二）は雅楽之助の授与）、盛家が仁位郡主の後継者であるとしても、島主以外のかかる立場の者が島人に官職を与えるということはおかしいからである。しかもそのうちの一通（一）では、盛家の花押として、すでに一四七六年以前に死去した宗信濃守盛家（『成宗実録』七年（一四七六）七月丁卯（二十六日）条）のものを書いており、後世の偽作であることまちがいない。なお（二）文書の盛家の花押は、他にみられない独特の形をしている。
(13)　長崎県下県郡豊玉町唐洲、阿比留政信氏所蔵文書ほか。なお応永四年（一三九七）正月十日付の貞信安堵状があり（豊玉町仁位、仁位信義氏所蔵文書）、花押は他の貞信のものと同様であるが、年代からみて偽文書であろう。
(14)　注(3)に同じ。
(15)　元亀三年卯月三日付青木喜四郎宛調興加冠状（『享保八年仁位郷給人寺社足軽百姓御判物写』唐洲村給人青木喜佐衛門所持分）・天正七年極月八日付山上采女宛調興所領注文（同上書、仁位村山上半兵衛所持分）・慶長六年十二月二十九日付秦弥吉宛調興名字状（同上書、田村百姓吉郎左衛門所持分）ほか。
(16)　注(3)に同じ。
(17)　注(3)に同じ。
(18)　注(3)に同じ。
(19)　宗盛長の発給文書は、永正八年（一五一一）を初見とし（同年十一月十一日付惣宮司宛の公事免状、貞享四年宗家判物写『社家』藤勘之允所持分所収）、大永六年（一五二六）まで存在する（同年三月十一日付阿比留太郎左衛門尉宛の宛行状、『享保八年三根郷給人寺社足軽百姓御代々御判物写』佐賀村百姓長兵衛所持分所収）。なお、その分布は、全島にわたっている。ただし、永正十七年（一五二〇）八月までは、盛長の前代の島主義盛の発給文書が存在する（同年八月十七日付宗神九郎宛の名字状、『享保八年豊崎郷給人寺社足軽百姓御判物写帳』坂本久内所持分）ので盛長の島主就任はその頃から後ということになる。なお『宗氏家譜』など近世の所伝では、盛長は永正十七年に就職し、大永六年十月に自尽して果てたということになっている（享保本『宗氏家譜』遺事、東泉寺公遺事）。

(20) 注(3)に同じ。

(21) 仁位郡仁位村天満宮の修造を、島主だけが願主になって行なったというのは、大永三年度の島主宗盛長の事例がはじめてであり、また唯一である。しかしその後これが先例となったものか、大永三年に次いで古い、天正十年三月十日付の同社の上梁文でも、時の島主宗昭景（後の義智）が願主になっている。ただし、この場合は島主単独ではなく、仁位郡主の仁位大和守調房らも願主となっている。そしてこのように、島主が郡主とともに修造の願主となるというやり方は、同社のその後の修造のさいに慣例となっている。このような経過から考えると、島主だけが願主であった大永三年度の修造というのは、郡主が存在しないという特殊な状況において行なわれたものと考えるのが自然であろう。

(22) 長崎県下県郡豊玉町卯麦国分八郎太郎氏所蔵文書・『享保八年仁位郷給人寺社足軽百姓御判物写』。

(23) 独自の郡主を置かず、島主が郡を直轄支配することは、他郡においては、すでに早くから行なわれている。『海東諸国紀』には、双古（佐護）・美女（三根）・要羅（与良）三郡の郡主について、「島主自守」としており、実際この三郡に関しては、十五世紀の初め頃以降、郡主と考えられる者の発給した文書は見当らない。

(24) 盛家発給文書の初見は、次の注(25)の㈠文書、終見は、㈢文書である。

(25) ㈠天文十三年卯月五日付波多野彦四郎宛盛家安堵状（延宝二年宗家判物写『仁位郡』大津奈村平山加左衛門分）・㈡永禄三年二月廿二日付梅野百徳丸宛盛家副状（『延宝二年御判形之写　町中』梅野長右衛門所持分）・㈢永禄六年十一月廿二日付青木木工之允宛盛家施行状（『享保八年仁位郷給人寺社足軽百姓御判物写』唐洲村給人青木喜左衛門所持分）ほか。

(26) 大永六年十一月十五日付山上神三郎宛盛親加冠状（『享保八年仁位郷給人寺社足軽百姓御判物写』仁位村山上半兵衛所持分）・天文九年十一月十九日付甚衛門太郎宛盛親加冠状（同上書、大綱村百姓喜太郎所持分）ほか。

(27) 第一章注(37)参照。

(28) 『定宗実録』二年四月癸丑（十八日）条に、「対馬島守刑部少輔宗貞茂使人、献馬十四、其父沙彌靈鑑、亦献馬六匹」とあ

り、宗貞茂の父は、法名を霊鑑といったことがわかる。また、『海東諸国紀』にも貞茂の父を霊鑑としている（『同書』対馬島条および卦老郡、郡守宗茂秀条）。なお、貞茂と霊鑑との関係については、第三章第一節、参照。

(29) もっとも盛国の父が貞茂で、盛吉の父が満茂であっても、盛国と盛吉の母が同一人であれば、盛国と盛吉は異父兄弟ということになる。しかしその場合、盛国・盛吉の母は、一度島主貞茂に嫁して盛国をもうけて後、仁位郡主満茂に改嫁して盛吉をもうけたことになるが（あるいはその逆の順序）、そのようなことは、まずありえないと考えられるので、かかる関係を想定する必要はなかろう。

(30) 『邦訳日葡辞書』ではFicoの項で、これを曽孫と説明している。これは仰之梵高が「順叟大居士即月大姉肖像賛并序」を誌した文明九年に比較的近い時期の例であるが、一方現代方言では、「ひこまご」を曽孫の意味で使っている例が、千葉県山武郡、長野県南佐久郡、熊本県南関など各地にある（小学館『日本国語大辞典』「ひこまご」の項）。

(31) 『成宗実録』四年五月戊午（二十八日）条。

(32) 「順叟大居士即月大姉肖像賛并序」を載せる『津島叢書』の諸写本のうち、筆者が底本とした『反故廼裏見』所収本では、「国分師」について、「国主之治□国分師」とするが、雨森芳洲文庫所蔵本に、「国主之次□国分師」とする方が正しくて、「次」の下の欠字は「弟」ではないかと思われる。

(33) 『成宗実録』七年七月丁卯（二十六日）条の対馬島宣慰使金自貞馳啓のうちの五月十四日に関する記事。

(34) 「桃林宗春大居士壽像賛并序」は、宗家の菩提寺養玉院（東京都品川区西大井五―二五―二二）所蔵の宗晴康の肖像に付されているものであるが、その文章だけは、唐坊長秋編の『津島叢書』にも収めている。また、右の宗晴康の肖像については、平田寛「対馬壱岐の絵画」（『仏教芸術』第九五号、一九七四年四月）に解説がある。

(35) 盛弘は、貞国の異母兄で貞国が島主となった後をうけて豊崎郡主となった宗盛俊の子である。

(36) 盛貞と材盛が同一人であることは、両者の花押の一致による。盛貞発給文書の終見は、長享三年卯月廿三日付嶋井鬼松丸宛加冠状（『享保八年三根郷給人寺社足軽百姓御代々御判物写』志多賀村百姓庄之介所持分）であり、材盛発給文書の初見は、延徳三年八月五日付小宮四郎宛加冠状（延宝二年宗家判物写『伊奈郡』瀬田村小宮弥三左衛門所持分）であるので、盛貞から材盛への改名はこの間である。なお、『宗氏家譜』などによれば、この改名は将軍足利義材から「材」字を賜わったことによると言うが、その通りであろう。

(37) 文明六年三月六日付永泉寺宛盛貞公事免状（延宝二年宗家判物写『酘豆郡』酘豆村永泉寺所持分）・文明八年卯月七日付金剛院智蔵宛盛貞安堵状（同上書、金剛院所持分）ほか。

(38) 『燕山君日記』元年三月乙酉（二日）条。

(39) 『成宗実録』七年七月丁卯（二十六日）条の対馬島宣慰使金自貞馳啓のうちの五月十九日に関する記事。

(40) 注(3)に同じ。

(41) 『成宗実録』十年三月戊寅（二十二日）・十一年三月丁亥（七日）条ほか。

(42) 国内と朝鮮むけとで名前を使い分けている例をあげれば、三浦の乱の首謀者として朝鮮史料にみえる宗盛親が、実は、当時の日本側史料に、宗国親の名で見える人物であるという例がある（中村栄孝氏の研究による。同氏著『日鮮関係史の研究』上、七二〇頁註2）。

(43) 『成宗実録』七年七月丁卯（二十六日）条の対馬島宣慰使金自貞馳啓中の六月十日に関する記事。

(44) 延徳四年六月七日嶋山彦九郎宛盛順名字宛行状（『享禄年迄馬廻御判物帳』嶋雄八左衛門所持分）。

(45) 盛順と義盛が同一人であることは、花押の一致による。盛順発給文書の終見は、永正六年八月十日付宗孫六宛官途吹挙状（『享禄年迄馬廻御判物帳』吉賀兵右衛門所持分）であり、義盛発給文書の初見は、同七年八月十六日付阿比留彦房丸宛加冠状（『享保八年三根郷給人寺社足軽百姓御代々御判物写』三根村百姓善六所持分）であるので、盛順から義盛への改名は、この間である。なお、『宗氏家譜』等では、この改名を将軍足利義尹から「義」字を許されたことによるとしているが、その通りであろう。ただし、盛順という名は、義盛と改名した後も朝鮮向けには終生使い続けた。これは改名という行為が、朝鮮側で理解されにくいので、そのまま旧名で押し通したということであろう。

(46) 『燕山君日記』二年十二月己亥（二十六日）・五年七月壬戌（四日）条ほか。

(47) 朝鮮へ使者を送る際に、貞国は「宗彦七貞国」と称しており（『文宗実録』元年六月丁丑（十日）・『端宗実録』三年四月癸巳（十八日）条ほか）、盛国は「宗彦七盛国」と称している（『世宗実録』十年二月戊寅（二十六日）・十二年五月丁卯（二十八日）条ほか）。

(48)　注(3)に同じ。

(49)　『宝永六年府内田舎寺社所持之御判物并執権ヶ之奉書之写、附御判物頂戴仕度之旨願出候書付之写』中の「御判物頂戴仕度之由願出候書付左記之」の部に左のごとくある。

仁位村浄光山東泉寺

東泉寺殿月浦宗蔵大禅定門

右宗彦次郎盛長公御位牌　大永六丙戌歳十月十日

東泉寺殿御影有之（下略）

これによって、少なくとも宝永六年（一七〇九）には、東泉寺が、盛長の菩提寺となっていることがわかる。なお、『津島紀事』（一八〇九年、平山棐著）でも、仁位の東泉寺を盛長の菩提寺としている。

第五章　宗氏領国支配の発展と朝鮮関係諸権益

宗氏本宗（南北朝期の島主経茂の後）と仁位中村宗氏（経茂の弟宗香の後）系統の諸氏との対立関係が大変に根の深いものであることは、前章までの説明でほぼ理解されるであろう。この対立関係は第一義的には対馬の内政問題であるが、実は単に内政問題としてだけ終始したのではなく、対馬が朝鮮との間に展開した対外交渉のあり方にも大きな影響を及ぼしていることを見落してはならない。中世の日本と朝鮮との関係史についての研究は通交制度の沿革に関しては、比較的進んでおり、対馬の朝鮮通交についても対馬島主の書契や文引による通交者統制策、受図書や受職、あるいは歳遣船定約の制度による統制策、さらには孤草島釣魚禁約のことなど様々な面に関しての先学の業績があるが、それらの研究はいずれも、このような様々な方策による通交制度整備の動機を、もっぱら朝鮮側の統制強化への強い希求という角度だけから理解しようとしているようである。しかしそれら様々な統制策が、安定した通交制度として確立しえた背景には、それら統制策を受け入れることを、政策として選択して行なった対馬側の意志があったことも忘れてはならない。本章では、主にこの点に注目して各種通交制度成立の過程における、対馬島主の対朝鮮交渉に、対馬の内部事情がどのような影響を与えているかを解明することにする。結論を先に言えば、島主の一円支配強化に様々な形で抵抗した仁位中村宗氏をはじめとする諸勢力の圧力が対馬島主をして、朝鮮側の統制策に積極的に協力をさせる動機になっているといえる。宗貞茂以降、貞盛、成職、貞国の歴代島主は、島内一円支配確立のために朝鮮通交上の諸制度をきわめて有効に利用している。かれらは朝鮮側の通交統制強化にたくみに便乗して島主権力の強化を図っているともいえるのである。

第一節　島主の書契——朝鮮通交権(一)——

高麗末期から李朝初期にかけて、対馬は、壱岐や松浦地方と並んで、朝鮮側から倭寇の三大根拠地（朝鮮ではこれを「三島」と称した）の一つと目されていた。このような対馬を支配する島主宗氏の動向は、朝鮮側にとって重大関心事であった。朝鮮が願うのは、島主が朝鮮側の意をうけて、倭寇禁圧に成果を挙げてくれることである。その意味で、宗貞茂は、李朝初期の対馬島主の中で、もっとも禁賊に誠意を示した一人として、朝鮮から信頼されていた。朝鮮の倭人対策に協力することにより、国際的な立場を強化し、それを島内支配に利用して行くという政策を明確にうち出した最初の対馬島主が宗貞茂であり、その政策は、かれ以後の歴代の対馬島主によって継承されていった。太宗十八年（一四一八）、貞茂が死去したとき、朝鮮が特に吊慰使李藝一行を対馬へ派遣した(1)というのも、貞茂一代のかかる対外政策に対する朝鮮側の評価のあらわれである。

ところが、宗貞茂の死去後、次の島主宗都都熊丸（貞盛）が幼少であったということもあって内政が混乱し、それまでどちらかといえば鎮静化していた倭寇の動きが再び活発になった。そこで朝鮮では、世宗元年（一四一九）六月、倭寇の本拠地とみなした対馬へ李従茂を総指揮官とする遠征軍を派遣した。朝鮮でいう己亥東征、日本でいう応永の外寇である(2)。当時の朝鮮国王は、後世、李氏朝鮮王朝きっての英主と評される世宗王であるが、その治世の初期は、上王太宗が健在で、しかも、王権の基盤ともいうべき兵権を太宗が直接掌握するという変則的状況であった。したがって、この遠征も、もっぱら上王太宗の主導権のもとに実施されたのである。

本節でとりあげる対馬島民の朝鮮通交を島主の書契で統制しようとする策は、己亥東征の戦後処理を進めるなかで、朝鮮側で考え出したものであるので、己亥東征以後の朝鮮と対馬との交渉経過を見ておく必要がある。対馬での作戦を終えた遠征軍は翌七月初めに帰国したが、その直後、上王太宗は、兵曹判書趙末生をして宗貞盛（都都熊丸）のところへ書を送らせ、朝鮮へ巻土来降すること（島民もろとも島を空にして来降すること）を命じ、それがいやならば、島民全部をひきいて日本本土へ帰れ、もしその両方とも拒否し対馬にとどまるというのであれば、七十万余の軍を送って対馬を全滅させると通告した。(3) このとき、対馬への使者に発ったのは、投化倭の藤賢・辺尚らであった。この通告に対して、宗貞盛（都都熊丸）からは、右の藤賢・辺尚らの帰国に同行させて、同年九月に使者都伊端都老を朝鮮へ遣わし、礼曹判書許稠に宛てて書を送ってきた。宗貞盛は、その書で、巻土来降ということは明言せず、ただ降を請い、自分に印信を賜りたいと言っている。(4) この曖昧な態度について、世宗王は「対馬島、今雖窮甚乞降、心実譎詐、若巻土来降、則可矣、如其不来、何足信乎」と述べ、巻土来降を明言しない宗貞盛への不信を表明している。また、その場に同席していた右議政李原も「窮甚面許（請カ）交好耳、必不巻土投降矣」と言い、これに対して王も「然り」と合槌をうっている。(5)

このように朝鮮側も察しているごとく、巻土投降という事態だけは、何としても避けたいというのが、対馬側の考えであった。先に朝鮮からは兵曹判書の書がきているのに、直接それへ答書することを避け、わざわざ礼曹判書宛に書を送っているところにも、巻土来降論にできるだけ巻きこまれないようにして、交渉をあくまでも従前からの外交経路の範囲内で処理しようとする対馬側の苦心が見られるようである。それはともかくとしても、巻土来降でもって対馬を空島化させようという朝鮮側の要求と、ただ降伏の意だけを示して、なんとか在島のままで、朝鮮から印信だけを賜わるようにしたいという宗貞盛側の思惑とのずれが、ここに早くも現われてきている。

ただし、朝鮮側も巻土来降論以外は、一切考えなかったかというと、そうではなく、たとえば礼曹判書許稠のごときは、右の宗貞盛からの書を受けとったとき、早くも、将来対馬に通交を許すとすれば、それをどのように規制するのがよいかということを、世宗王の御前で論じている。かれの意見は、島主都都熊丸（宗貞盛）やそれにつぐ地位にある島主代官の篠栗山城守宗俊らの書契を持ってきた使人だけは接待し、その余の者、たとえば藤次郎らの使人の如きは、接待を許さないようにするということ、さらに京中の倭館を京外へ移し、倭使を京中へ入れないようにしようということなどであった。(6) ここに言う藤次郎とは、太宗十七年（一四一七）に使者を遣わし、土宜を献じた者のことと思われる。(7) 対馬でどの程度の地位にある人物かよくわからないが、恐らく対馬から使人を発遣してくる諸氏のうちの中・小クラスのものの代表例として名前を挙げたのであろう。なお、島主やそれにつぐ有力者の書契によって、対馬の諸氏からの遣使を統制しようという案は、その後、対馬からの通交が回復した後に、実際に行なわれた通交統制の方式に、かなり近いものであることを注目しておいてよいであろう。世宗王も許稠の意見に対して「若し交通すれば、卿の言の如くして可なり」とのべている。(8)

しかし、朝鮮側としては、宗貞盛に巻土来降させることが当面の目標であり、上王太宗がことにそれを強く主張していた。そのため都伊端都老の帰島に託した宗貞盛への答書も、一応礼曹判書許稠からの答書の形をとってはいるものの、内容は兵曹判書趙末生が上王の宣旨を受けてそれを都都熊丸（宗貞盛）へ通告する文言が大半を占めている。上王の宣旨の内容であるが、来る十二月を期限として、巻土来降のことについて、対馬から「島中管事」の者が来て、上王の指揮をあおぐことを要求している。(9)ここに島中管事の者というのは、具体的には島主宗貞盛の代官篠栗山城守宗俊のごときものを指していたようである。(10)なお、この通告のなかで、巻土来降すれば、貞盛に印信を授け、高い官職や厚禄・田宅を与え、その管下のものにも爵や禄を授け、自余の群小にも沃饒の地を給しようなどと、優遇条件をならべたりしているが、重要なのは、巻土来降のための具体的な作業の開始を年末までという期限を切って、対馬にせまったことである。これに対して宗貞盛の側からは、ようやく翌世宗二年(一四二〇)閏正月になって、使者時応界都なるものを送ってきて、貞盛の言として、族人が守護の位をねらっているので自分が朝鮮へ出去することはできないが、その代り、対馬を朝鮮の州郡とし、かつ、貞盛に印信を賜わりたいということを申し入れてきた。(11)

そこで朝鮮側では、これを機に一転して、その願いを容れることにし、対馬を慶尚道の属州にすることにし、貞盛に「宗氏都都熊瓦《〔丸〕》」と刻した印を送った。(12)すなわち、この期にいたって朝鮮は、巻土来降による対馬の空島化という実を捨て、慶尚道属州化という名を取ったともいえよう。このとき朝鮮側が、突如、巻土来降の要求を引込めたのは唐突な感じもするが、もともと巻土来降(すなわち空島化)の要求というようなものは、単なる降伏の要求などとはことなって、もしそれをきかなければ、再征を辞さずという武力的強迫を伴ってこそ成り立ちうるものである。このことは、前に見た東征直後の七月の兵曹判書趙末生の宗貞盛への書によってもわかるし、また、朝鮮では実際に再征の準備をはじめたりしている。しかし諸道の軍丁の中に再征への動員を恐れて逃亡する者が続出するなど、事実上再征が困難な状況となり、(13)武力的強迫の限界が見えてきたため、従来の方針を転換せざるをえなくなったものと思われる。なお、対馬側では、先に都伊端都老の帰島に託してもたらされた再度の巻土来降勧告の中にあった優遇条件に目をつけたものか、島人を巨済島へ派遣して朝鮮の外護をいたしたいので、同地へ朝鮮の民を入植させ、その田税を分給するようにされたいということを同時に申し入れてきていたが、さすがにこの要求は無視された[14]。それはともかく、これは、属州化決定に伴う当然の措置であるが、以後の対馬からの通交は、朝鮮にとっては、もはや外国からの来朝とは言えなくなるので、従来のごとく対馬から朝鮮国の礼曹へ直接呈書することを禁じ、もし何か申し入れることがあれば、慶尚道観察使のところへ呈報させることにした。また、この措置にともなって、都都熊丸（貞盛）管下の代官・万戸らが、従来のごとく各自勝手に朝鮮へ人を遣わして書を送ってくることを禁じ、以後は都都熊丸が親署した書契を持参した者だけを接待することにした[15]。これによって、以後対馬の者が朝鮮へ遣使しようとする場合は、島主宗貞盛の書契なしには不可能ということになるわけである。前述の「宗氏都都熊瓦〔丸〕」の印が、それらの書契に押すためのものであったことは言うまでもない。

ところで対馬から出来する者で接待を許されるのは、宗貞盛の書契を持った者だけにするというこの措置は、その書契の宛先が従前の礼曹ではなく、慶尚道の観察使に変えられていることによってもわかるごとく、慶尚道への属州化、いいかえれば朝鮮王朝国家の官僚機構の内部への組みいれにともなう当然の帰結である。すなわち、下から上への啓達は、無秩序に行なわれてはならず、その啓達者を所轄する官衙の長を経由して、より上級の官衙へと順次行なわなければならないとする内政上の原則を、属州化を機に対馬へも適用したというにすぎない。ところが、宗貞盛の側は、書契発行に関する朝鮮の指示を、およそ、そういう意味では受けとらず、属州化とは切りはなして（というよりは、次にのべるように属州化だけは拒否して）、もっぱら貞盛に与えられた外交上の特権として留保しようとする意志を示した。すなわち属州化の通知の直後に日本国回礼使（己亥東征を行なった朝鮮の真意をさぐるために、将軍足利義持の使節として先に朝鮮へ赴いた日本国使亮倪への回礼使）として来日した宋希璟は、対馬で早田左衛門太郎に会い、かれから先の慶尚道属州化の話が対馬の実情にも、また宗氏の主家である少弐氏の意向にも全くそぐわないものであることを聞かされ、先に朝鮮から対馬の慶尚道属州化を通知してきた文書を宗氏の主家少弐氏のところへ取次ぐことなく、早田左衛門太郎が握りつぶすことを諒解させられた。(16)

世宗三年（一四二一）四月になると、宗貞盛が朝鮮へ遣使して書を送り、属州化拒否を通告してきた。ただしその書には、先に朝鮮から与えられた印を用いており、しかもその文中で、この印を信符として押したことをわざわざことわっている。(17) 貞盛としては、属州化は拒否するが、それにともなって与えられた「宗氏都都熊瓦〔丸〕」の印だけは、今後朝鮮へ使人を送るさいの書契に押す信符として、ひきつづき使うという意向を示したのであろうと思われる。朝鮮では貞盛のこのような申し分に態度を硬化させ、貞盛の書を受付けず、使者の接待を拒否し、(18) 以後しばらくの間、貞盛は朝鮮通交から閉め出される形になった。ところで当時の対馬の内情であるが、己亥東征の翌年、宋希璟が来日した当時、島主宗貞盛は対馬を去って九州の少弐満貞のところへ行っているという状態であり、その間にかれの留守をあずかっていた代官篠栗山城守宗俊も黜せられてしまっているという有様であったという。(19) そして、島内の実権は海賊首の早田左衛門太郎が握っていたという。(20) またこれは、前述の世宗二年閏正月に朝鮮へ行った使人時応界都の言であって、巻土投降という事態を避けたいという当面の思惑がからんでいるので、多少割引して考えなければならないが、貞盛はその族人が守護の地位を奪おうとしているので、朝鮮へ出去することができないということを言っている。これも当時の対馬における貞盛の地位が、はなはだ不安定であったことを示すものと思われる。貞盛としては、このような地位不安定な内情の上に、さらに朝鮮からは通交を拒否されるという事態が重なったわけである。

しかし、やがて朝鮮側の情勢が大きく変化してくることになる。すなわち、己亥東征を決行した中心人物で常に対日強硬論をとなえてきた上王太宗が、世宗四年（一四二二）五月に世を去ったのである。これを機に朝鮮では、世宗王の完全な親政がはじまり、従来の対外政策の見直しも急に活発になった。そういう状況のなかで、貞盛も通交復活に成功している。すなわち太宗死去の四カ月後である世宗四年九月に、宗貞盛（当時はすでに幼名都都熊丸ではなく、宗彦六と言った）とその母とが遣使して、受けいれられている[21]。ついで、その翌々月、宗貞盛はこんどは上王太宗の死を吊慰するための使者を送った[22]。またその後、朝鮮側でも、上王太宗の死を正式に伝える使者を宗貞盛のところへ遣わし、貞盛の側では早速それに答えて、世宗五年十月に改めて太宗の死を吊慰し、併せて世宗の即位を賀する使者を朝鮮へ送った[23]。かくして宗貞盛は、朝鮮との通交を完全に回復することに成功したのである。

ここで貞盛が朝鮮へ書契を送るさいに用いた印のことをのべておこう。『端宗実録』即位年（一四五二）七月丙午（十五日）条には、宗貞盛が前月二十二日に死去したとの慶尚道観察使の報告を載せ、それにつづけて「国家待之厚、歳賜米豆、所求無不従、且賜図書」とあって、貞盛に朝鮮から図書が賜給されていたことが明記されている。ところでここに言う貞盛への図書賜給というのは、いつのことであったろうか。対馬の朝鮮属州化を前提にして「宗氏都都熊瓦〔丸〕」の印（これは職銜を刻した官印ではないので、私印すなわち図書というべきものである）を得たのは、前述のごとく世宗二年閏正月であるが、その翌年、貞盛が属州化を拒否したため、朝鮮側がかれの通交を拒絶しており、理屈としては、それを機にこの印は（たとえ私印とはいえ）、朝鮮むけには一応無効ということになってもよい筈である。しかし、朝鮮側がそういう措置を貞盛に通告したという史料はない。また上王太宗が死去した後、貞盛が通交復活に成功して度々遣使するようになった後も、朝鮮側でかれに印を改給したとか、新給したとかいう史料も見当たらないし、あるいは貞盛が無効になった旧印を書契に押捺してきたので不都合だなどという議論が朝鮮側であったというような史料も見当らない。恐らく貞盛は、「宗氏都都熊瓦〔九〕」の印を、そのまま終生使いつづけたのではなかろうか。そう考えれば、貞盛は対馬での最初の受図書人ということになる。ところで朝鮮から図書を賜給されて保持しているということは、その人物が朝鮮へ通交する資格を朝鮮側から認定されているということを意味する。前述のような大変奇妙な経過をたどってのことではあるが、対馬島内において、貞盛が誰よりも早く図書を獲得し、しかもそれを保持しつづけ得たということは、かれが朝鮮通交に関して、島内の他の者よりも一段卓越した立場にあることを形の上で明確化しえたということである。またこのことは、応永の外寇直後ごろ、あれほど弱体であった貞盛の、島主としての権威および政治的立場の強化に、大きく寄与したであろうと思われる。

ところで表Iは、『世宗実録』によって、世宗元年（応永二十六・一四一九）六月の応永の外寇以後、同十五年（一四三三）までの間における対馬の諸氏の朝鮮への毎年の通交回数をまとめたものである。実録には必ずしも日本人の通交のすべてが記されているわけではないが、大体の傾向を知ることはできる（本表の出典は注（24）に記す）。

この表によると、応永の外寇直後の数年間は、前述の海賊首早田左衛門太郎がもっとも回数が多く、しばしば年に数回ずつも遣使している。これにひきかえ島主宗貞盛は、前述のごとく世宗三年四月から翌年九月までの間の一時期、朝鮮から通交を拒絶されたということもあったが、外寇の後、数年間は年一、二回がせいぜいであった。それが、世宗八年度の年五回あたりを境にして、通交が急に増加しはじめ、同十年は九回、同十二年のごときは十二回と、たちまち島内随一の通交回数を誇るようになっている。かつて世宗初年ごろ対馬島内最高の通交回数を誇った早田氏（左衛門太郎とそのあとをついだ子の六郎次郎）あたりが、その後一向に通交回数を増やさず、横這い状態からむしろ減少傾向さえ示

表Ⅰ　対馬の朝鮮通交者一覧（応永外寇後―世宗十五年）

遣使者	世宗（元年ハ応永外寇後ノミ）															備考
	元年	二年	三年	四年	五年	六年	七年	八年	九年	十年	十一年	十二年	十三年	十四年	十五年	
宗貞盛（都都熊丸・彦六）	一	二	一	二	一	二	一	五	二	九	四	十二	三	八	四	
宗貞盛母		一		一		一										
宗盛国（熊寿・彦七）			一	一			一			二	一	二	一		一	
宗茂世（大宰府右馬近江守）						一										
宗貞澄（右馬允）							一		一	一	一	一	一	一		
宗茂秋（右京亮）										二						
宗茂直（上総守）											一	一	二	一	三	世宗十五年六月受図書
宗満茂												一				
宗貞直														一		
宗大膳（茂秀）															一	
宗茂氏															一	

宗四郎															一	
篠栗宗俊（山城守・対馬州代官）		一														
早田左衛門太郎	一	一	五	五	七	三	五	五	三	六						
早田六郎次郎（也伊知）											三	四	四	二	五	早田左衛門太郎子 世宗十一年九月受図書
早田六郎次郎母 妙由													一			
四郎左衛門										一						
井太郎兵衛家次										一			一			
藤次郎				一	一								一			世宗十三年度は船匠藤次郎カ
（船匠）藤次郎					一											世宗五年度本人渡航
（船匠）藤次郎母					一											
（船匠）三味三甫羅					一											
野馬多老重久（対馬州代官）					一											
波知羅沙門（和知難洒無）					一											

しているのにくらべて、これは大層目立つ現象である。ところで、世宗十六年（一四三四）四月、宗貞盛は次のようなことを朝鮮へ申しいれている。

対馬州太守宗貞盛使送人、以貞盛之言啓曰、因諸処之請、不獲已煩呈書契、自今、私請則貞盛名上塡図書、非私請、則職御(銜)上塡之、審而接之、(25)

すなわちこれまで諸処からの要請により、やむをえずかれらに数多くの書契を作ってやっていたので、貞盛名義の使人が頻繁に渡航したが、以後は書契の用印法を区別し、真に貞盛自身の遣使である場合は、その書契の貞盛の名の上に押印することにし、そうではなくて他からの依頼で出す書契の場合は、貞盛の職名の上に押印することにするので、左様心得て区別し、接待してほしいというのである。これによって世宗十六年には、朝鮮へ通交しようとする者達が、それぞれ自己の名義によって通交するのではなく、島主宗貞盛の書契を得て、その名義で通交するということが、かなり多くおこなわれていたことがわかる。(26)貞盛の遣使回数が年を追って増加している原因は、これにあるとみてよいであろう。

ところで見方によっては、これは偽使の差遣とまではきめつけないとしても、使送の名実乖離であって、普通ならば、そのようなことを簡単に朝鮮側へ打明けられるものではない。しかも貞盛の使人からそういう話を聞いても、朝鮮側では貞盛の行為を非難する議論は一つも出ていないのである。このことは、諸氏が朝鮮へ遣使する場合に、貞盛の書契を受けて行くという方式が、朝鮮側によってすでに認められていることを示すものである。このような通交者への名義貸行為を、朝鮮側がいつから貞盛に認めるようになったのか明らかでないが、おそらくそれは、貞盛が一時朝鮮から通交を拒絶されていたのを解除されて以後のことであろう。この名義貸というのは、貞盛にとっては、対朝鮮関係での一つの権益ということになる。見方によっては、この権益は、かつて対馬の慶尚道への属州化にともなって貞盛に付与された書契発行権が、その後、属州化そのものがとりやめになった後も貞盛の外交上の権益としてそのまま存続しつづけたことによって、できあがってきたものであると考えることもできるかも知れないが、属州化にともなって付与された権限と、属州化をとりやめた上で獲得した外交上の権限とは、あくまでも次元の違うことがらとして区別して考えるべきであろう。いわんや属州化拒否の時点で、貞盛が朝鮮側からいったん、完全に通交を拒否されている事実を考慮すれば、なおさらである。

ところで貞盛が、名義貸することを公認されていた諸氏の範囲がどこまでであったかは、前記の世宗十六年四月の記事では明白でないが、恐らくそれは対馬島の諸氏だけに限られていたであろう。というのは、対馬以遠の九州方面については、朝鮮はすでに己亥東征直後の世宗元年の冬に、九州探題渋川満頼（道鎮）に通告して、探題管下の九州境内の諸氏が、それぞれ自己の名義で朝鮮へ遣使してくることを禁じ、以後はすべて必ず探題の書契を受けてこさせることにしていたからである。(27) これは九州探題の発給する書契でもって、九州方面の諸氏の朝鮮への通交を統制させようとする制度であるが、このような制度の存在を念頭において考えるとき、前述のような宗貞盛の名義貸行為の公認というのも、おそらくはかれの書契でもって、対馬の諸氏の朝鮮通交を統制させようということであったろうと思われる。なお己亥東征直後、朝鮮においてまだ巻土来降論が主流であったとき、すでに礼曹判書許稠が、将来対馬と外交関係を復活することを前提として、その際、対馬島内からの使人は宗貞盛や、その代官の篠栗山城守宗俊らの書契をもってきたものだけを接待するという案を世宗王に言上していたことを先に見たが、貞盛の通交を許して以後、その案が現実化し、貞盛の書契によって対馬島内の諸氏の朝鮮通交を統制する方策が実施されたものと考えてもよいのではなかろうか。

ただし、対馬の場合は九州探題の場合とことなって、貞盛だけによって一元的に統制するという方式ではなかったようである。すなわち表Iを見れば、前述のごとく島主宗貞盛名義の遣使は、世宗八年ごろから年を追って増えていってはいるが、一方早田氏も毎年数回ずつ遣使をずっと続けており、そのほかにも宗氏の一族の面々などが何人か後後まで遣使を続けている。なお朝鮮側が探題の書契によって一元的統制を期待した九州地方の場合は、それに違反して、自分自身の名義で遣使して来た平満景に対して、そのことをとがめる書を送っている例が見られるが(28)、対馬に関しては、朝鮮側からその種のとがめ立てをしている例は一度も見られない。対馬の場合は、島主宗貞盛の書契による島内からの通交者の統制ということはあったものの、それは一元的な統制というほど徹底したものではなく、同時に島主以外の宗氏一族やその他の有力者の幾人かが、それぞれ自己名義の書契による使人の発遣を行なうことを認めた形のものであったということである。

それでは対馬の場合、どういう者の通交が統制の対象になったのであろうか。結論を先に言えば、宗氏の一族以外の中・小の諸氏の通交が主に統制の対象になっている。次にそのことを説明しておこう。朝鮮側の歴代の実録を見てゆくと、太宗十二年（一四一二）頃までは、対馬から通交するのは島主宗貞茂がほとんどで、それ以外には宗氏一族の者が、ごくわずか遣使する程度であったが、翌十三年（一四一三）以降になると、宗氏を名乗らず、格別な肩書もなく、もし肩書があるとしても何々浦万戸程度で、せいぜい島内の浦々の地方的な有力者程度と考えられるものの通交が急に増えてくる。ところが、この種の者の通交は世宗五年（一四二三）ごろを境にして、少数の例外をのぞき(29)、ほとんど姿を消してしまう。そこで参考までに太宗十三年以降、世宗五年までの間のこの種の者の通交（使人を遣わしてくる場合

表Ⅱ　対馬の中小朝鮮通交者（太宗十三年—世宗五年）

年度	月日	通交者名
太宗13年（応永二十・一四一三）	11月　庚子（24日）	和田浦万戸兵衛時
	同日	兵衛沙衛門
太宗14年（応永二十一・一四一四）	閏9月壬戌（22日）	兵衛三甫羅（本人渡航）
	11月　庚戌（11日）	花田浦千戸表温時羅（本人渡航）
太宗16年（応永二十三・一四一六）	3月　甲午（2日）	和田浦兵衛郎
	4月　戊子（26日）	士万二温都老
	10月　乙酉（27日）	和田浦万戸守助丞
太宗17年（応永二十四・一四一七）	閏5月己巳（14日）	和田浦万戸守助丞
	12月　辛亥（30日）	藤次郎
世宗即位年（応永二十五・一四一八）	12月　壬寅（27日）	対馬島倭有温（本人渡航）
世宗元年（応永二十六・一四一九）	正月　辛亥（6日）	対馬州都万戸表阿時等（本人渡航）
	3月　乙巳（1日）	海副那（貝鮒）都万戸正欣
世宗4年（応永二十九・一四二二）	11月　辛未（18日）	藤次郎
世宗5年（応永三十・一四二三）	4月　辛酉（11日）	波知羅沙門
	6月　壬子（3日）	（船匠）藤次郎（本人渡航）
	同日	（船匠）藤次郎母
	同日	（船匠）三味三甫羅
	6月　乙亥（26日）	対馬州代官野馬多老重久
	12月　壬申（25日）	藤次郎

と、当人自身が渡航する場合の両方がある）例を列挙し、表Ⅱとして示す（月日は『太宗実録』『世宗実録』における当該記事の日付を示す。なお、早田左衛門太郎は、宗氏を名乗らない通交者の部類に入るべき者であるが、これは己亥東征の遠征軍への協力という特殊な事情によって、朝鮮側から破格の優遇を得た例外的存在であるので、本表からは除外した）。

太宗十三年以後ほぼ毎年何回かずつ見えるようになったこの種の者の通交が、応永の外寇があった世宗元年六月以降、一時まったく杜絶えてしまうのは当然で、またその空白が、世宗二年同三年と続くのも止むをえないことであろう。しかし、世宗四年から五年にかけて藤次郎や波知羅沙門（八郎左衛門）等々の遣使があるなど、多少復活のきざしを見せたものの、それ以後は表Ⅰを見ればわかるごとく、この種の者の通交がもはや応永の外寇以前のごとく年を追って続くということはない。しかし、この種の者が朝鮮通交をしなくなるということはないであろうから、かれらはもっぱら島主宗貞盛や、その他、朝鮮から自己名義での遣使を認められている島内有力者から書契を受けて、その名義でもって通交したはずである。かれらに書契を与えるのが、なにも島主宗貞盛とばかり限ったものではないことは言うまでもないが、貞盛が朝鮮通交を復活することに成功した世宗四年から同五年という時期が、かれらの通交の終末期と一致していることは注目しておいてよいであろう。おそらく朝鮮としては島主宗貞盛の通交を復活させたのを機に、島主をはじめ宗氏一族の有力者や早田左衛門太郎ら複数の書契による通交者統制策を推進したのであろう。その結果、かれら以外の、島内の中小の諸氏が自己の名義で通交することは、ごく特殊な場合を除いて、もはや不可能になり、ここにいわば通交名義の寡占化ともいうべき現象が出来することになる。しかし、これは単に名義だけの問題ではなく、実際には容易に通交認可権の寡占化へと進みうるものである。こういう状態になると、島主にしてもその他の宗氏一族の有力者や早田氏などにしても、名義を貸す立場にある者は、いずれも名義を借りる中小の諸氏への影響力の強化が可能になるが、そのうちでも最も有利な立場に立ったのは、やはり島主宗貞盛であったと思われる。なお、宗貞盛の遣使回数が世宗八年を境にして急激に増加しはじめていることを前に指摘したが、これは単に書契による統制が年月と共に定着してきたというばかりでなく、同年に貞盛が島主文引制を朝鮮へ提案したこととも関係があると思われる（文引による通交者統制については、次節でとりあげる）。

書契による朝鮮通交の統制策が、制度として最も明確な形をとっているのは、前述の九州方面からの通交者をすべて九州探題の書契によって一元的に統制させることにした、世宗元年冬の九州探題渋川満頼への朝鮮からの通告であるが、これは統制の要になるはずの肝心の渋川氏自体が弱体であったため、ほとんど実効を見ずに終っている。そのことは、すでにこれまでの研究で指摘されているが、(31)対馬の場合は、これまで見たところからわかるごとく、朝鮮側が島主の書契による一元的な通交統制というようなことを(対馬の慶尚道属州化という特異状況における場合を除いては)望んだ様子がなく、島主をはじめその一族など複数の有力者の書契による島内からの通交者の統制という線に止まった。朝鮮としては、その限りで中小の通交者の名義を整理することに成功し、いわば通交名義の寡占化、さらには通交認可権の寡占化という形で、統制の実を挙げたのである。このような中途半端な統制策しか行ないえなかったのは、島主宗貞盛の島内支配力が、まだそれだけ未成熟であったことを示すものであるが、貞盛としては、まさにその島内支配力強化のために、より強力な朝鮮通交統制の権限を獲得することを望むということになる。その一つが、次にのべる島主文引による通交者統制策であった。

なお対馬島主の書契による朝鮮通交の統制ということをはじめて指摘したのは、中村栄孝氏である。同氏の所論は一九三一年とその翌年に発表された「室町時代の日鮮通交と書契及び文引」(『史学雑誌』四二編一〇号・四三編一一号)に最初に発表されており、ついで『日鮮関係史の研究』(上巻第一一章および第一四章、一九六五年刊)や『日本と朝鮮』(第二章第三節、一九六六年刊)にもそれを補訂した所論が見える。その要点の第一は、対馬から朝鮮への通交者を島主宗貞盛の書契によって統制する方策の起源を対馬の慶尚道への属州化の際に朝鮮政府が宗貞盛(都都熊丸)に図書を賜給し、対馬島内から朝鮮への通交をその図書を押した貞盛の書契によるもの以外一切認めないことにしたのに始まるとしていることである。ただし、貞盛の書契による統制といっても、受図書人と受職人だけはその統制の枠外におかれ、島主の書契によらず、それぞれ自己名義の書契で通交することを朝鮮側が許していたらしいということである。そしていま一つの要点は、島主の統制権の及ばない受図書人や受職人を、その統制下にくり入れるために、宗貞盛は朝鮮への通交者すべてに島主の発行する文引を携行させる制度をつくることを朝鮮側へ提案したということである。

しかし、己亥東征後の対馬と朝鮮との交渉の経過を、仔細に検討すると、本節ですでに見たごとく、なるほど世宗六年ごろを境にして、以後島主をはじめ複数の島内有力者による書契発行権の寡占化が起ってはいるが、それら島内有力者は、受図書人あるいは受職人であったが故に、島主書契による統制の枠外で、独自の書契発行権を留保しえたわけではない。本節では逐一説明しなかったが、かれらが受職人であったことはかつてない。ただし受図書人ということになると、かれらのうちの何人かは、次節で見るごとく、たしかに受図書人になってはいるが、その受図書の時期は前述の寡占化現象が起った世宗六年よりも後である。すなわちかれらは受図書人となったこととは無関係に、すでにそれ以前から、島主の書契による通交統制に対抗して、それぞれ自己名義の書契発行権を留保していたのである。島主の書契による統制の適用の外にあったということと受図書ないし受職ということとは無関係なのである。したがって受図書人・受職人の存在によって、島主の書契による通交統制の適用が阻まれたとする理解は正しくない。また宗貞盛が行なった文引制の提案も次節で見るごとく、対馬島内で受図書人が出来するよりも以前の世宗八年であって、これまた受図書人を意識したものではないことは明らかである。なお島主宗貞盛の書契による統制策を、対馬の慶尚道への属州化のときの措置そのものの単なる延長と考えるべきではないことについてもすでに本節において説明した。

第二節　島主の文引――朝鮮通交権(二)――

世宗八年（一四二六）二月、大護軍李藝が対馬へ差遣された。使命は、これより先、石見州長浜因幡守や対馬の早田左衛門太郎らが漂流人を送還してきたことにたいする答礼の賜物をとどけることと、宗貞盛の祖母および母が死去したことへの吊慰であった。李藝は、これまで十数度も対馬へ使人として渡ったことのある対日外交練達の士である。[32]宗貞盛は礼をつくして彼を歓待したが、その帰国にさいして次のようなことを申しいれている。

臣恐諸処雑人、汎乱横行、各所使船及興利船、皆給路引、今後無路引者、勿許接待、[33]

即ち諸処の雑人の汎乱横行して朝鮮へ赴くのをとりしまるために、各所の使船及び興利船に路引を給することにするから、今後これを持参しないものは接待しないでほしいと申し出たのである。ここにいう路引とは渡航証明証のことで、すでにこれよりさき興利船に用いられていた行状と同じで、後に文引と呼ばれるものと同じ性質のものである。[34]この場合、路引支給の対象となるのは「各所使船及興利船」ということであるから、対馬だけでなく、日本から朝鮮へ通交する全ての使船・興利船である。従来、興利船は、その地の渠首（守護大名等の有力者）の行状を、[35]使船は、九州方面は探題の書契、[36]対馬は島主その他有力者の書契を各々携行する必要があったが、ここで貞盛は、これら全てに自分の路引を支給し、日本各地からの通交者を統制しようと申し出ているわけである。即ちこれは、対馬の地理的条件を利用して、日本からの全ての朝鮮への通交者に対して対馬島主の支配を及ぼそうとするものであった。

このような貞盛の申入れにたいして、朝鮮側がどのような対応をしたか、明確な史料はないが、世宗十五年（一四三三）六月、貞盛へ送った礼曹の書に次のような文言がみえる。

対馬州太守宗貞盛、遣人来献土宜、令礼曹回答、仍致意曰〔書〕、近因足下戒勅本島、彼此無虞、豈不為美、不意、今年正月間、島船一隻、到慶尚道玉浦等処、遇見本国採取海物船、逞兇作耗、殺死船内人一名、凡島船到来本国地面者、賚足下文引、方得来往、今次作乱者、未知何人、究問得獲、明正其罪、須即回報、[37]

これによれば、当時すでに朝鮮としては「島船」すなわち対馬島から朝鮮の地内へ出来する船は、宗貞盛の文引をもたらしてこそ来往することを得るということにしていたことがわかる。すなわちすでにこのころまでには、前の世宗八年の宗貞盛の申入れのような措置が対馬に関しては施行されていたことがわかる。なお右の文面では、ただ「島船」とだけあって、それが使船であるか、興利船であるか明らかではないが、前の世宗八年の貞盛の申入れの文言から見れば、これはその双方をふくむものとしてよいであろう。

ところで、すでに前節で見たごとく世宗六年ごろを境にして、対馬では雑多な中・小通交者の名義の整理が進行し、島主宗貞盛そのほか一部有力者による書契発行権の寡占化が進行したことをのべた。こういう状況では、寡占化の主体になった有力者たちは、いわば島主に関係なく勝手に自己名義の使人を発遣する特権を保持した恰好になり、当然その特権を行使して島内・島外への影響力を強化した筈であり、これは島内支配を強化しようとする島主宗貞盛にとっては、好ましからざることであった筈である。貞盛が早くも世宗八年に、前述のような文引制施行の申入れを朝鮮へ行なったのは、そのような状況に統制を加えうる新たな権限を獲得したいと欲したからであると考えられる。そしてそのような新たな権限すなわち島主文引制が、少なくとも対馬島内に関しては世宗十五年（一四三三）ごろまでに現実の制度として適用されるようになっていたこともすでに見た通りである。

しかし、このような事態は、前述の島内有力者たちにとっては、既得権として留保している書契発行権にたいする重い足枷になる。かれらの中には島主の文引発行権を無視した遣使を強行し、それを既成事実として朝鮮側へ承認させようという動きもあったが、そのためにも、まず重要なことは、かれらの書契発行権を単なる実績に止めておかず、朝鮮から明確に承認された形態のものにしておくことが必要となる。貞盛が島主文引制を朝鮮へ申入れた三年後の世宗十一年（一四二九）に、かれら有力者の一人である早田也伊知（六郎次郎）が、朝鮮に図書賜給を願って許されているのは、まさにその皮切りである。そこで次に島主宗貞盛時代の対馬の受図書人について概観してみよう。

早田也伊知（六郎次郎）　世宗十一年（一四二九）九月、みずから朝鮮に請うて図書を与えられた。(38) 彼は、賊首早田左衛門太郎の子で、(39) 六郎次郎とも言い、(40) 彼自身もまた賊首と言われ頻繁に朝鮮へ通交している。

宗茂直　世宗十五年（一四三三）六月、みずから朝鮮に請うて図書を与えられた。(41) かれは宗賀茂の子であり、(42) 祖父は中村宗香である。(43) 受図書当時宗茂直は島主代官（守護代）であった。(44) なお中村宗香は、島主宗貞盛の曽祖父経茂の弟である。(45)

宗彦七盛国　世宗十六年（一四三四）みずから請うて図書を与えられた。彼が図書を請うた時、朝鮮では既に兄の貞盛に与えてあり、一家二人の例なしと反対論が強かったが、彦七が有土有民なる故をもってやむをえず与えることになったものである。(46) 彼は島主貞盛の弟であるが、妻（法名即月大姉）を仁位中村宗氏に属する仁位家から迎えており、(47) 朝鮮への遣使のさいにも仁位中村宗氏に属する茂直と行を共にしていることが多い。朝鮮で有土有民と云われているように彼は豊崎郡の郡主であった。(48)

宗彦次郎盛世　彼が受図書人となった正確な年代は不明であるが、世宗十六年（一四三四）から同二十年にいたる間であったと思われる。[49] 彼は貞盛と兄弟であるが、[50] 叔父貞澄の養子となり、その跡をついで酘豆郡郡主になっている。[51]

宗盛家　世宗二十六年（一四四四）十月、盛家は朝鮮に賜物を請い、それが与えられないならば、受けたところの図書を返却しようと言っているので、[52] これ以前に図書を得ていたことが知られる。彼は、仁位中村宗氏に属する仁位家の嫡流で、世宗二十六年当時は仁位郡の郡主であった。[53]

宗虎熊丸茂世　世宗三十一年（一四四九）五月、みずから朝鮮に図書の賜給を請い、父盛世の例によって、それを与えられた。[54] 彼は後に父盛世と同様、酘豆郡の郡主になっている。[55]

このように対馬島内の有力者が相ついで受図書人になって行くという新情勢に対応して、宗貞盛は世宗十七年（一四三五）九月、朝鮮へ使者を遣わして次のような申入れを行なった。

　国家〇朝鮮於宗彦七〇盛国・宗茂直等処、皆給図書、然不宜私相通交、如無我之文引、不許接待、[56]

即ち、宗盛国や宗茂直らの受図書人が、私に通交するのを止め、貞盛の文引がなければ受けつけないでほしいと申し出たのである。受図書人としての通交権は、朝鮮から与えられたものであるので、島主がそれを否定できる立場にないことは言うまでもないが、ただその使人が渡航する際に、島主文引の携行を励行させることにより、受図書人の通交権に実質上の制約を加えることをねらったものである。貞盛のこの申入れは、受図書人の出来という新事態に対応して、すでにこれより先、一応できあがっていた前述の文引制度の再確認を図ったものである。かれがこのような申入れをこと新しくしていること自体、受図書人たちの島主文引無視の実情を語っているものと考えてよいであろう。しかし受図書人たちの抵抗にもかかわらず、島主文引制は一層強化される方向へ進んだ。そのきっかけは翌世宗十八年に宗貞盛の使人井太郎兵衛が行なった乃而浦滞留の倭人による過海料・留浦料詐取手口の暴露である。井太郎兵衛が礼曹に語ったところによると、乃而浦に居住している倭人らは、対馬からの渡航者と密かに約して、あらかじめ海中の小島で待合せ、最初からの乗船員のように装い、過海料や滞在費の支給を受けていたということである。その暴露の結果、朝鮮では、その防止策として、同年閏六月、次のことを決め貞盛に通達した。(57)

命礼曹致書宗貞盛曰、貴島及諸鎮使送之人、須憑足下図書文引乃来、然中間不無冒乱之弊、今後貴州及諸所来人、須分中大小船、毎船正官格人名数総目開写、給付文引発送、方許礼接、

右の通達の趣旨は次のごとくである。すなわち対馬及びその他の諸鎮の使送人すなわち日本からくるすべての使人は、必ず貞盛の「図書文引」(図書を押した文引の意か)を受けてこなければならないが、「中間冒乱之弊」(すなわち過海料・留浦料の不正受給)があるので、今後島内及び諸処から朝鮮へ来る通交者には、必ずその乗船の大中小、正官(使人)及び格人(乗組員)の名数を明記した文引を給付するようにせよ。今後、朝鮮側としては、そういう文引を持って来た者だけを接待することにするというものである。対馬島のみならず日本各処から出来する倭人が必ず島主宗貞盛の文引を受けてくるという制度がいつ始まったのか、明確な史料上の所見はないが、右の文言を見るかぎり、すでにこのころ(すなわち世宗十八年当時)は、そのような制度になっていたようである。文引というものは、それを携行した者の素性を保障する文書で、ことに目的の浦所以外の所へ漂着したとき、賊船と疑われないために必要なものであるが、右の記事に見えるこのたびの措置は、その記載事項に船隻の大中小や正官・格人の名数を追加することにより、文引が持っている、そのような機能の上に、さらに不正取締りの機能を強化することをねらったものである。井太郎兵衛が行なった前述の不正暴露は、朝鮮側に島主文引の持つ機能の見直しを促し、右のような文引の機能の強化を行なわせる結果をもたらした。島主宗貞盛をして、通交者の船隻の大中小、正官・格人の名数をあらかじめ文引に記入させておく

というのは、粮糧の詐取を防ぐにはまことに有効である。このような記載事項の改訂によって、島主文引制は、朝鮮側にとっても、以前よりはるかに重要な意味を持つようになった筈である。島主の文引によって、朝鮮への通交者を一元的に統制することをねらって、これまで朝鮮側へ種々の働きかけをしてきた宗貞盛としては、まさに自分の狙った方向へ朝鮮側の政策を誘導することに成功したとも言えよう。井太郎兵衛の暴露は、恐らく宗貞盛の意向に副ってのものであったと考えてよいであろう。

このような文引制度の改定があった直後の世宗十九年正月、宗彦七（盛国）の使人が相変らず島主の文引を持たずに朝鮮へやって来た。その時朝鮮では、その使人に付して、かれのところへ書を送り「今後足下所送之人、依他例、受太守宗公文引以来、方許礼接」(58)と通告している。宗彦七盛国といえば島主貞盛の弟であり、先に見たごとく、すでに世宗十六年（一四三四）に受図書人になった人物である。その権勢に物を言わせて、おそらくこれまで島主文引制を無視した通交を続けていたのが、右のような通告をうけたわけであり、そこに島主文引制にたいする朝鮮側の姿勢の変化とも言うべきものを読みとることができるのではなかろうか。一方、貞盛は島主文引制の励行をますます熱心に朝鮮側へせまった。すなわち世宗二十年（一四三八）、対馬へ赴いた敬差官李藝にたいして、宗貞盛は使人を発遣する日本側の諸氏の名前を具体的に列挙して、それらがもし貞盛の文引を受けずに渡航しても、朝鮮側として接待を許さないことを約束させている。そのさい貞盛が列挙した名前は、対馬については宗彦七（盛国）・宗彦次郎（盛世）・宗茂直・早田六郎次郎であり、対馬以外では一岐の志佐殿・佐志殿・九州の田平殿・大友殿・薩摩州（島津氏）・石見州（周布氏）等である。(59)これによって当時、まだ対馬島内外において、かなり島主文引制を無視する人々がいたことがわかる。ことに宗盛国以下の対馬の四人は、いずれもこれまで見てきたところからわかるごとく、島主宗貞盛に対抗して独自的な通交権を留保するに熱心であった者達であって、すでに当時いずれも受図書人になっていた。さらに貞盛は、李藝の帰国に托した礼曹への答書で、他の件と共に文引制度に関して次の二事を請い、朝鮮はこれを承諾した。[60]

一、陸地諸処使人出帰時、若無我〇宗貞盛之文引、則不許接待、

一、島内各処図書、雖已成給、無吾文引、則其出帰船、須即還送、

これは、陸地諸処の使人（対馬以外の日本各地からの使人）は、貞盛の文引がなければ、接待を許さず、また対馬については、受図書人といえども貞盛の文引がなければ、接待しないで送還してほしいと言うもので、先に世宗十八年、朝鮮・対馬間にとり決められた文引制度の再確認に外ならない。

対馬島内の受図書人の朝鮮通交を、いかにして島主権力の統制下に置くかということは、貞盛にとっては、単に外交上の課題であるばかりでなく、内政上の最重要課題でもあった。かれは前述の世宗十八年の文引制度の改定を、まさにそのための有力な武器にしようとした。以後、貞盛の文引制度徹底への努力の大半は、島内受図書人をその制度の下に組み入れることに費やされたと言っても過言ではない。ところが朝鮮側では、文引制度改定以後、宗貞盛との間に前述のような、その制度励行の再確認を行なっておきながら、一方で、貞盛の文引なしで渡航した受図書人の使者の接待をしている例も存在する。例えば、世宗二十一年（一四三九）閏二月、宗茂直の使者仇羅沙也文（九郎左衛門）が、貞盛の文引なしで、朝鮮へ行っているが、このとき、朝鮮では議政府と礼曹の重臣が、仇羅沙也文の上京を許可するか否かを議論している。左賛成申槩は、もしこれを許せば、貞盛との約束に違うばかりでなく、今後諸処の倭人がこれを先列として、貞盛の文引を受けずに来るようになるにちがいないので、しりぞけて還送すべきであると主張したが、領議政黄喜・右議政許稠ら多数の大臣は、茂直は宗大善〔膳〕〇茂秀の弟であり、大膳はかつて朝鮮に宿怨があり、その

怒りは、いまなおとけていないので、いま茂直の使者を納れなければ、ますます怨みを生じることになるとし、上京を許すべきであると主張した。世宗王も黄喜らの意見に従ったので、結局、仇羅沙也文は接待を許されることになった。(61)また同年六月にも、宗彦七盛国の遣わした一行七十六人、宗茂直の遣わした六十五人、時知難洒毛（七郎左衛門）ら七十人、表安時羅（兵衛四郎カ）ら六十五人が、貞盛の文引を持たずに渡航したが、朝鮮側は議政府の提案によって、かれらを上京させることとし、さらに今後文引を持たない者が来航した場合、浦所からその措置について王京へ報告して、政府の指示を待っていては、倭人の浦所滞在がながびき、その弊害が少なくないので、王京からの指示を待つことなく、ことごとく上送せしめるよう決めている。(62)

これは先の世宗二十年の宗貞盛とのとりきめの線からの後退とも見える出来ごとである。このように当時はまだ朝鮮側としては、文引制の実際の運用にあたって、対馬島内の現実の勢力関係への配慮、あるいはさらに経済上・治安上の配慮等々から、かならずしも厳格にはなりえなかった面もあったのである。

しかし、その一方で朝鮮は世宗二十一年（一四三九）四月、敬差官を対馬へ遣わして、貞盛に文引制度の励行について説いている。これは当時朝鮮で、偽造書契や塗抹改書した書契によって渡航する日本の使人の多いことが問題となり、島主文引制を確立して、島主の文引によってそれを阻止させることを目指したものである。(63)すなわち『世宗実録』二十一年四月甲辰（二十七日）条に、対馬島への敬差官が島主に開説すべき事目をあげているが、そのうち文引に関するものは、次の四カ条である。

遣敬差官于対馬島、其事目曰、（中略）

一、宗貞盛曽有約云、無文引人、勿令許接、其後、無文引人而来者頗多、今後、堅禁事、開説、

一、陸地諸処使送客人等所持書契、不分真偽、皆給文引出送未便、今後書契覈実後、乃許文引事、開説、

一、宗貞盛外、各人文引・書契痛禁事、開説、

一、宗彦七〇盛国・宗茂直等、不受宗貞盛文引使人未便、今後、無宗貞盛文引、則不許接待事、開説

第一条は、文引制について貞盛と約して以後も、文引なく朝鮮へ来る者が頗る多いので、無文引者の朝鮮渡航を厳禁するようにせよというものであり、第二条は、陸地（対馬以外の日本）からの使送人の所持する書契について、貞盛が真偽をたしかめず、皆文引を給して、朝鮮へ送りつけてくるのはよろしくないので、書契をよくたしかめた上で、文引を与えるようにせよというものであり、いずれも文引制度運営上の基本原則とも言うべきものの確認である。第四条では、宗彦七（盛国）と宗茂直の使者が、貞盛の文引を受けないことをいましめ、今後貞盛の文引がなければ、接待を許さないと言っているが、これによって盛国・茂直が依然として貞盛の文引なしで通交していたことがわかる。ところで最も注意を引くのは、第三条である。文言は簡単で、貞盛以外の者が文引・書契を発行することを痛禁せよと言っているだけであるが、内容としては注目すべきものがある。まず文引発給禁止の方であるが、これによって、当時、島主以外の者が、文引を発行しているという事実があったことがわかる。いま一つは島主以外の者が、書契を発行するのを禁止するということであるが、これは一体どういうことであろうか。前節で見たごとく、確かに対馬島内においては、書契発行権の寡占化現象が進行し、誰でもが勝手に自己の名義で、朝鮮へ書契を送るというわけにはいかなくなっていた。その意味で書契発行権が実際上否定されている者もいたわけであるが、一方で、寡占化の主体となった者達の多くは、受図書人となり、いわば朝鮮側から書契発行権を保障されることになった。また対馬島外へ目を転じても、九州その他日本各地で、それぞれ自己名義の書契を、朝鮮へ送る実績を保有している者は、数多くいた。

したがって、島主以外の者が、書契を発行するのを禁止するというのは、何とも奇妙な気がするが、ここに言う書契というのは、受図書人などが自分の通交のために出すもののことではなく、他人に依頼されて（つまり他人の通交のために）、作ってやるもののことではなかろうか。そのことを思わせる史料として、前の記事よりも数カ月後の同年十月に、礼曹から宗貞盛へ送った書に見える次の一節をあげることができる。

宗彦七〇盛国・宗茂真〔直〕、雖曽受図書、各給文引使人、有違足下居首号令之義、今後、若無足下文引書契而出来、不許接待、(64)

右の大意は次のごとくである。すなわち宗彦七盛国や宗茂直は、朝鮮から図書を受けたものではあるが、かれらが、朝鮮へ渡航してくる「使人」（かれら以外の者が発遣する使者）に対して、それぞれ勝手に文引を発給しているのは、宗貞盛の対馬島最高支配者としての権限を侵すものである。今後、もしそれらの使者が、（宗盛国や宗茂直のところから、文引や書契を受けて、その結果）島主宗貞盛の文引と書契を受けずに出来することがあれば、朝鮮としては、そのような者を接待しないというのである。これによれば、当時宗盛国や宗茂直などの対馬の受図書人が、朝鮮への通交者に対して、それぞれ独自に文引を発行していたことがわかる。これはいわば島主の文引発行権に対するかれらの挑戦であって、朝鮮側としては、そのような状態を克服し、島主文引制を徹底させることによって、通交者の一元的統制を行なうことを宗貞盛に求めているのである。次にいま一つ注目すべきは、宗盛国や宗茂直などの対馬島内の受図書人が、他人に対して、文引はもとより、書契をも発給してやることを禁止していることである。このことは前掲史料の第三条について推定したところと一致しており、両者は同じことを言っていると考えてよいであろう。ただし、前掲史料では、宗貞盛以外の「各人」というのが、具体的には誰を指すのか、いま一つ明らかでなかったが、右の史料によって、それは宗盛国や宗茂直など対馬島内の受図書人であることがわかった。

書契発行権の寡占化にともなって、その主体になった有力者が、それ以外の者の朝鮮通交に名義を貸し、書契を発給してやっていた事実は、すでに前節で見た通りであるが、その後かれらが、相ついで受図書人になったことによって、かれらの名義貸行為は、一層有利に展開したと考えるのが当然であろう。しかし、ここにいたって朝鮮側が、かれらのそのような行為を否定する方針を打ち出したわけである。すでに前節で見たごとく、宗貞盛の名義貸には、朝鮮側は何の苦情も言わず、むしろ島主権力による通交者統制の一つの手段として、認めていたふしがあるのに対して、それ以外の受図書人の同様な行為には、右のように禁圧を加えるというのは、興味あることである。見方によっては、右の世宗二十一年の受図書人の書契発行権の否定は、己亥東征以後、ながい間の課題であった、対馬からの通交者の島主書契による一元的統制の完成をねらったものであったとも言えよう。ただし、受図書人の名義貸を実際上とりしまることのできる有効な方策は存在しないので、禁止措置と言っても、どれだけ実効があったかは疑問である。しかし、それはともかくとして、文引及び書契の発給を島主固有の権限として朝鮮側が確認したことの意義は大きい。

このようなことがあった翌年、すなわち世宗二十二年三月に、宗彦七（盛国）と宗茂直の使人が、朝鮮から接待を拒否される事件が起っている。(65) ときの『世宗実録』の記事によると、茂直の場合は、接待拒否の理由が書かれていないが、宗盛国の方は、明らかに島主文引を受けてこなかったことが理由になっている。両者の使人は、接待を拒否されたことを非常に怒り、不遜な態度をとったので、朝鮮側では、かれらが報復として、海賊行為を働くのではないかと心配したほどであるが、このたびは遂に原則を崩すことなく、拒否を貫徹した。ただし、接待拒否といっても、完全な追却ではなく、宗盛国に関しては礼曹から書を送り、島主文引制への違反を責め、接待を拒否する旨を通告するとともに、米豆三十石を与えている。宗茂直の場合は記事がないが、恐らく接待拒否の理由は同じであり、礼曹からの答書や賜物も、やはりあったであろう。このように朝鮮側では、ある程度の配慮はしながらも、島主文引制違反を容認しない姿勢を貫徹した。ここにいたって、島主文引制にたいする朝鮮側の態度は確立したと考えてよい。以後、記録にあらわれた限りでは、文引を持たないで渡航して問題を起している例はない。島主宗貞盛は、朝鮮側のこのような対外姿勢の確立に支えられて、朝鮮通交の一元的統制を着々と進め、それを島内支配確立の有力な武器としていったのである。

第三節　歳遣船定約——朝鮮通交権(三)——

世宗二十五年（一四四三）、対馬島主宗貞盛は、朝鮮と所謂癸亥約条を結んだ。これを彼は、島内支配に、たくみに利用したと考えられる。この約条は、条文はもとより締結のいきさつについても、『世宗実録』のこの年条には、全く記載されておらず、後の『海東諸国紀』に、

嘉吉三年癸亥正統八年宗貞盛為島主時、約歳遣五十船、如有不得已報告事、数外遣船、則謂之特送、歳賜米豆并二百石、(66)

とあるのが、この約条についての最もまとまった記述である。これによれば、この約条は、対馬から朝鮮へ渡航する年間の船数（歳遣船）および島主が朝鮮から支給される米豆量を決めたものであるが、ここで問題とするのは、歳遣船の方である。これによると歳遣船数を五十船とし、ほかにやむを得ない報告があれば、特送と言って、数外に使船を

つかわしてもよいことになっている。この記事によって、従来、癸亥約条では数外に特送船が認められていたと言われているが、実は約条が成立した当初は、このような例外規定はなく、『海東諸国紀』に言う数外の特送船の制は、その後対馬が実績によって獲得したものである。それは、この約条成立から約十年後の端宗二年（一四五四）に、島主宗成職の使人に朝鮮側が開諭した事目の一つに、

先王〇世宗時、与貞盛約毎年送五十艘、雖受職・受図書于我国之人、皆在五十艘内、且雖三着図書特送人、一年不過五艘、亦在五十艘内、祖宗与貞盛約結如此、難以更改、(67)

とあり、癸亥約条では、受職人・受図書人は勿論のこと、特送船もまた、五十艘の数内に含まれていたことがわかる。もとよりこの約条は、朝鮮側が対馬から渡来する船数を制限することを目的としたものであるが、特送船も当初、五十艘内であったとすれば、対馬にとっては、『海東諸国紀』に述べられている以上に、大きな制約をこうむることになるのである。しかし、このように対馬全体の使船の総数に関する定約が、島主を相手にして結ばれたことは、島主の立場からすれば独自の意義があった。それは約条締結のいきさつに、よくあらわれている。次にあげたのは、『成宗実録』六年六月戊戌（二十一日）条の申叔舟の卒伝の一節で、彼が日本国通信使卞孝文の書状官として来日し、その帰途対馬へ立寄って、癸亥約条の成立に一役かった時のことを述べた部分である。

回至対馬島、聞我国〇朝鮮与島主約定歳遣船数、島主為群下所誤、依違未定、叔舟言於島主曰、船数定則権帰島主、而群下無所利、不定数則人可自行、何頼島主、其利害不待智者而後可知、島主遂定約、

これによれば、朝鮮からの歳遣船定約の要求に対して、貞盛は群下の反対にあって決しかねていたが、申叔舟が船数が定められれば、群下の者は島主に頼らねば遣使出来なくなり、権力が島主に帰すことになると説いたので、遂に

定約したと言うことである。(68) 即ち、島主は歳遣船数を限定されることの不利を承知しつつも、この定約が島主を相手にしたものであって、定約成立以後は、島内の通交者は、全て島主から船数の割当を受けなければ、通交出来なくなり、通交者に対する島主の統制力が、一段と強化されるという利点によって、定約を承諾したのである。島主としては、ここで新たに従来の文引による統制に加えて、船数の面での統制を、島内通交者に加える権限を持ったことになるのである。

しかし、この島主の新たな統制権に対しては、当然のことながら島内の抵抗は強く、その後いち早く有力者は、朝鮮との間に彼個人の名義で歳遣船定約を結ぶ交渉を行ない、その多くは定約に成功して、島主から船数割当を受けなくとも、定められた数だけは、独自に遣使する権限を獲得している。次にあげたのが、貞盛島主時代に個人で歳遣船定約を結んだ人々である。

宗彦七盛国　七隻　『世宗実録』二十六年（一四四四）閏七月己亥（二十二日）条に「宗彦七〇盛国、一年使送船隻内、四隻上京支待、其余三隻聴令留浦興販」とあって、宗彦七〇盛国が癸亥約条成立後、翌年閏七月までの間に、一年七隻の定約を結んだことが知られる。彼が定約を請うた時の事情はよくわからないが、受図書人であることを理由として、歳遣船定約の要求を行なったもののようである。(69) 彼は、先に見たように、書契・文引による島主の統制に、執拗に抵抗した人物であることからみて、この場合も、島主の歳遣船定約による統制に対抗して朝鮮に請い、いち早く定約を結んだものと考えてよかろう。

宗盛家　四隻　盛家は、使者をつかわして定約を請い、世宗二十六年（一四四四）十一月、四隻の定約を許された。これは癸亥約条成立の翌年である。先に宗盛国が受図書人として定約を許されたことを先例として、同じく受図書人である彼も定約を請うたものである。[70] これに対して、朝鮮当局には反対論も多かったが、結局盛国の例もあって拒絶出来ず、定約を許し、船数は盛国より勢力が劣るということで、四隻を許可したのである。[71] なおこの後壬申年（一四五二）、彼はさらに朝鮮に定約船数の増加を請うて三隻を許され、計七隻の定約者となっている。[72]

宗盛弘　四隻　世宗二十七年（一四四五）二月、礼曹に書を送って十隻の定約を請い、盛家の例により四隻を許された。[73] 彼は伊奈郡郡主で、資茂の子、島主貞盛妹婿である。[74]

宗盛直　定約船数不明　世宗三十一年（一四四九）四月、盛直は人を遣わして定約を請うたが、許可されなかった。[75] しかし、その後定約したらしく、一四六九年、子の職盛が、父の歳遣船定約を継ぎたいと定約を求請している。[76] 彼は、仁位中村宗氏の茂直の子で、[77] 父茂直は、先にもみた如く貞盛の書契・文引による統制に、猛烈な抵抗を行なった人物である。盛直は島主代官（守護代）である。[78]

以上の四人が、管見のかぎりで貞盛島主時代に、歳遣船定約を求請した島人達である。これらの動きは、癸亥約条の結果生じた、島主の島内通交者に対する船数割当の権限に、対抗したものと考えられる。

第四節　孤草島釣魚禁約——朝鮮近海漁業権——

対馬は、全島がほとんど山におおわれ耕地が極度にとぼしいので、島人はいきおい生活の資を島外に求めねばならなかった。朝鮮あるいは日本本土との貿易活動はその代表的なものであるが、それには資本も必要であって、全島民が参加出来たわけではなく、島の人々にとって、より身近なものとして漁業活動があった。

対馬近海は、古来豊かな漁族に恵まれていて、島人が漁業を営むのに不足はなかった。しかし、漁師にとっては漁獲品が売れることが先決問題であるにもかかわらず、島内にはそれほどの消費市場は望めなかった。漁場と消費市場を併せ持つ朝鮮南部沿岸方面への出漁が、早くより行なわれていたのは、そのためである。事実、対馬人が朝鮮へ魚を売っていたことは、世宗二十一年（一四三九）、礼曹から貞盛への書に「専為魚塩等海産興販而来者、惟足下詳加分揀、除書契、只給文引、則随其出来、許留海辺、任意買売」[79]とあって、島人で魚塩を朝鮮で商う者に対しては、島主の書契を必要とせず、文引だけを給さしめ、自由に販売させることにしたことからも明らかである。しかし、十五世紀初頭に、日本からの商船の出入が、薺浦・富山浦に制限されると、それにともない、それまで自由だった操業区域が、この両浦所の近海だけに制限されることになった。そこで対馬では、浦所の増設を懇請すると同時に、漁場水域の拡張を求め、やがて世宗八年（一四二六）、いま一つの倭船到泊地として塩浦が加えられて、浦所が三浦となってからもそれをくりかえした。その後世宗十七年（一四三五）には開雲浦（慶尚南道蔚山郡）附近への出漁を、監視のための船軍を同乗させる条件で、許可したことが見える。[80]そのほか世宗二十年（一四三八）には、乃而浦（薺浦）に到泊している捕採藿倭船（魚や海草をとる日本の漁船）に対して、日限を指定した文引を給し、玉浦（慶尚南道巨済島の東岸に位置する）以北の海中および岬や浦々で操業することを認め、日限が来た船に対しては、玉浦万戸がただちに帰国を命ずるということが定められた。[81][82]

しかし、浦所増設やそれに伴う漁場の拡張には限界があるので、対馬では、水産資源のより豊富な全羅道南海の多島海方面への出漁について交渉するようになった。島主宗貞盛は世宗二十二年（一四四〇）三月に西余鼠島の捕魚を願い、[83]これは許可されなかったが、同年五月には孤草島への出漁公許を求めた。[84]朝鮮では反対論も多く、なかなか決しなかったが、貞盛から懇請を重ねた結果、ついに翌二十三年末に公許した。(85) 所謂孤草島釣魚禁約がそれである。孤草島は、全羅道南海の陸を隔てること三十余里の無人島であると言われるが、(86) 現在の全羅南道巨文島と考えられる。(87) 従って対馬島人が朝鮮海域で操業を公許された漁場は、朝鮮三浦近海と孤草島ということになったのであるが、何といっても孤草島は好漁場であった。

ところで注目すべきは、この漁場への出漁許可権を島主が独占的に握っていたことである。孤草島釣魚禁約によれば、同島へ出漁する者は島主の発行する三着図書の文引を受けて知世浦(慶尚南道巨済島)へ赴き、同所の万戸へ文引をおさめて、万戸から改めて孤草島へ往来するための文引を給付される。漁が終れば知世浦へひきかえし、先に万戸から給付された文引を返納し、税魚をおさめて、島主の文引に証明をもらって験とするのである。(88) このような島主文引の制がある為に、何人といえども、島主の許可なしには孤草島で操業することが出来なかったわけである。また、この禁約の結果、島主が出漁許可権にともなって、文引発行の手数料および漁業活動そのものに対する公事を徴収しうる利益を得ていたことが、対馬に伝わる孤草島釣魚をさすと考えられる「おふせん」の文書から明らかである。(89) ところで実はこの孤草島釣魚の文引制は、先にみた一般通交者に対する文引制と同様、朝鮮側からではなく、貞盛の側から提案したものであった。すなわち、世宗二十一年(一四三九)七月に通信使高得宗が日本へ出発するが、(90) かれは、帰途対馬において宗貞盛から次のような申し入れをうけている。

宗貞盛謂臣〇高得宗曰、本島山石硗确、無土可耕、大人目撃也、本島人民、専以釣魚為生、故毎年或四五十艘、或七八十艘、往孤草島、釣魚以自給、故再三固請不獲已也、本島之人、皆以為、与其餓死於此、曷若冒死往釣於彼、儻釣於此島、為辺将所害、本島之人、或不得避、則必互相殺害、若然、則恐違修好之意、若許令釣魚於此島、則

生理有裕、永無入寇之心矣、請須啓達、(91)

貞盛の言うところによれば、地味が痩せて耕すべき土地のない対馬の人民は、もっぱら釣魚で暮しを立てており、すでに毎年四五十艘から七八十艘の漁船が、孤草島へ出漁しているという事実があるので、正式な出漁の認可を再三請うているというのである。しかも坐して餓死を待つよりは、決死の覚悟で孤草島へ出漁するというのが、対馬の人民の気持であるので、もし朝鮮の辺将が、不法の故をもって、それを攻撃することでもあれば、出漁している対馬人は反抗して、殺し合いになること必定であろうと言い、そのような事態を招かないためにも、朝鮮側が孤草島における対馬人の釣魚を公許するよう啓達してほしいと高得宗に依頼したのである。それに対して高得宗が、孤草島釣魚を許可すれば、釣魚に仮托して作賊する者があるにちがいないとの懸念を表明すると、早速貞盛は次のように提案している。

貞盛答曰、釣魚之人、必受吾文引以往、貴国亦差人検験、若無文引者、以賊論、受文引者、若作乱、則戮及妻孥可也、姑許一二年以試之、如或違約、還奪又何難焉、(92)

すなわち、孤草島への出漁者は貞盛の発行する文引を受けて行かせることにしよう。朝鮮側もまた係官を派遣して検察をおこない、貞盛の文引を持たない出漁者は、賊として処断するようにしてほしい。また貞盛の文引を受けていながら、もしも作乱するものがあれば、対馬側でもって、その当人は勿論、妻子までふくめて誅戮してもよい。であるから、朝鮮側も試みに一、二年の間、孤草島への出漁を許可し、その間にもし違約の事実が出来すれば、改めて出漁を禁じてもよいのではないかというのである。右の貞盛の提案は、高得宗が帰国して世宗二十二年（一四四〇）五月二十九日に行なった上啓の中に見えるものである。高得宗のこの上啓の後、朝鮮側ではいろいろ議論があったが、翌世宗二十三年末に、結局、貞盛提案の線にそって、前述のごとき孤草島釣魚禁約ができたのである。これによって貞盛は文引制という形で、対馬人にたいする孤草島出漁許可の権限を握ったのである。この禁約によって、朝鮮は孤草島出漁を公許したわけであるが、貞盛自身が言っているごとく、同島へはそれまですでに多数の対馬漁船が、毎年出漁していたのであるから、これらは新しい漁場の獲得というよりは、むしろ既存の漁場の合法化によって、そこでの操業に対する対馬側としての支配権を、対馬島主が独占したということである。この権限を宗貞盛は、島内支配に有効に活用することをねらった。

事実、この独占が、島内の有力者に不都合なものであったことは、貞盛が高得宗とさきの交渉をしていたとき、折から博多に滞在中であった宗茂直が、わざわざ対馬の高得宗のもとへ使者を送り、次のように申し入れていることでもわかる。

宗茂直、又使人謂臣曰、前者、欲於孤草島釣魚、已曽親達、今我雖入居博多、我之人民在此島者、生理甚艱、請備細啓達、許通釣魚為望(93)、

これも前述の高得宗の上啓に見えるものであるが、茂直は孤草島で釣魚を行なわんとし、すでにそのことを直接申し入れたことがあるが、対馬に在島する自分の管下の人民は暮しに困るので、自分にも釣魚のことを許してほしいというのである。「許通釣魚為望」というのは、文字通りの意味としては、自分の方へも釣魚を許して欲しいということであるが、先の貞盛の申し入れとあわせ考えると、自分にも独自に孤草島出漁許可権を認めて欲しいという意味であることは間違いない。

茂直は宗賀茂の子で仁位中村宗氏である。かれは永享二年（一四三〇）から同七年ごろにかけて、島主代官（守護代）

の職にあったことが、その発給文書の形式からわかる人物であり、(94)おそらく高得宗が来日した当時も、ひきつづいてその職にあったであろうと思われる。ところで右の茂直の孤草島釣魚に関する要求は、朝鮮側の容れるところとはならず、前述のごとく相手を島主宗貞盛一本にしぼった釣魚禁約の成立を見たのであるが、この禁約成立三年後の世宗二十六年（一四四四）には、宗盛家も朝鮮へ使者をつかわし、孤草島釣魚に関して請うところがあった。(95)その詳細は不明であるが、恐らく自分にも孤草島出漁者にたいする文引発行権を認めてほしいということであったろうと推測される。この宗盛家は、後世仁位家の祖とされる仁位郡主宗信濃守満茂の子で、父の後をついで仁位郡主になった人物であり、(96)先に述べたごとく、当時すでに受図書人となっており、またこのとき同時に歳遣船の定約を請うて、四隻（のちに三隻の加増が認められ計七隻）の定約を結んだ有力者である。しかし、かれの要求もまた、朝鮮側の容れるところとはならず、孤草島釣魚文引の発行権は、その後もながく島主の独占として留保され、朝鮮通交上の他の諸権益とともに、島主の島内支配をささえる重要な柱になったのである。なお盛家の父信濃守満茂は、先に述べたごとく宗賀茂の子であり、したがって盛家は賀茂の孫ということになる。盛家もまた中村宗香の流れをくむ、仁位中村宗氏の一族であることは注目しておいてよいであろう。

第五節　仁位中村宗氏との対立関係

以上、島主貞盛が、書契・文引の制、歳遣船定約、孤草島釣魚禁約など対朝鮮権益を利用することによって、支配権の強化を計ろうとし、またこれに対して、島人の間に、烈しい抵抗があったことをみた。次の表Ⅲは、これまでのところで説明した、島主貞盛側からの統制策強化に対抗しての独自的な朝鮮関係権益設定の試み、すなわち朝鮮から直接に自己名義の図書を受けること、独自の歳遣船定約を結ぶこと、さらには島主の文引を無視した通交をこころみること、あるいは島主とは別個の孤草島出漁権を朝鮮へ要求することなどを行なった島人たちの一覧である。

表Ⅲ　独自的な朝鮮関係権益設定行動をした島人一覧

人名	受図書	島主文引なく通交	歳遣船定約	孤草島釣魚権の要求	備考
早田六郎次郎 也伊知	○	○			海賊首、左衛門太郎子
宗茂直	○	○		○	島主代官、仁位中村宗氏
宗盛 国彦七	○	○	○		豊崎郡主、貞盛弟、仁位中村宗氏の姻戚
宗盛 世彦次郎	○	○			酘豆郡主、貞盛弟
宗盛家	○		○	○	仁位郡主、仁位中村宗氏
宗茂世 虎熊丸 彦八郎	○				酘豆郡主、盛世子
宗盛弘			○		伊奈郡主、貞盛妹婿
宗盛直			○		島主代官、仁位中村宗氏、茂直子

そこで、これらの人々が、どういう立場の者であるかが問題となるが、まず彼等は、海賊首とか島主代官或は郡主など、いずれも有力者である。そして特に注意を引くのは、彼等の大部分が、仁位中村宗氏の一族ないし同氏の姻戚であることである。従って、これらの人々が、島主貞盛に対抗したのは、単に有力者であるというより、島主対仁位中村宗氏の対立関係としてとらえた方が、より適切であるようである。そこで、なぜ仁位中村宗氏と島主貞盛が対立することになったのか、両者の関係を歴史的にふりかえってみる必要がある。そこで便宜上、宗氏の初代（記録に現われた限りでの）から島主材盛（十六世紀初）にいたる同氏の系図を系図Ⅰ「宗氏系図」としてあげる（宗氏の系図には、『寛永諸家系図伝』『宗氏家譜』『寛政重修諸家譜』所収系図その他があるが、いずれも近世の編纂にかかり、誤謬が多いので、ここではそれらによらず、李朝歴代の実録・『海東諸国紀』「順叟大居士即月大姉肖像賛并序」柚谷家記録の『系図後集書』所収「仁位系図」等を斟酌して、筆者が作成したものである。系譜関係の考証の詳細は、繁雑にわたるので、ここではいちいち述べないが、その大部分は、第一章から第四章までと本章で考証したものである）。

貞盛以前の宗氏の歴史については、すでに第一章から第四章までのところで述べたが、それを要約すれば、つぎのごとくである。宗氏は対馬国在庁官人であると同時に、十三世紀以来、対馬の守護地頭である少弐氏の地頭代となり、対馬の現地最高責任者となっていた。その職は、代々世襲されていたが、島主経茂の時、その弟で島主の代官をつとめた宗香（仁位中村宗氏の始祖）が、留守がちの島主にかわって勢力を伸ばし、一三七四年頃、経茂の系統を廃して、自分の子澄茂を、島主の地位につけた。この後しばらく、島主の地位は、仁位中村宗氏によって、握られることになった。なお、澄茂の時に、島主は従来の地頭代から守護になっている。その後応永五年（一三九八）、経茂の孫貞茂が、仁位中村宗氏系の島主頼茂を廃して、再び本来の島主家に政権を奪い返した。その後間もなく応永八年（一四〇一）、

系図Ⅰ　宗氏系図

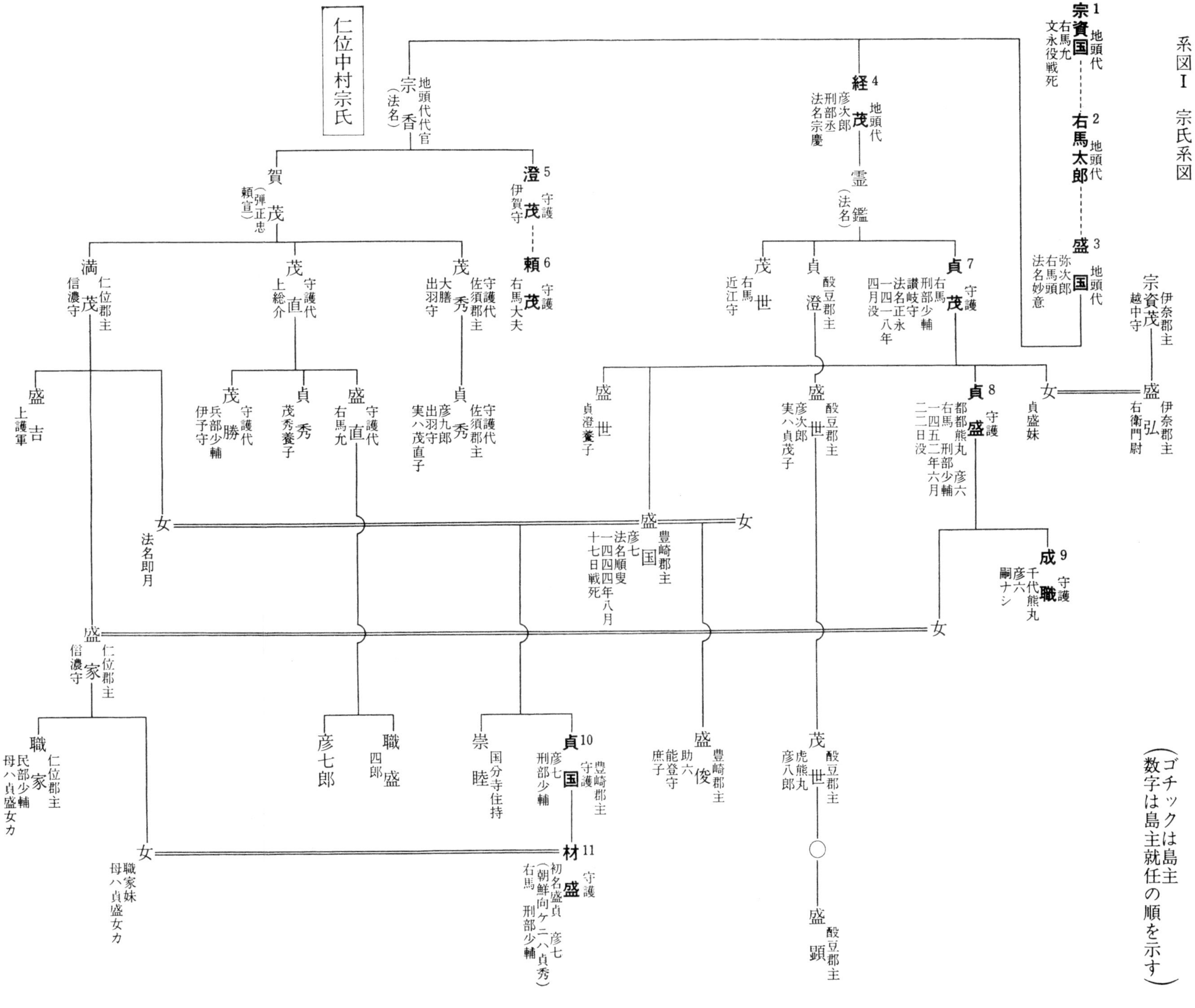

（ゴチックは島主数字は島主就任の順を示す）

こんどは、宗香の子で澄茂とは兄弟の賀茂が、貞茂に対して謀叛を起し、一時政権をにぎったが、翌九年には、再び貞茂が、賀茂から政権をうばい返した。ところが貞茂は、仁位中村宗氏一族の勢いが盛んで、それを滅ぼすことが出来ず、やむをえず賀茂の子茂秀を、代官（守護代）に登用している。すなわち、十四世紀後半から十五世紀初頭にかけての対馬の歴史は、本来の島主家の宗氏と、仁位中村宗氏とが、島内支配権の争奪をくりかえした対立抗争の歴史であった。つまり、貞茂の子で、その後をついで島主となった貞盛と、仁位中村宗氏との対立は、このような、何代にもわたる抗争の経緯に根ざすものであったのである。

宗香の後は、右の系図Iにも示したように、守護澄茂の系統こそ断えたが、いま一方の賀茂の系統の方は、大きな勢力を形成している。すなわち満茂の系統は、仁位中村宗氏の本拠である仁位郡の郡主となり、また茂秀は、守護代となり、佐須郡主にもなっている。そしていま一人の茂直も守護代となり、その子等も、守護代をつとめている。これら仁位中村宗氏の勢力は、島主宗貞盛が、島内支配を強化していく上で、大きな障害になった。かれら一派からの牽制や圧力に、如何に対処しておのれの権力を強化していくかが、島主宗貞盛にとっては、最大の課題であった。

対馬島内のこのような対立は、朝鮮側でも注意深く見守っていた。世宗二十一年（一四三九）十一月壬戌（十八日）、当時死の床にあって、承政院から病気見舞を受けた左議政許稠は、子息の詡を遣わして、特に次のようなことを上申している。これは、礼曹の官なども歴任して、長年対日関係にも深くかかわってきたかれの、最後まで気掛りにしていた一事であったのであろう。

都承旨金墩、問疾於左議政許稠、稠病劇、未得見、翼日、令其子左副承旨詡、詣承政院謂墩曰、対馬島本宗茂秀之父主之、其後、為宗貞盛之父所奪、宗茂直・宗彦七、与貞盛異心、乞須啓達、並加厚恤、(97)

これによれば対馬はもと茂秀の父（賀茂）が支配していたのを、貞盛の父（貞茂）が奪ったという経緯があるため、賀茂の子である茂直（茂秀の弟）や宗彦七盛国（盛国は賀茂の系統ではなく島主貞盛の弟であるが、仁位郡主満茂の女を迎えてその姻戚になっており、すでに前述したごとく、朝鮮への遣使などでは、茂直と行をともにしていることが多い）は、島主貞盛とは仲が悪い。このことを王に啓達して、この両人の使を、ともに厚くもてなすようにして欲しいというのである。つまり対馬島内の勢力の対立の関係を見きわめて、均衡を失わない対外政策を行なえというのが、許稠の言であるが、これは賀茂の叛とその後の島内の勢力抗争を、いかに朝鮮側が、注意深く見守っていたかを示す例である。なおこれはすでに前述したが、許稠ら重臣たちは、同年閏二月癸巳（十五日）にも、賀茂の子茂直の使人が、島主貞盛の文引を持たずに出来した件について、茂直は宗大膳（茂秀）の弟であって、大膳は朝鮮に対して「宿怨」をいだいており、いまだその怒りが解けていないので、いま茂直の使人が、貞盛の文引を持たずに出来しているからといって、規則通りそれを追い返すべきではないと主張し、結局その意見が容れられている例がある。大膳（茂秀）の朝鮮に対する「宿怨」というのが、具体的にはどのようなことなのかよくわからないが、右にあげた記事に言うところと合わせ考えると、それは賀茂が、貞茂によって、政権を奪還されて、敗北したことに関係したものであったかも知れない。ことによると、賀茂の敗北を促進させるようなことが、当時の朝鮮の対馬に対する外交措置の中にあったか、あるいはそこまでいかなくても、貞茂の政権のいち早い承認が、賀茂の子である大膳（茂秀）の怨みを買うということぐらいは、十分あり得たであろう。その「宿怨」の内容はともかくとして、重要なのは、当時朝鮮では、まだ島主貞盛の権力が、その対立勢力である賀茂の子孫、すなわち仁位中村宗氏を十分に統禦するまでに至っていないと認識し、茂直などの方へも、ある程度の手当てをしておかねばならぬと、判断していたことである。ことに前述のごとく、島主文引制を確立していく過程で、数年にわたって、仁位中村宗氏とその一派の者が、強引にその制度を無視した通交を続け得たことなどは、朝鮮側のかかる判断の端的なあらわれである。かかる判断にみられる、貞盛政権への朝鮮側の危惧は、貞盛が島内支配を強化していく上では、大問題である。そこで貞盛は、朝鮮への信用を高める外交努力を積み上げ、それを内政の強化に役立てるという政策を、熱心にすすめた。すなわち朝鮮の倭人統制策に協力し、その結果、対馬全体としては、不利なことになるとしても、島主自身が、朝鮮との関係における特段の権限を獲得することができるならば、その道をえらぶ、という政策をとったのである。勿論、その特段の権限を、島内支配権の強化に役立たせたことは言うまでもない。ことに、貞盛がねらったのは、仁位中村宗氏を中心とする反島主陣営の勢力の押さえこみであった。

島主文引の制度を無視するというような極端な例は、貞盛の時代のうちに、すでになくなるが、仁位中村宗氏の一派は、貞盛の時代以後も、隠然たる勢力があり、ながく、島主の一円支配貫徹を阻む存在でありつづけた。その実例を一、二あげておく。まず、仁位中村宗氏が、代々郡主をつとめる仁位郡が、八郡のうち、行政上、特殊な性格をもっていることをあげうる。近世、数次にわたって、対馬藩が、島内諸家に伝わる判物を書上げさせた「宗家判物写」は、幸い郡単位の書上げであるので、これによって、島主・郡主等の発給文書の地域分布を見ることが出来る。勿論その分布は、書上げ当時のものであって、直ちにこれを文書発給当時における状態とすることは出来ないが、発給以後一部で見られる、文書の島内での移動をあとづけて、それを修正すれば、ほぼ、発給当時の分布状態を復元することが出来る。その移動の詳細を、いちいちについて述べるのは省くが、それを考慮してみると、仁位郡における島主発給文書の存在形態は、他郡とくらべてきわめて特異である。対馬の郡主発給文書の形式は、直状式を原則としており、郡主が郡内の住人に対してある程度の独自的な支配権を持っていたことがうかがわれるが、一方、仁位郡以外の郡では、島主が、郡主を兼任している郡（佐護・峯・与良）は勿論、独自の郡主のおかれた郡（豊崎・伊奈・佐須・酘豆）でも、島主発給文書が、多数存在しており、島主が、郡主を介さず、直接に、各郡の住人を支配する方式が、並存していたことが知られる。ところが、仁位郡では、島主発給文書が、他郡にくらべてきわめて少なく、その少数のものは、㈠まず仁位中村宗氏の出である澄茂の発給したもの、そして貞茂以降の島主の分は、㈡文書発給以後、他郡から流入したもの(98)、㈢文書の宛名の人物は、仁位郡の住人であるが、宛行なわれている権益の所在地が、他郡のもの(99)、㈣宗氏一門の祈禱寺である仁位村清玄寺に対する安堵状であって、一般住人に対する場合とは、性格を異にするもの、などである。そして他郡の場合と同じように仁位郡に対する島主発給文書があらわれるのは、十六世紀になってからである。すなわち、このことから、貞茂以降、十五世紀には、島主の支配権は、他郡に対するようには、仁位中村宗氏の本拠であり、同氏が、郡主をつとめる仁位郡には、及んでいなかったとしてよかろう。

次に賀茂系の代官について述べよう。端宗三年（一四五五）、元孝然が、対馬をおとずれた時、島主成職の家臣侯楼《(古》加《河)》臥は、海賊行為をする受職人達が、「執事之人」に族連している故に、殄滅できないと語っている(100)。そこで「執事之人」が、誰をさしているかであるが、島主代官（守護代）の宗貞秀が、自分のことを「本島執事者惟我一人耳」と、朝鮮に対して言っている例もあり(101)、これは島主代官をさしていると考えられる。とすれば、それは年代からいって、賀茂の孫に当たる代官宗盛直のことである(102)。

また成宗十七年（一四八六）に、それまで三十余年間対馬にいて、朝鮮へ送還された明人潜厳という者が、朝鮮で、対馬の内情を色々暴露して、対馬西岸の阿里浦の三十余戸は、表向は漁を業とするが、実は、朝鮮に寇して生計を立てている、しかし代官の管下である為に、あえて捕縛しない、と言っている事実がある(103)。これを検討するに先だち、賀茂系の代官（茂秀・茂直・盛直・貞秀・茂勝）が、島内のどの地域に勢力を伸ばしていたかをみると、『海東諸国紀』によれば、茂秀は、代官と同時に、卦老（佐須）郡郡主を兼任し、沙愁（佐須）浦に居住しており、茂直・貞秀もまた、同浦に本拠があった。彼等は元来、仁位郡仁位村に本拠をもつ仁位中村宗氏の出であるが、茂秀が佐須郡主となって以来、佐須郡一帯に勢力を張ることになったものと思われる。ところで、潜厳の語った海賊村阿里浦というのは、佐須郡阿連《あれ》浦をさすと考えられる。(104) 従って、この浦を管轄している代官とは、佐須郡に根拠をもち佐須郡の郡主でもある、茂秀以来の賀茂系の代官に外ならないであろう。

以上の二例は、いずれも海賊勢力が、島主代官の管下にあるが為に、これに対して島主が、禁圧を加え得ない事情を、物語るものである。朝鮮側の海賊禁圧の要求を、歴代の島主が、すべて無条件に受け入れて、忠実に、禁賊を実行したとは言えないが、しかし島主権力の強化や島内一円支配完成の観点からするならば、海賊行為たると否とを問わず、島主の統制力の埒外で、勝手な海上活動が行なわれていて、島主の権力が、及び得ないという状態は、好ましくないはずである。この二つの事例は、仁位中村宗氏の勢力が、島主の一円支配完成の大きな障害であったことを、端的に物語るものである。

第六節　朝鮮関係諸権益の統制確立

これまで、島主貞盛が、反島主勢力に対する、島主の支配権強化を目的として、朝鮮の通交制限方針に積極的に協力し、それによって、島主権力の優越性を、はっきりうち出したことを述べた。この基礎の上に立って、次代の島主成職（一四五二—六七年在任）、ついで、貞国（一四六七年就任、一四九五年末頃没）の島内支配が展開するのであるが、この時代になると、貞盛が努力してうちたてた島主権力の優越性は、ゆるぎないものとなり、一種の安定期を迎えるのである。そのことを端的に物語るものとして、貞盛時代には、島主権力の伸張をはばむ役割を果たした、島人の受図書・歳遣船定約などの行為が、成職・貞国時代には、全く別の機能をもつようになっていることをあげておこう。

次の表Ⅳ・Ⅴは、貞国時代までの受図書人および歳遣船定約者（求請しても与えられなかった者を含む）で、受図書および歳遣船定約の事情が判明する者の一覧表である。「求請事情」の欄に「自請」としたのは、図書・歳遣船の求請を本人が朝鮮に行なったもの、また「島主請」としたのは、島主が、図書名義人・歳遣船定約者のために請うたものをあらわす（なお、この時期の歳遣船定約者の全貌については、中村栄孝氏の『日鮮関係史の研究』下所収の別表Ⅰ「歳遣船定約者一覧」に詳しい図表がある）。

表Ⅳ　受図書

島主	受図書（求請）年月	受図書（求請）人	求請事情	出典
貞盛	一四二九年九月	早田也伊知	自請	『世宗実録』十一年九月庚申条
	一四三三年六月	宗茂直	自請	『世宗実録』十五年六月丁酉条
	一四三四年四月	宗盛国	自請	『世宗実録』十六年四月己未条
	一四四九年五月	宗茂世	自請	『世宗実録』三十一年五月壬午条
成職	一四五二年十一月	宗千代熊（成職幼名）	自（島主）請	『端宗実録』即位年十一月丙戌条
	一四五七年	秦盛幸	島主請	『海東諸国紀』
	一四六五年	宗国久	島主請	『海東諸国紀』

島主	年月	者	事情	出典
貞国	一四七三年五月	宗　茂次	自　請	『成宗実録』四年五月己亥条
	一四七三年六月	崇睦(国分寺)	島主請	『成宗実録』四年五月戊午・六月己丑条
	一四七四年十月	宗　茂勝	自　請	『成宗実録』五年十月庚子条
	一四七六年	立石国長	島主請	『成宗実録』七年七月丁卯・八年九月戊辰条
	一四八九年十月	宗　国次	島主請(不許可)	『成宗実録』二十年十月庚子・十一月己巳条

表V　歳遣船定約

島主	定約(求請)年月	定約(求請)者	定約(新定・加増)要求船数	定約船数	求請事情	出典
貞盛	一四四四年閏七月以前	宗　盛国	新定約	7	自　請?	『世宗実録』二十六年閏七月己亥・十一月丙子条
	一四四四年十一月	宗　盛家	新定約	4	自　請	『世宗実録』二十六年十一月丙子条
	一四四五年二月	宗　盛弘	新定約10隻	4	自　請	『世宗実録』二十七年二月壬子条
	一四四五年五月	宗　貞盛	加増20隻	不許可	自(島主)請	『世宗実録』二十七年五月丁亥条
	一四四九年四月	宗　盛直	新定約	不許可	自　請	『世宗実録』三十一年四月庚午条
	一四五二年	宗　盛家	加　増	3(計7)	自　請	『海東諸国紀』
成職	一四五七年	秦　盛幸	新定約	1	島主請	『海東諸国紀』
	一四六五年	宗　国久	新定約	1	島主請	『海東諸国紀』
	一四六七年七月	宗彦九郎貞秀	加増(従来1隻)	不許可	自　請	『世祖実録』十三年七月甲申条
国	一四六九年	宗　職盛	新定約	不許可	自　請	『海東諸国紀』
	一四七三年六月	崇睦(国分寺)	新定約	1	島主請	『成宗実録』四年五月戊午・六月己丑条
	一四七四年十一月	宗彦九郎貞秀	加増9隻	4(計5)	島主請	『成宗実録』五年十月戊子・十一月辛酉条
	一四七六年六月	宗彦九郎貞秀	加　増	不許可	島主請	『成宗実録』七年七月丁卯条
	一四七六年六月	宗　盛俊	加増(従来3隻)		島主請	『成宗実録』七年七月丁卯条

貞	一四七六年六月	崇睦（国分寺）	加増	不許可	島主請	『成宗実録』七年七月丁卯条
	一四七六年六月	宗職家	加増3隻（従来4隻）	不許可	島主請	『成宗実録』七年七月丁卯条
	一四七七年九月	宗茂次	新定約	1	朝鮮カラ与ウ	『成宗実録』八年九月戊辰条
	一四七七年九月	立石国長	新定約	1	朝鮮カラ与ウ	『成宗実録』八年九月戊辰条
	一四七七年十月	崇睦（国分寺）	加増9隻	2（計3）	島主請	『成宗実録』八年十月乙未・壬戌条
	一四八五年二月	崇統（国分寺）	加増4隻（従来1隻）	2（計3）	島主請	『成宗実録』十六年正月乙酉・二月戊午条
	一四八八年四月	宗茂国	加増2隻（従来1隻）	不許可	島主請	『成宗実録』十九年四月己酉条

そこでこれらの求請の事情に注目してみたい。初めに受図書についてみよう。表によれば、貞盛時代には、求請事情の判明している四例が、全部自請であるのに対して、成職時代になると、求請事情のわかるのは三例であるが、そのうちの児名送使の求請をのぞくと（宗千代熊が自請しているが、これは島主成職が、自身の幼名で求請したもの○児名送使であるので、考察の対象からはずした）、残る二例は、ともに島主請によっている。また、島主貞国時代には、求請事情のわかる五例のうち、二例が自請で、三例が島主請である。これによれば、成職の時以後、島主の請によって、受図書人となるものが現われたことが知られる。貞盛時代には、先に見た如く、図書求請は、島主の文引発行権に対抗せんが為のものであったが、このように島主の請によって、島人が受図書するのは、島主と受図書人との関係が、貞盛時代とは、大きく変って来たことを示すものである。そこで、島主請による図書求請の例として、立石国長と宗国次の場合をみれば、次の如くである。

立石国長は、三浦代官として恒居倭刷還に功績があったことにより、貞国が、彼の為に図書を求め、また宗国次は、度々島主特送使となって朝鮮へつかいし、両国和好を致した人物であることを理由として、貞国が、彼を受図書人とするよう、朝鮮へ請うているものである。いずれの場合も、対朝鮮関係にたずさわって、功績があった人物のために、島主が、図書成給を請うているものである。これらの例から、島主が、島人のために図書を請うているのは、家臣として功績のあった者に対する褒賞の意味を持っていると考えてよかろう。このことは、図書が、成職・貞国時代になると、一種の給分化していることを物語るものではなかろうか。島内における、図書の持つ意味のこのような変化は、島主文引制その他によって、朝鮮通交上における島主権の優越性が確立し、受図書人の存在が、もはや、島主の権力をおびやかすものでなくなったことを意味している。このことのなかに、成職から貞国の時代にかけての島主権の安定をみることが出来るのである。

次に、歳遣船定約の場合についてみよう。まず貞盛時代の求請者であるが、このうち島主貞盛が、歳遣船二十隻の加増を求請したのを除き、他は全て、癸亥約条の結果生じた島主の島内通交者に対する船数割当の権限に対抗し、みずから朝鮮に定約を請うたものであることは、既に先に述べた。次に島主成職・貞国二代の定約求請のうち、求請事情の判明している者についてみると、自請は世祖十三年（一四六七・成職時代）に、宗彦九郎貞秀が、みずから船数の加増を請い、また己丑年（一四六九・貞国時代）に、宗職盛が、みずから定約を請うている二例があるだけである。残りは朝鮮側の意向で定約を与えている二例をのぞき、他はすべて島主の請によるものである。朝鮮側の意向で定約を得たのは宗茂次と立石国長であるが、これは当時、この両人と肥前那久野の藤原頼永の三人だけが、受図書人ではあったが歳遣船数の定約はしていないという状態にあったので、かれらの使人が渡航した都度、浦所の辺将は、その接待の可否を中央政府へ問い合わせなければならなかった。そのため、浦所での滞在がながびき、弊害が多かったので、成宗八年（一四七七）に朝鮮側で、これら三名の受図書人を、歳遣船一船の定約者にしてしまったものである。これは受図書人と歳遣船定約者を一致させるという、朝鮮側の統制策の一環で、この場合の歳遣船定約は、使人を接待する朝鮮側の都合によるものであった。

右の宗彦九郎貞秀と宗職盛の自請の二例は、いずれも朝鮮で、その請をいれられなかったのであるが、職盛の場合についてみると、『海東諸国紀』に「宗職盛、（中略）己丑年（一四六九）、又遣使来朝、請継父遣舡、以無島主之書、不従」(105)とあって、職盛のために定約を求請する島主の書を携行しなかったことを理由に、朝鮮側が拒否していることに注目すべきである。これによって、一四六九年（睿宗元年）の頃には、朝鮮側が、島人が勝手に定約を請うのを受付けず、島主の請によらなければならないという方針を出して来ていることがわかる。これ以後の求請に、「自請」のものが見当たらないのは、朝鮮側のこの方針によると思われる。しかし、島主の請による求請を、単に、朝鮮側の方針の変化だけで説明するのは、不充分である。島主の請による定約求請が出て来たこと自体、対馬において定約求請のもつ意味が、貞盛時代とは違って来ていることを示している。

癸亥約条は、島主が、島内通交者に対する船数割当権を掌握できた点では、島主にとって、好ましいものであったが、他面船数の総額を五十隻に限定されたことによって、朝鮮貿易の収益を最大の財源とする島主は、大きな損失をこうむった。癸亥約条の当事者である貞盛が、早くも定約二年後の世宗二十七年（一四四五）五月に、二十隻の加増を請うているのは(106)、そのことをよく示している。そこで、島主権力が安定して来るにつれて、島内における島主以外の歳遣船定約者の存在は、島主にとってそれほど大きな問題ではなくなり、むしろ歳遣船総数の増大によって、貿易収益の拡大をはかることが、主要な問題となってくる。しかし、島主自身の名義で船数増額を要求しても、先の約条によって、五十隻ときめられているからには、朝鮮側でその原則をくずす可能性が少なく、それよりも管下の有力者で、朝鮮に求請した場合、その請が容易にいれられる可能性のあるものを選んで、これに定約させたほうが、早道であった為に、島主請により、管下の者が求請する例が、貞国時代に多く出てきたものと思われる。先の図書の場合と同様、歳遣船定約求請の場合も、島主請の出現は、島主権力の安定を物語るものであると考えられる。

特に貞国時代になると、島主貞国が、仁位中村宗氏の代官家の宗彦九郎貞秀、仁位郡主家の宗職家について、その功績や格式を述べたてて、大幅な船数加増を請うていることが注目される。仁位中村宗氏が、島主請により歳遣船定約を求請することは、史料でみられる限り、貞国時代になって初めておこっている（成職の時には宗彦九郎貞秀が自請して拒否されている例がある）。このことは、従来、島主家と対立関係にあり、貞盛以来の島主による朝鮮通交の一元的支配に、強力に抵抗して来た仁位中村宗氏が、島主の通交統制権に服することになったことを意味するものである。先に述べた仁位郡の特殊性は、貞国時代にも依然続いていて、内政面においては、貞国はまだ、完全な一円支配を完成させてはいないけれども、朝鮮通交に関する限りでは、仁位中村宗氏をも体制に組み込んで、一元的統制を実現させている。なお、貞国が母方によって仁位中村宗氏と血縁関係にあることも[107]、このことを考える上で、見逃してはならないであろう。朝鮮通交一元化のために、貞盛時代にうちたてられた諸制度は、貞国時代にいたって実を結んだのである。

注

（1）『太宗実録』十八年四月甲辰（二十四日）・『世宗実録』即位年九月己酉（二日）条、中村栄孝「朝鮮世宗己亥の対馬征伐」（『日鮮関係史の研究』上二三二頁）参照。

（2）応永の外寇については、三浦周行「応永外寇の真相」（『日本史の研究』二輯）・中村栄孝「朝鮮世宗己亥の対馬征伐――応永の外寇を朝鮮からみる――」（『日鮮関係史の研究』上）等のすぐれた研究がある。本節で、以下にのべる応永外寇後の戦後処理をめぐる対馬と朝鮮の交渉についても、中村栄孝氏の論文に負うところが多い。

(3)『世宗実録』元年七月庚申（十七日）条。
(4)『世宗実録』元年九月壬戌（二十日）条。
(5)『世宗実録』元年九月癸亥（二十一日）条。
(6)同右。
(7)『太宗実録』十七年十二月辛亥（三十日）条。
(8)注(5)に同じ。
(9)『世宗実録』元年十月己丑（十八日）条。
(10)『世宗実録』元年十月壬午（十一日）条。
(11)『世宗実録』二年閏正月己卯（十日）条。
(12)『世宗実録』二年閏正月壬辰（二十三日）条。
(13)『世宗実録』元年十月甲戌（三日）、中村栄孝『日鮮関係史の研究』上二五六・二五七頁参照。
(14)注(11)、(12)に同じ。
(15)注(12)に同じ。
(16)『老松堂日本行録』永楽十八年二月二十八日条。回礼使宋希璟らが対馬で三味多羅（早田左衛門太郎）に会ったところ、かれが言うには、対馬を慶尚道に属さしめるという文が朝鮮よりとどいてすでに久しいが、もしそのことが宗氏の主家である少弐殿の耳に入れば、少弐殿にとって対馬は父祖相伝の地であるので、少弐殿は百戦百死すといえども争って止まないであろうということであった。また左衛門太郎は、もし件の文を少弐殿のところへ送れば、この先宋希璟は少弐殿にとらえられるであろうが、この書を少弐殿のところへ送ろうか止めようかと強迫めいた言辞も弄している。これから少弐殿の居る九州を通って京都へ往復しなければならない宋希璟一行にとっては、これはかなり衝撃を与える話であった。かくして左衛門太郎は、先に朝鮮から対馬を慶尚道の属州にすると通告してきた文書を少弐殿にとりつがず、自分のところで握りつぶすことを宋希璟に了解させることに成功した。そして左衛門太郎から少弐氏の立場その他、対馬の内情を聞かされた宋希璟は、先の時応界都らによる対馬の朝鮮への属州化の申入れというのが、実はかれら使者たちが抑留を恐れ、また殺されることを恐れて苦しまぎれに申立てた作り話にすぎないという風に理解した。

(17) 『世宗実録』三年四月戊戌（六日）条。

(18) 注(17)に同じ。

(19) 『世宗実録』二年十一月丁卯（三日）・己卯（十五日）条。

(20) 『老松堂日本行録』（永楽十八年）二月二十日の「上礼曹文」。

(21) 『世宗実録』四年九月丙寅（十二日）条。

(22) 『世宗実録』四年十一月辛未（十八日）条。

(23) 『世宗実録』五年十月辛亥（四日）条。

(24) 表Iの出典である『世宗実録』の当該記事の年月日は次のごとくである。

宗貞盛　元年九月壬戌
二年閏正月己卯・十一月己卯
三年四月癸巳
四年九月丙寅・十一月辛未
五年十月辛亥
六年六月癸亥・七月丁亥
七年九月乙卯
八年六月癸亥・七月戊戌・十一月庚寅・乙卯・丁巳
九年三月乙卯・六月丙戌
十年正月庚寅・戊申（二回）・二月庚申・庚午・五月戊午・庚辰・七月庚申・八月癸巳
十一年三月甲戌・七月甲戌・十月戊子・辛丑
十二年正月戊午・三月癸卯・甲辰・五月丙午・六月壬申・壬午・九月壬戌・十一月己亥・壬子・十二月辛卯・閏十
二月甲辰・乙巳

十三年二月丙午・七月癸亥・十一月庚辰
十四年三月壬戌・辛巳・六月庚寅・七月乙亥・丁丑・八月壬寅・九月丙辰・十一月丙辰
十五年二月壬子・六月庚子・八月丙申・十一月壬寅

宗貞盛母　二年五月庚寅
四年九月丙寅
六年七月乙亥

宗盛国　三年正月丙戌
四年七月戊寅
七年正月庚辰
十年二月戊寅・十二月辛卯
十一年四月丁丑
十二年五月丁卯・十一月壬子
十三年二月辛酉
十五年正月乙亥

宗茂世　六年八月癸亥

宗貞澄　七年七月壬午
九年六月丙戌
十年五月戊午
十一年七月癸丑
十二年六月庚辰
十三年五月己巳
十四年八月壬寅

宗茂秋　十年二月戊寅・七月甲寅
宗茂直　十一年七月甲戌
十二年五月甲寅
十三年三月庚辰・十一月丙午
十四年三月壬戌
十五年六月丁酉・八月丙戌・十一月乙酉
宗満茂　十二年六月甲戌
宗貞直　十四年九月丙子
宗大膳　十五年三月壬申
宗茂氏　十五年十月辛未
宗四郎　十五年正月庚午
篠栗宗俊　二年正月甲子
早田左衛門太郎　元年十月戊子
二年五月戊寅
三年四月癸巳・戊申・七月癸酉・八月癸巳・十月丁未
四年三月乙酉・甲申・四月甲午・七月庚申・十一月辛未
五年正月丙午・三月丙辰・六月甲子・七月乙未・九月壬寅・十月壬申・十二月壬申
六年五月乙酉・七月乙亥・十月丁未
七年正月庚辰・三月辛未・五月癸未・八月辛卯・十二月癸巳
八年三月癸亥・五月壬戌・六月癸亥・七月戊戌・十一月庚寅
九年正月壬寅・癸卯・三月乙卯
十年正月戊申・三月癸未・五月戊午・庚辰・八月戊申・十二月丙戌

早田六郎次郎　十一年六月戊子・九月庚申・十月戊子
　十二年正月乙丑・五月辛酉・九月壬戌・十一月己亥
　十三年正月辛卯・三月庚午・九月庚辰・十一月甲申
　十四年五月乙丑・十一月辛酉
　十五年正月庚午・三月甲寅・六月戊子・七月壬申・十月辛未
早田六郎次郎母妙由　十三年九月庚辰
四郎左衛門　十年六月己丑
井太郎兵衛家次　十年二月戊寅
　十三年三月庚辰
藤次郎　四年十一月辛未
　五年十二月壬申
　十三年八月癸卯（船匠の藤次郎かも知れない）
（船匠）藤次郎　五年六月壬子
（船匠）藤次郎母　五年六月壬子
（船匠）三味三甫羅　五年六月壬子
野馬多老重久　五年六月乙亥
波知羅沙門　五年四月辛酉

(25)『世宗実録』十六年四月戊申（一日）条。
(26) 中村栄孝「日鮮交通の統制と書契および文引」（『日鮮関係史の研究』上四五四・四五五頁）参照。
(27)『世宗実録』二年七月壬申（六日）条、中村栄孝注(26)前掲論文（『日鮮関係史の研究』上四五〇・四五一頁）参照。
(28)『世宗実録』二年七月壬申（六日）条。
(29) 宗氏を名乗らず、特別の肩書きもない者で、世宗五年以後（世宗十五年までの間）に通交した者は、井太郎兵衛家次（世宗十年・十三年遣使)、対馬島四郎左衛門(世宗十年遣使)、藤次郎(世宗十三年遣使)である(本文表I参照)。このうち井太郎兵衛家次は、その先が朝鮮人で、かつ己亥東征の際朝鮮軍に協力したので、朝鮮側もかれを特別に扱っており(『世宗実録』十年三月戊子(六日)・十二年五月甲寅(十五日)・十七年二月己酉(七日)条)、一般の対馬島人の通交とは事情がちがう。つぎに藤次郎であるが、かつて己亥東征のすぐ後、朝鮮政府で、将来対馬との通交再開を認めるさいの条件を論じたときに、島主宗貞盛らの書契をもたらす者だけを接待し、藤次郎のごとき者の書契を持ち来る者は接待すべきでないという議論が出ているが、その藤次郎というのが、この人物のことであろうか(注(6)(7)参照)。また世宗二十四年に、朝鮮へ受職を願い出た藤次郎なる人物がいるが、これも同一人であろう。この受職の願い出があった時、朝鮮では、藤次郎のことを早田氏と共に「島中賊魁」と評しており(『世宗実録』二十四年十二月壬子(二十六日)条)、かれは海賊首として早田氏とならぶ勢力を有していたようである。ただし、このころ対馬には、藤次郎と名乗る者が他にいま一人いた。それは船匠の藤次郎で、世宗十三年に遣使した問題の藤次郎は、あるいはこの人物であるかも知れない。

船匠の方の藤次郎は、造船技術にすぐれていたので、太宗朝に朝鮮へ招かれ、かの地で造船にたずさわっていたが、己亥の東征のさいに抑留された。その後、朝鮮から家舎・奴婢などを賜給され、朝鮮の良女を妻としていたが、世宗四年末に暇を賜り、対馬へ帰っている(『太宗実録』十七年閏五月甲戌(一九日)・『世宗実録』二年十一月乙丑(一日)・三年七月庚辰(二十日)・四年十二月癸卯(二十日)条)。かれは朝鮮の官職も持っており(『世宗実録』十一年四月戊子(十三日)条)、いわゆる投化倭の受職人であると考えられる。世宗十三年に遣使した藤次郎が、もし船匠の藤次郎であるとすれば、このような立場の者の通交もまた、一般対馬人の通交とは別の範疇に入れるべきであろう。

四郎左衛門についてはよくわからない。世宗二十三年に宗貞盛の使人として渡航している「時羅沙也文」(四郎左衛門)、あるいは同二十四年に同じく貞盛の使人として渡航している「沙応古時羅沙也文」(佐護四郎左衛門)なる者がいる(『世宗実録』二十三年正月己酉(十一日)・同二十四年八月癸巳(六日)条)。しかしこれらは前記の世宗十年の四郎左衛門とは年代が少しへだたっており、また四郎左衛門というのが、ありふれた名前であることもあって、必ずしも問題の四郎左衛門と同一人であると断ずることはできないであろう。また世宗二十五年には、宗貞盛が対馬沙応浦(爽浦とも書く。佐護か)の時羅沙也文(四郎左衛門)なる者を海賊を働いた罪で捕えて朝鮮へ送っている(『同書』世宗二十五年七月辛未(十八日)・

同十一月甲午（十四日）条）が、これは右の貞盛の使送となった人物と同じであろうか。

このようにみてくると、結局四郎左衛門という者のことはよくわからないが、その他は海賊首であったとか、あるいは朝鮮と特別の関係（朝鮮人の後とか受職人）にあったとかであって、かれらの通交は、そのような特殊事情にたいする朝鮮側の例外的な配慮の結果であったと考えてよいのではなかろうか。

(30)　同右。
(31)　中村栄孝注(26)前掲論文（『日鮮関係史の研究』上四五〇—四五三頁）参照。
(32)　『世宗実録』八年二月丙子（十二日）条。
(33)　『世宗実録』八年五月甲寅（二十一日）条。
(34)　行状・路引・文引等については中村栄孝注(26)前掲論文にくわしい。
(35)　『太宗実録』七年七月戊寅（二十七日）条。
(36)　『世宗実録』二年七月壬申（六日）条。
(37)　『世宗実録』十五年六月庚子（十九日）条。
(38)　『世宗実録』十一年九月庚申（十七日）条。
(39)　同右。
(40)　早田也伊知と早田六郎次郎が同一人である点については、中村栄孝「朝鮮初期の受図書倭人」（『日鮮関係史の研究』上）参照。
(41)　『世宗実録』十五年六月丁酉（十六日）条。
(42)　『海東諸国紀』日本国紀、対馬島、卦老郡条及び八十二浦、沙愁浦条。
(43)　宗茂直の父賀茂は中村宗香の子である。この点については、第三章で考証した。なお本文後掲の「宗氏系図」参照。
(44)　第三章注(36)参照。
(45)　「順叟大居士即月大姉肖像賛并序」（この全文は、第一章に掲載）。宗香と経茂や貞盛との関係については、第二章に詳述した。

(46)『世宗実録』十六年四月己未(十二日)条。

(47)「順叟大居士即月大姉肖像賛并序」。第四章参照。

(48)永享十年(一四三八)と嘉吉四年(一四四四)に豊崎郡に関する盛国発給文書があり(宗家判物写『享保八年豊崎郷給人寺社足軽百姓御判物写帳』糸瀬幾左衛門・須川万右衛門所持分)、当時盛国は、豊崎郡郡主であったと推定される。

(49)世宗三十一年五月、宗虎熊丸が、父盛世の例により図書を与えられているので(『世宗実録』三十一年五月壬午(三日)条)、盛世が受図書人であったことは明らかである。そして世宗二十年九月、島主貞盛が、朝鮮に受図書人に対する貞盛文引による統制の徹底を申請した時、その具体的な取締の対象として、宗茂直や宗彦七等の受図書人と共に宗彦次郎(盛世)の名をあげているので(『世宗実録』二十年十月己巳(十八日)・同年九月己亥(十八日)条)、この時には既に、彼は受図書人であったと考えられる。そして彼は、世宗十六年三月を初見として(『世宗実録』十六年三月壬午(五日)条)、以後朝鮮へ通交しているので、受図書の年月は、世宗十六年以後同二十年にいたる間と考えられる。

(50)『世宗実録』三十一年五月壬午(三日)条に、宗虎熊丸の父が盛世であることが見えるが、『海東諸国紀』日本国紀、対馬島、豆豆浦条に「宗茂世、一名虎熊丸、宗貞盛之姪」とあって、虎熊丸は貞盛の姪であるので、その父の盛世は貞盛と兄弟である。本文後掲「宗氏系図」参照。

(51)『世宗実録』十六年三月壬午(五日)条。『海東諸国紀』日本国紀、対馬島、八郡、豆豆郡条。

(52)『世宗実録』二十六年十月丙寅(二十一日)条。

(53)第四章参照。

(54)『世宗実録』三十一年五月壬午(三日)条。

(55)応仁二年(一四六八)、茂与なる者が、貞澄・盛世代々の判旨に任せ酘豆村永泉寺に安堵状を出しているが(延宝二年宗家判物写『酘豆郡』永泉寺所持分)、盛世は明らかに酘豆郡郡主であるので、茂与もまた同郡郡主と認められる。そして茂与と茂世は同一人であり(延宝二年宗家判物写『酘豆郡』永泉寺所持分中、応仁二年卯月十三日茂与安堵状・永正十八年七月廿一日盛顕寄進状)、酘豆郡事に関する彼の発給文書は、寛正三年(一四六二)から文明十三年(一四八一)にかけてみられる(宗家判物写)。

(56)『世宗実録』十七年九月丁丑（九日）条。
(57)『世宗実録』十八年閏六月辛卯（二十七日）条。
(58)『世宗実録』十九年正月丙申（六日）条。
(59)『世宗実録』二十年九月己亥（十八日）条。
(60)『世宗実録』二十年十月己巳（十八日）条。
(61)『世宗実録』二十一年閏二月癸巳（十五日）条。
(62)『世宗実録』二十一年六月癸未（七日）条。
(63)『世宗実録』二十一年四月乙未（十八日）・甲辰（二十七日）条。
(64)『世宗実録』二十一年十月丙申（二十一日）条。
(65)『世宗実録』二十二年三月甲子（二十二日）・己巳（二十七日）条。
(66)『海東諸国紀』日本国紀、対馬島、八十二浦、古于浦、島主宗貞国条。
(67)『端宗実録』二年八月乙酉（六日）条。
(68)姜希猛の撰んだ申叔舟の行状（『海行摠載』所収）にも同様のことを記している。
(69)宗盛国の歳遣船定約より後の世宗二十六年十一月、宗盛家が定約を請い、それについて朝鮮当局が議した時に「宗彦七(盛国)、受其図書、一年船已定七隻、盛家以此援例、勢難固拒」と言われている（『世宗実録』二十六年十一月丙子朔条）。これは、盛家が定約を要求するにあたって、すでに盛国が受図書人となり定約を結んでいることを述べ、同じく受図書人である彼もその例によりたいと請うているので、朝鮮側はこれを拒みがたいとしているものである。このことからみて宗彦七(盛国)は、受図書人であることを理由に歳遣船定約の要求を行なったものと考えられる。
(70)同右。
(71)『世宗実録』二十六年十一月丙子（一日）条。
(72)『海東諸国紀』日本国紀、対馬島、八郡、尼老郡、郡主宗盛家条。
(73)『世宗実録』二十七年二月壬子（八日）条。

(74)『海東諸国紀』日本国紀、対馬島、八郡、伊乃郡条。伊奈郡事に関する盛弘発給文書は嘉吉三年（一四四三）―文明九年（一四七七）の間にわたっている（宗家判物写）。
(75)『世宗実録』三十一年四月庚午（二十一日）条。
(76)『海東諸国紀』日本国紀、対馬島、八十二浦、沙加浦、職盛条。
(77) 注(75)に同じ。
(78) 宗盛直は「対馬州守護代官平朝臣宗右馬助盛直」と称して朝鮮へ遣使しており（『世祖実録』十年八月戊戌（十七日）条）、またその発給文書の形式（奉書式）からも、彼が島主の代官であったことがうかがわれる。その文書の分布年代は、享徳二年（一四五三）（貞享四年宗家判物写『社家』藤勘之允所持分）から文正元年（一四六六）（『享禄以前八郡御旧判写』豊崎郡西泊村神主兵左衛門所持分）にわたっている。
(79)『世宗実録』二十一年十月丙申（二十一日）条。
(80)『世宗実録』十七年十月乙卯（十七日）条。
(81)『世宗実録』二十年正月戊戌（十三日）条。
(82) 三浦近海漁業の沿革については中村栄孝「三浦における倭人の争乱」（『日鮮関係史の研究』上）参照。
(83)『世宗実録』二十二年三月甲子（二十二日）条。
(84)『世宗実録』二十二年五月庚午（二十九日）条。
(85)『世宗実録』二十二年五月庚午（二十九日）・六月壬午（十二日）・壬辰（二十二日）・十月甲申（十五日）・二十三年十一月甲寅（二十一日）・乙卯（二十二日）条。
(86) 注(84)に同じ。
(87) 拙稿「孤草島釣魚研究――孤草島の位置を中心として――」（『朝鮮学報』九十一輯）参照。
(88)『世宗実録』二十四年八月甲寅（二十七日）条、『海東諸国紀』朝聘応接紀、釣魚禁約条。
(89) 拙稿「おふせん論考――孤草島釣魚に関する一考察――」（『朝鮮学報』三十六輯）参照。
(90)『世宗実録』二十一年七月丁巳（十一日）条。

(91)(92)(93)　注(84)に同じ。

(94)　茂直が島主代官（守護代）の立場で発給した文書が永享二年（一四三〇）から同七年にかけて残っていることについては、第三章注(36)参照。ただし永享七年以後ただちに、かれの後任の島主代官（守護代）と思われる人物の発給文書が出てくることはない。その後、文書形式（奉書形式）から見て、明らかに島主代官のものと思われる文書が見えるようになるのは、茂直の子である宗盛直の文書であり、そのもっとも早いものは、享徳二年（一四五三）八月六日付（貞享四年宗家判物写『社家』藤勘之允所持分）である。以上の所見から考えて、茂直がいつまで島主代官の職にあったか正確には判らないが、格別のことがない限り、恐らく、その職は父から子に、代替りとともに世襲されたであろうから、茂直は永享七年以後も、その存命中は恐らくひきつづいて島主代官（守護代）の職にあったであろう。

(95)　『世宗実録』二十六年十一月丙子（一日）条。

(96)　第四章第一節・第二節参照。

(97)　『世宗実録』二十一年十一月壬戌（十八日）条。

(98)　『享保八年仁位郷給人寺社足軽百姓御判物写』嵯峨村給人佐伯六郎右衛門所持分のうちに、貞茂七通・貞盛六通・成職一通・貞国三通の島主発給文書がある。これら文書の内容は、峯郡内在庁地の安堵、峯郡津柳村の塩竈の公事催促、或は伊奈郡鹿見の塩竈の宛行等であって、仁位郡内の権益に関するものは全くない。これらを含めた佐伯六郎右衛門所持の判物の宛名をみると、天文八年十一月二十三日付のものを最後として、これ以前のものは全て「宗」某宛であり、天文十九年二月二十四日付のものから「嶺」某宛になっている。これは天文十五年（一五四六）に臣下で「宗」を称するものが他氏に改称させられたが、その時に改称したものと推定され、これは峯郡峯村の地名にちなんだものと考えられるので、この一家は、少なくとも、天文十五年頃までは、峯郡に居住していたとしてよかろう。従って、問題の文書が宛行なわれている十五世紀には、文書の宛名の人々は、仁位郡には関係がなく、その後これらの文書が、仁位郡へ移ったものと思われる。

(99)　(一)『享保八年仁位郷給人寺社足軽百姓御判物写』田村給人平山伝左衛門所持分のうちに、貞茂二通・貞盛一通・貞国三通の島主発給文書がある。これらは加冠状四通と他は峯郡内狩尾村の畠の安堵状で、これは仁位郡内の権益に関するものではない。なおこの平山伝左衛門提出の判物は全部で二十三通であるが、その中には問題とする十五世紀の仁位郡主の発給文書は一通もないので、或はこれら文書を宛行なわれた人々は、当時仁位郡外の住人であったかも知れない。もしそうであれば、これらの島主発給文書は、本来、仁位郡と無関係なものであったとすることもできよう。

(二)『右同書』田村百姓吉郎左衛門所持分のうちに、貞茂一通・貞盛二通・成職一通・(成職代官宗盛直一通)・貞国一通の島主発給文書がある。これら文書の宛名は皆「波多野(或は秦)某」で、同じく吉郎左衛門が提出した判物中に同氏宛の当時の仁位郡主宗職家発給文書が二通あるので、この場合は同氏がその当時仁位郡の住人であったと一応考えなければならないであろう。がしかし、これら島主(あるいは代官)発給文書の内容はいずれも皆峯郡杇木村内はた三反の公事免除を伝えるものであって、この場合も仁位郡内の権益に関するものではない。

(100) 『端宗実録』三年四月壬午(七日)条。
(101) 『成宗実録』七年七月丁卯(二十六日)条。
(102) 注(78)参照。
(103) 『成宗実録』十七年八月辛卯(十九日)条。
(104) 阿里浦は『海東諸国紀』にもある。沙愁浦(佐須郡佐須浦)の次に「阿里浦一百余戸」とあるのがそれである。また同書の対馬島図では卦老(佐須)郡に入れられている。阿里浦と言う村名は現在の対馬にはないが、これと音の通ずる阿連浦が佐須浦に隣接してあるので、これのことであろうと思う。阿里浦は島の西面にあるということであるが、この点も符号する。なお中村栄孝氏も『海東諸国紀』にみえる阿里を佐須の阿連に比定しておられる。「朝鮮初期の文献にみえる日本の地名」(『日鮮関係史の研究』上四一八頁)。
(105) 『海東諸国紀』日本国紀、対馬島、八十二浦、沙加浦、職盛条。
(106) 『世宗実録』二十七年五月丁亥(十四日)条。
(107) 「順叟大居士即月大姉肖像賛并序」。貞国の母が、仁位中村宗氏に属する仁位家出身の即月大姉である点については、第四章第三節において詳述した。なお本文前掲「宗氏系図」参照。

〔追記〕 本章は、『朝鮮学報』第三九・四〇輯(昭和四十一年四月)に発表した「対馬島宗氏領国支配の発展と朝鮮関係諸権益」

を、このたび大幅に増補、改訂したものである。本章の内容が旧稿と大きく異なるところの一つは次の事である。すなわち旧稿では、対馬島人の朝鮮通交を島主宗貞盛の独占的な書契発行権によって一元的に統制する制度が実施されたので、島内有力者たちが、その制度に対抗するために、みずから受図書人となり、独自的な通交権を留保する挙に出たとし、島主宗貞盛はそのような事態を克服して、ふたたび朝鮮通交を一元的に統制する権限を確立する目的で、島主文引の制度を朝鮮へ提案したとしている。

しかしこのたび再検討した結果、そのような理解は誤りで、実は島主宗貞盛をはじめとする島内の何人かの有力者による書契発行権の寡占化という現象はあったが、島主宗貞盛による書契発行権の一元化は遂に実現していないことが明らかになった。したがって島主宗貞盛による朝鮮への文引制度の提案は、それら書契発行権を留保する有力者たちの朝鮮通交を一元的に統制することを目指したものであったと解釈すべきであるということになった。また島内有力者が朝鮮へ交渉して、相次いで受図書人になっていることについても、ことの前後関係を仔細に調べてみると、旧説とは逆に、それは島主宗貞盛の文引による一元的統制の実施という事態に遭遇して、かれらが独自的な通交権を確保するためにとった対抗措置であると解釈するのが順当であるということになった。なお本章の第一節では、以上のような新たな解釈を展開するに当って、中村栄孝氏の所説を批判しているが、以上述べたことからも明らかなように、実のところ、その批判は私自身の旧稿に対する自己批判でもある。

第二部　十六世紀対馬の朝鮮通交独占体制の考察

第一章　壱岐牧山源正と松浦党塩津留氏の朝鮮通交権

十六世紀における日本から朝鮮への通交の特色として、対馬における貿易権の集中・独占ということが言われている。すなわちそれまで、対馬以外の各地から受図書人・受職人として独自に朝鮮へ通交していた諸氏（朝鮮では、それらを深処倭と呼んだ）の通交権を対馬で入手して、実際には対馬人がそれぞれの名義人になりすまして通交を行なうようになったことを言うのである。通交権の入手というのは、具体的にはそれぞれの通交者が朝鮮から与えられている図書（銅製の私印で、通交者の姓名を刻したもの。これを賜給された者を受図書人と言う）、あるいは告身（辞令）と冠服（告身・冠服ともに朝鮮から官職を授けられた受職倭人に与えられるもの。受職人はその告身をたずさえ、冠服を着して入朝する形での通交を許されていた）を入手することである。なお対馬では、図書のことを印と呼び、これにたいして受職人の通交権を冠（官とも書く）と呼んでいる。

対馬が深処倭の印や冠をいかに多く集中していたかは、『朝鮮送使国次之書契覚』（元亀三年から天正二年の間および天正八年から同十四年の間の対馬の朝鮮通交の記録。以下『書契覚』と略記す）の記事を一覧すればあきらかであり、その記事の分析をよりどころにした先学の所説もすでにいくつか出ている。すなわち黒田省三氏は、とくに典拠は示されていないが、あきらかに『書契覚』の記事を念頭において、壬申約条（一五一二年）以後、貿易の利益があげて対馬一島に壟断されるにいたっていたと指摘された(1)（一九四八年）。また田中健夫氏は、『書契覚』をはじめて正面からとりあげ、そこに記す通交の体制を、貿易権の対馬集中と規定された(2)（一九五四年）。さらに中村栄孝氏は、それを対馬の朝鮮貿易独占体制とし、他所名義の通交権を実際に行使していた者（『書契覚』の表現にしたがえば、所務者）[3]を名義ごとに一覧表に作製し、表示された[4]（一九六九年）。このような先学の諸研究により、十六世紀における朝鮮貿易権の対馬への集中・独占ということが定説化して、すでに相当の年月がたつが、しかしそれでは、対馬が他所の人々の通交権をどのようにして入手集中していったかという独占体制の形成過程とか、通交権の行使にあたって、本来の名義人と対馬島主および通交権の実際の行使者（所務者）とが、どのような関係にあったかなど、いわば通交権運用の実態とも言うべきものは、ほとんどわからないままであった。それは、従来それらに関する史料がほとんど知られておらず、なんらかの新史料がみつからないかぎり、この方面の研究を進展させることはむつかしいという事情があったことによるものである。

さいわい筆者は、『書契覚』に記載があり、受図書人として朝鮮通交をおこなっている牧山源正の朝鮮通交に関する、『書契覚』より少し前の永禄年間の文書（『諸家引付』所収）の存在を知った。そこで本稿では、それと『書契覚』の牧山源正関係記事とをあわせて検討し、牧山源正の通交権運用の一端を解明することとしたい。それとともに、牧山源正の通交権の所務者である塩津留氏についても検討し、その来歴や朝鮮貿易とのかかわりあいなどを明らかにしたい。そして、塩津留氏が、牧山氏の通交権を入手したいきさつについても出来るだけの考察を加えて、対馬による通交権独占の形成過程およびその実態を解明する一助としたいと思う。

第一節　壱岐牧山氏の朝鮮通交

㈠　三浦の乱以前の牧山氏の朝鮮通交

十六世紀の朝鮮通交に登場する牧山氏は、「源正」の称で『書契覚』などに見える。この牧山源正とは、いかなる人物であろうか。史料上の所見では、牧山氏の朝鮮通交は、十五世紀までさかのぼることができる。まずその沿革をみよう。『海東諸国紀』（一四七一年成立）の一岐島小于郷条に、牧山氏に関する次の記事がある。小于郷は、同書にみえる一岐七郷の一つである。

小于郷

　呼子代官源実主之

約歳遣一舡、書称上松浦呼子一岐州代官牧山帯刀源実、庚寅年（一四七〇）、源実子正、遣使来朝、書称、去歳六月、父為官軍先鋒而死于敵、臣継家業、乃依父例館待、

これによれば、牧山帯刀源実は、上松浦呼子氏の代官で、小于郷を支配しており、朝鮮と歳遣船一船の定約をしていたが、庚寅年（一四七〇）にその子の源正が朝鮮へ遣使し、父源実は去歳（一四六九）六月、官軍の先鋒となり戦死したので、自分が家業をついだと告げている。官軍先鋒云々とは、応仁文明の乱に乗じて、それまで対馬に身を寄せていた少弐頼忠が、対馬・壱岐の兵をひきいて、筑前回復の兵をあげ、大内氏らと戦ったことをさしている。そこで朝鮮では、源正を父源実の例によって館待（倭館で外交使臣としての待遇をすること）したということであるので、このとき源

正にも父と同様、毎年一船の歳遣船定約が認められたであろう。『成宗実録』のこの年九月の記事にも、一年一船の定約者として牧山源正をあげている。(5) 源実、ついで源正の父子が支配していた小干郷が、いまのどこに当たるかについては、諸説あるが、(6) 浜田敦氏が庄触（長崎県壱岐郡郷之浦町）に比定しておられるのは(7) 妥当であろう。牧山氏がその代官をつとめるという上松浦呼子氏であるが、同じく『海東諸国紀』の一岐島条に「志佐・佐志・呼子・鴨打・塩津留分治」とあるごとく、当時呼子氏は、ほかの四氏と共に壱岐を分治しており、みずからは上松浦呼子に居住して、壱岐の支配を代官牧山氏に行なわせていたものである。

つぎに『海東諸国紀』のほか李朝歴代の実録から牧山氏に関する記録をひろってみよう。まず『世祖実録』元年（一四五五）七月丁酉条によると、新任の礼曹の官姜孟卿らが、壱岐の護軍藤九郎(8)に、九州諸氏の勢力関係について質問し、牧山源実とはいかなる人物かと尋ねたのに対して、藤九郎が「呼子代官、一岐島内富居人也、然無軍兵」と答えた記事がみえる。これが、牧山氏が朝鮮の史料に現われる初めである。ただ、ここで礼曹の官人の方から、牧山源実の名を出して質問しているところをみれば、すでにこれ以前から源実は、朝鮮へ使者を派遣していたものであろう。しかしいずれにしても、北部九州からの朝鮮通交者の中では、通交開始時期が、むしろ遅い部類に入る。そして牧山源実は、いつのころか時期は正確にしえないが、前掲『海東諸国紀』に見えるごとく、一年一船の歳遣船定約を結んでおり、『世祖実録』にもときおり遣使記事がみえる。(9)

その後、源実は先にみたごとく、一四六九年に戦死し、子の源正が代って翌庚寅年から朝鮮通交に登場してくる。(10) 以後、源正の朝鮮への遣使は『成宗実録』にほとんど毎年、記録されており、つぎの『燕山君日記』でも続いている。(11) 源正遣使の終見は、燕山君十年（一五〇四）であるが、中宗以後の実録が、日本関係、ことに単純な遣使については、ほとんど記載しないようになっていることを考えれば、源正の通交は、以後も断絶したとは言いがたく、三浦の乱(一五一〇年)まで、一年一船の定約にもとづいて継続していたと推定してよいであろう。朝鮮へ遣使する際の源正の肩書は「上松浦呼子一岐州代官」であって、父源実の場合と同じく、上松浦呼子氏の壱岐代官であったことが明らかである。

さて、三浦の乱後の壬申約条(一五一二年)では、深処倭(対馬以外の日本人)の受図書人と受職人は、通交歳月の久近や朝鮮にたいする功労の多少を検討したうえで、改めて通交を許可することにし、通交を許可した者のうち図書の必要な者には、図書を改給することになった[12]。条件の一つである通交歳月の久近とは、具体的に言えば、通交開始以来五十年以上経過した者は、改給の対象から除くということである[13]。源正の場合、その受図書は一四七〇年であるから、この条件にはかなっていた。ところで、近来まで対馬には、「源正」印の実物が存在していた。釜山甲寅会編『日鮮通交史』(一九一五年刊)で、川本達氏が紹介しているものがそれで、この銅印の背にあたる部分に「正徳十四年十月日造」の刻字がある。正徳十四年は、一五一九年に当るので、この印は壬申約条以後に、通交継続が認められて、新たに造給されたものにほかならない。通交の継続を許可するにあたって朝鮮では、前述のごとく通交開始以後五十年以内という条件以外に、朝鮮に対する功労の多少も考慮したので、五十年以内の通交者である源正の場合も、必ずしも無条件に引きつづき通交することを許されるとは限らなかったわけである。図書改給をかちえたということは、言わばまことに幸運にめぐまれたと言うべきであって、おそらく先にみたごとき三浦の乱以前の継続的な通交の実績がものを言ったのではなかろうか。その後の『書契覚』などに見える源正の通交が、このとき賜給された銅印の権利に基づいて行なわれたものであることは言うまでもない。そこで次に『書契覚』にあらわれる源正の朝鮮通交についてみよう。

二　『朝鮮送使国次之書契覚』にみえる牧山氏の朝鮮通交

『書契覚』の内容は、性格の異なる二つの部分からなりたっている。第一は「印冠之跡付」と名付けられた前半部分で、元亀三年（一五七二）から天正二年（一五七四）の間、対馬の北端鰐浦において、朝鮮へ渡航する船隻を検察した記録であり、(14)第二は「国次印官之引付」などと呼ばれる後半部分で、天正八年（一五八〇）から同十四年の間、朝鮮へ渡航する船に発給した書類に関する記録である。いまこの両方から牧山源正に関する記事を抜きだせば、次のごとくである。

一　印冠之跡付

元亀三年六月七日
一、上松浦壱波〔岐〕劦代官牧山十良源ノ正ノ印、塩津留主殿助所持也、上官人松熊又左衛門乗渡、船ハ本ノ尺ニハ不足、二重封余也、

元亀四年六月六日
一、上松浦呼子一岐州代官牧山十郎源ノ正之印、嶋井右衛門書也、上官人庄司神次郎、買主八島彦三郎、

天正二年九月十二日
一、日本国上松浦呼子一岐州牧山十郎源ノ正ノ印、塩津留主殿助（財部彦左衛門）殿書也、正官人財部彦十郎、

二　国次印官之引付

天正八年九月十一日　　一通、財部彦左衛門　　丹木十斤　申次古河狩野介

天正九年十月一日　一通、嶋井右衛門　源正印　丹木廿斤、申次古川狩野介　当年御書就御用ニ書替させられ候

天正十年七月八日　一通、財部彦左衛門　丹木三十斤　申次古川狩野介　此書嶋井右衛門一年替也

天正十一年七月五日　一通、嶋居右衛門尉　丹木三十斤　財部彦左衛門方与一年替也　申次古川狩野介

天正十二年八月十日　一通、源正　丹木卅斤　嶋井右衛門尉方与一年替　当年財部彦左衛門前也　申次古河狩野介

天正十三年六月一日　一通、牧山　丹木廿斤　嶋居右衛門尉

まず、㈠「印冠之跡付」で、「源ノ正ノ印」とあるのは、使者のたずさえてゆく書契に、「源正」の印がおしてあること、いいかえれば使船派遣の名義人が、源正であることを示している。これによれば、源正名義の書契を持った使船は、元亀三年度、同四年（天正元年）度、天正二年度と毎年つづけて差遣されている。つぎに元亀三年の条に「塩津留主殿助所持也」とある説明であるが、これは源正名義使船の実際の派遣者、すなわち所務者が、塩津留主殿助であることを言ったものと解される。また元亀四年（天正元年）の条に「嶋井右衛門書也、（中略）買主八島彦三郎」とあるのは、この年の源正名義の使船の本来の所務者が嶋井右衛門であるのに、その権利を八島彦三郎が買って所務者となったことを言うものと解される。天正二年度については、

塩津留主殿助《財部彦左衛門》殿書也

とあり、これは源正送使の所務者を、いったん塩津留主殿助と記したのちに、財部彦左衛門に書き改めたものと解される。したがって、この年の所務者は財部彦左衛門ということになる[15]（次節でのべるごとく源正印はこの時以前にすでに、塩津留氏から財部彦左衛門に売り渡されている）。つぎに各年度に見える「上官人」あるいは「正官人」であるが、これは「源正」の使者となって朝鮮へ赴く者のことで、元亀三年度は松熊又左衛門、同四年（天正元年）度は庄司神次郎、天正二年度

は財部彦十郎がなっている。

つぎに㈡「国次印官之引付」の部分であるが、牧山源正に関する記事は、天正八年から同十三年まで、毎年一度ずつある（ただし、右に抜き出した国次印官之引付の記事のうち天正八年・十年・十一年のものは、牧山源正に関したものであることを明記していないが、天正十二年のものは源正の送使であることを明記し、それを嶋井右衛門尉と財部彦左衛門とが一年交替で所務し、この年は財部彦左衛門の番になっていることを記している。これから推定すれば、たとえ源正の名を明記していなくとも、右に抜き出した『書契覚』の天正八年・十年・十一年の記事は、所務者の名前からして明らかに源正の送使に関する記事であることがわかる）。なお「国次印官之引付」には、天正十三年の後さらに一年、すなわち天正十四年度まで記事があるが、天正十四年度には源正の送使に関する記事はみえない。

そこで「国次印官之引付」の記載方式であるが、まず年月日を記して、そのつぎに「一通」とあるのは、その日に一通の文書が作成されたことを示しており、その文書とは、朝鮮への通交に際して使者がたずさえてゆく書契（その差出人は、当然のことながら、朝鮮から通交を認められている名義人である）と考えられる。(16) この場合は、牧山源正名義の書契が、天正八年から同十三年までの各年のそれぞれの月日に発給された事実がわかるわけである。つぎに「一通」という書出しの下に記された「財部彦左衛門」とか「嶋井右衛門尉」とかは、源正送使の所務者名であり、すでに見たごとく、当時は財部彦左衛門と嶋井右衛門尉とが、一年交替で所務していた。つぎに「丹木何斤」とあるのは、名義人から朝鮮国王への進上品である。末尾に記された「申次」は「吹挙申次」ともいい、その役割は、所務者の意をうけて、対馬島主に対して、朝鮮への渡航に必要な島主の吹挙（文引）を発給してほしいと申しつぐこと（これを披露ともいう）(17) である。源正の場合、申次は古川狩野介である。

以上㈠、㈡の史料によれば、一部不明年次（天正三―同七年）はあるが、元亀三年から天正十三年にいたる期間の源正送使の所務者として、塩津留主殿助・財部彦左衛門・嶋井右衛門尉・八島彦三郎の名がみえる。この四人は、対馬伝存の文書によって、いずれも対馬島主宗氏の家臣で、対馬に居住していた人びとであることがわかる。朝鮮通交権の対馬島人による所務は、なにも牧山氏の印の場合に限ったことではなく、すでに田中健夫氏が指摘されたごとく、(18)『書契覚』に記された深処倭名義の印冠は、すべて対馬へ集中したものであり、その通交権は宗氏一族および対馬島人によって所務されていた。いわゆる貿易権の対馬集中という事態である。

しかし、ここで一つ問題にしたいと思うのは、このような所務者と本来の通交名義人との関係である。いわゆる貿易権の対馬集中という事態においては、本来の名義人（あるいは名義人本人が実在しない場合であれば、それを相続すべき縁者や後孫）は、もはや対馬による遣使に、まったく無関係であったのであろうか。田中健夫氏も、また中村栄孝氏も、『書契覚』にみえる貿易権の対馬への集中とか、対馬による貿易権の独占について論及しておられるが、いずれもこの点についてはふれておられず、すくなくとも従来の『書契覚』の解釈では、深処倭名義の諸権利は、完全に対馬の手に移り、対馬が名義人とは何ら係わりなく、まったく独占的に朝鮮通交の権利を行使し、したがってそれによって生じる利益も、すべて対馬で享受していたと理解されていたようである。

しかし、ここに必ずしもそうとばかりは言えない史料がある。それは、いまここでとりあげた牧山源正に関するもので、対馬守護（島主）宗氏が、永禄三年（一五六〇）から同八年の間、島外の諸氏へ出した書状の控である『諸家引付』(19)なる記録に含まれている。つぎにそれを紹介し、内容を検討してみよう。

第二節　牧山氏による牧山源正印の名義料徴収

『諸家引付』所収の牧山源正の送使に関する文書は、全部で四通ある。以下順次紹介しよう。

㈠　塩津留殿送使之儀落着之文

正布一疋・白木弓一張渡候、

就塩津留方送使之儀、預御使候、則令披露候、彼方被召寄、子細被仰付候処、従貴所彼方へ連々被遣候書状候、
御使披見候、此前五貫之由候、其後□能共候哉、三貫文被仰定候、其分御使納得候間、当時塩津留方四年未進分、
紬廿疋渡進入候、三貫価此前紬四疋宛候、当時五疋宛之儀、被仰付候、於自今以後者、三貫之旨、不可有相違候、
委曲御使可被申候、恐々謹言、

（永禄三年）
五月三日　盛圓

牧山源六殿

御報

（付箋）

盛圓ゟ牧山源六へ之状趣ハ、塩津留殿送使之義〔儀〕、義調殿へ披露仕候由、并塩津留方被召寄、子細ニ仰付候処、
源六ゟ塩津留へ連々遣候状、使者ニ見せ候由、并紬之義、并□之入（マヽ）刻之事有之、

右の文章の差出人盛円は、対馬守護代の佐須盛円で、対馬守護（島主）宗義調を補佐する立場にあった。佐須氏は島主宗氏の一族で、十五世紀の初頭以来、代々守護代をつとめている家柄である。宛名の牧山源六は、後掲(二)の、同じく盛円から牧山源六にあてた書状に「貴島与此方隣嶋之事候間」とあることからもわかるごとく、壱岐の牧山氏である。付箋があるが、それはこの書状の控を作製した者が、後の便宜のために内容を要約して付したものであろう。

「塩津留殿送使之儀、落着之文」との見出しから、塩津留の送使に関してなにか紛糾したことがらがあったのが、かたづいたことが知られるが、書状の文面からは大略つぎのようなことがわかる。塩津留の送使の件で、壱岐の牧山源六から、対馬島主宗義調のところへ使者がやって来た。義調は、塩津留を召寄せて子細に問い尋ねたところ、以前に牧山から塩津留へつかわした何通もの書状を、塩津留が提出したので、これを牧山の使者にも見せた。それらの書状によれば、かつて（塩津留から牧山に支払うべき金額は一年あたり）五貫文であったが、その後義調が三貫文に定めている。このことを牧山の使者も納得したので、塩津留は牧山の使者にたいして、それまで四年間とどこおらせていた未払分にあたる紬二十疋を渡した。三貫文の価は、以前は紬四疋であったが、いまは五疋宛で計算するように、義調が塩津留に仰付けた。今後は、（塩津留から牧山へ）毎年三貫文ずつ間違いなく支払わせることにする。くわしいことは、牧山の使者が、壱岐へ帰って牧山源六に報告するであろう。

文面は大体以上のごとくであるが、これは、壱岐の牧山氏と対馬の塩津留氏との間の「塩津留送使」をめぐる紛争についての、対馬守護（島主）・守護代など対馬主脳部の調停裁決である。ところで、ここに言う「塩津留送使」とは何であろうか。すでに前節でみたところであるが、この裁決の少し後の元亀三年度の「印官之跡付」には、「上松浦壱岐州代官牧山十良源ノ正ノ印、塩津留主殿助所持也」と記して、牧山源正印による送使を、塩津留主殿助の所務としているので、この紛争で問題になっている「塩津留送使」というのも、同じく塩津留氏の所務による、牧山源正名義の歳遣船発遣にほかならない。対馬の塩津留氏は、その本来の権利者たる壱岐の牧山氏から、何らかの形で歳遣船発遣の権利を得ていたわけである。この時の紛争は、そのことに関連しての塩津留氏から牧山氏への支払(請負料であるか、名義料であるか、またはそれ以外のものであるか、その性格については後に検討する)をめぐって起ったものである。牧山・塩津留両者の間には、毎年の支払額についての理解のくいちがいがあった。しかし対馬当局のこのたびの取調べによって、塩津留氏から牧山氏への支払額は、かつては毎年五貫文であったが、その後、対馬島主の斡旋で三貫文と定められていたことが明らかとなり、以後も三貫文とすることが裁定されたのである。そして塩津留氏は、牧山氏にたいしておこたっていた、それまでの四箇年分(永禄三年以前の四ヵ年分)の支払も、この時、年三貫文ずつの計算で清算した。なお実際の支払は、銭ではなく、紬で行なわれており、銭と紬の換算率についても、以前は三貫文に紬四疋であったが、この時義調の裁定により五疋とすることに決められた。ここに言う紬は、朝鮮産の綿紬すなわち真綿のつむぎである。

(二)　不存寄候処、預貴札候、殊弓一張・織筋一疋被懸御意候、怡悦之至候、仍塩鶴送使之儀承候、巨細之段、委佐須兵部少輔(盛円)可申渡候、次花席一枚・油布一端進入候、聊表御礼計候、恐々謹言、

(永禄五年)十一月廿九日　義調

牧山源六殿

(三)　御音書欣悦之至候、然者就塩鶴方送使之儀、預御使候、此前紬四疋之辻、被仰定候一筆、塩鶴方所持申候条、兎

弓一張・織筋一疋送給候、

次花席一枚・照布一疋進入候、

角雖申候、乍去種々承候間、去々年紬五疋之儀、堅塩鶴方へ被申付、御使与互落着申候、爾今相違有間敷候、貴嶋与此方隣嶋之事候間、別条之儀無御等閑、可蒙仰候、彼儀於向後承間敷候、前代可為被仰定分候、委曲御使可被達候、恐々謹言、

（永禄五年）十一月廿九日　盛圓

牧山源六殿

御報

右の二通は、さきの盛円書状より二年余り後の永禄五年十一月、宗義調と佐須盛円から、牧山源六へ宛てた書状である。やはり塩津留送使の件で、牧山源六の使者が、対馬へ来た時の返書である。義調の書には、くわしくは佐須盛円から申しのべるとあって、具体的なことは書かれていないが、盛円の書によれば、牧山源六の使者は、塩津留方が以前（すなわち先の永禄三年の裁定以前）に、年に紬四疋と定めた対馬島主の書付を得ていることを楯にとって、兎角のことを言っていると訴えている。これに対して盛円は、去々年（永禄三年）に紬五疋と定め、塩津留方へも堅く申付け（これは前掲文書㈠に相当する）、またそのとき対馬へ来ていた牧山方の使者と塩津留方との間で、その裁定を互いに納得し合っているので、塩津留が今に至って、その裁定に違反すべきではないとし、とくに対馬と牧山の居住する島とは、隣島であるから、対馬島主宗氏としても、牧山の申出をおろそかにすることはないと述べている。これからみると、塩津留は、先の裁定にもかかわらず、依然として牧山への支払を、円滑には行なっていなかったことがわかる。

㈣　就送使之儀、巨細承候、則尋申候処、去年分渡遣之候之由申候、殊当年分之儀者、送使未参候条、必帰朝候者、可渡進之由申候、為御心得候、猶委塩津留主殿助方、可申候条、閣〔擱〕筆候、恐々謹言、

（永禄七年）
十二月七日　盛圓

牧山宮磨殿

御返報

この永禄七年十二月の盛円書状は、これより先に牧山宮磨から盛円に対して、塩津留は去年分と今年分の朝鮮への送使をしたかという問い合わせがあったことに対する返書である。牧山宮磨は、先の牧山源六の後継者であろう。文面によれば、送使の件を盛円から塩津留に尋ねたところ、塩津留は「去年分（永禄六年分）の送使は、すでに済んでいる。また今年分（永禄七年分）の送使は（すでに遣わしてはあるが）まだ（朝鮮から）帰らないので、帰朝すれば、牧山方へ支払うべきものは、必ず渡すようにする」と答えたとのことで、なおくわしいことは、直接、塩津留主殿助の方から牧山へ返事をするはずであると述べている。

以上、永禄三年・五年・七年の三次にわたる牧山氏と対馬の当局者および塩津留氏との交渉から、次のことがわかる。第一に、塩津留氏は、牧山源正印による牧山氏の朝鮮への送使の権利を代行していたこと、第二に、その事に関連して、塩津留から牧山へ一定の金額を支払うことになっていたこと、なおその金額は、古くは送使一回につき五貫文と決められていたが、少なくとも永禄三年以前の時点で、三貫文に改められたこと、そして実際の支払は、紬でおこない、かつては三貫文を紬四疋に換算することになっていたが、永禄三年には、それを五疋宛に換算するように変っており、その換算率は、時により変動があったこと、第三に、塩津留から牧山への右の支払は、とどこおることもあったこと、第四に、牧山氏と塩津留氏との間に、朝鮮送使に関する権益の問題で紛争がおこって、当事者だけで解決できない場合には、対馬守護（島主）や守護代など対馬の当局者が介入して、斡旋していたことなどである。

これらのことからみれば、従来考えられていたように、『書契覚』に見える対馬以外の人々の名義による朝鮮通交の権利が、その名義人からは完全に切りはなされ、名義人とはまったく無関係なものになっていたということは、少なくとも牧山源正の場合については、言えないことになった。

そこでつぎに問題になるのは、然らば塩津留による送使代行の性格は、いかなるものであるのかということである。それはとりもなおさず、送使を発遣したごとに行なわれた、塩津留から牧山への支払が、いかなる性格のものであったかということにも、かかわってくる。塩津留から牧山への支払は、請負料なのか、名義料なのか、あるいはまたさらに別の性格のものなのか。先掲文書㈠でみたように、塩津留から牧山への支払が四年分も未進でありながら、その間毎年、送使が塩津留によって発遣されていたこと、また永禄六・七年の送使が、塩津留によって発遣されたかどうかを、永禄七年の末になって、牧山が問い合わせていることなどから、牧山は毎年の送使発遣にあたって、その都度、直接関与してはいなかったことがわかる。また塩津留から牧山へ支払う額も、毎年の送使ごとに、その都度、両者の間で直接とりきめるわけでなく、対馬島主が斡旋して、一定の金額を定めている。また前述したごとく、源正の印が後世、対馬に伝存していたことは、恐らく当時からすでに源正の印が、牧山の手をはなれて、対馬において保管運用されていたことを推測せしめる。

これらの事柄は、毎年の送使発遣ごとに、牧山が塩津留にやらせるか否かを考慮する余地はなく、牧山の意志とは無関係に送使が発せられていたことを物語っており、かかる牧山と塩津留の関係は、請負というよりは、牧山が毎年一定額の報酬をうることを条件に、源正の送使の権利を、塩津留に与えてしまっている関係と見るべきである。とすれば、塩津留が毎年送使発遣ごとに牧山に支払うのは、牧山源正の名義料と考えてよいであろう。なお、後掲の文書

(イ)によれば、これより少し後の永禄十三年に、牧山源正の印が、塩津留主殿助から財部彦左衛門に、末代売り渡されている。牧山とは関係のないところの対馬の島人の間で、牧山源正の印が売買されているということは、それだけ牧山自身が、送使発遣の行為から無縁な立場にたっていたことを示すものであり、牧山への支払が、単なる名義料以上のものではなかったことを思わせるものである。

当時、朝鮮への一回の送使があげる利益が、いかほどであったかよくわからないので、牧山が名義料として得る三貫文（以前五貫文）が、所務者の利益にしめる割合もわからないが、牧山にすれば、何ら労することなく得られるこの収入は、捨てがたいものであり、塩津留が支払を円滑に行なわない場合には、壱岐から使者を対馬へ送って督促し、熱心に取り立てのてだてを講ずることになるのである。

なお、塩津留から牧山への支払が、五貫文とか三貫文とかの金額で提示されながら、実際は、朝鮮産の紬に換算して決済されるのは、受けとる側の牧山の希望によるものか、支払う側の塩津留の都合によるものかわからないが、いずれにしても、朝鮮貿易関係らしい支払方法で、興味ぶかい。

その後永禄十三年（一五七〇）、牧山印による送使の所務者に、つぎのごとく変動があったことが、対馬伝存の文書によって知られる。

(イ)　壱州牧山印之事、財部彦左衛門仁、末代被売渡之由候、就夫公銭之事、彼者可致馳走候、此外数ヶ条、任互一筆之旨、不可有相違之状如件、

永禄十三年正月廿日　　義調御判

塩津留主殿助殿(20)

右の文書の差出人義調は、かつて島主をつとめた人物であり、この当時はすでに隠退していたが、島主を後見し、島政の実権を握っていた。なお、この文書とは別に、いま一通、「貞氏」なる名義の差出人で、同じく塩津留主殿助に宛てた同文・同日付の書下が存在する。(21)右の義調の文書と同文・同日付ということから見て、こちらのほうは、おそらく島主からの発給文書であると考えられる。とすれば「貞氏」は、この当時の島主と言うことになるが、確実な史料によるかぎり、当時「貞氏」という名前の島主が存在した形跡はない。「貞氏」は文書伝写の過程で誤記した名前であろうと考えられる。他の古文書上の所見からは、当時の島主は貞信であると考えられるので、おそらくその誤記であろう。(22)右の文書の内容であるが、まず壱州牧山の印が、塩津留主殿助から財部彦左衛門に末代売り渡されたことを、義調として確認するということであり、したがって今後の「公銭」は、財部方からおさめるべしということである。ここに見える「公銭」は、「貢銭」とも記され、送使発遣にともなって、所務者が当局へ納入する税である。なお、それ以外のことは、塩津留と財部との間でとりかわした数ヵ条の書付の旨に違反することなく、処理するよう命じている。この数ヵ条には、おそらく牧山への名義料は、印を買取った財部方からおさめるべきことも記されていたと推測される。

ところで、さきに第一節二において、「印冠之跡付」が天正二年度の源正送使の所務者を、いったん塩津留主殿助と記した後に、財部彦左衛門に訂正していることを見たが、この訂正は、右に見たところの、塩津留主殿助から財部彦左衛門へ源正印を売却し、源正印による送使を所務する権利が塩津留から財部に移っていたという事実と関係があるとおもわれる。後述するごとく、塩津留氏は、永禄十三年にこの印を売却するまで、五十年余りの長きにわたって、その送使を所務しつづけてきた実績がある。したがって、「印冠之跡付」の記録を担当していた者は、源正送使の所

表Ⅰ　牧山源正印の所務者

年	所務者	出典・備考
1533(天文2) ～1536(同5)項	塩津留	『対馬送使私記』
1556(弘治 2)	塩津留	『諸家引付』永禄3年5月3日盛円書状ニ「塩津留方四年未進」トアルニヨル
1557(弘治 3)	塩津留	同　上
1558(永禄元)	塩津留	同　上
1559(永禄 2)	塩津留	同　上
1560(永禄 3)	塩津留主殿助	『諸家引付』永禄3年5月3日盛円書状
1562(永禄 5)	塩津留主殿助	『同　書』永禄5年11月29日盛円書状
1563(永禄 6)	塩津留主殿助	『同　書』永禄7年12月7日盛円書状
1564(永禄 7)	塩津留主殿助	同　上
1570(永禄13)	財部彦左衛門	宗家判物写『峯郡』佐賀村塩津留津右衛門所持分牧山印ヲ塩津留主殿助カラ財部彦左衛門ニ売却
1572(元亀 3)	財部彦左衛門カ	『朝鮮送使国次之書契覚』ニハ塩津留主殿助トス
1573(元亀 4)	嶋井右衛門 (買主八島彦三郎)	『朝鮮送使国次之書契覚』
1574(天正 2)	財部彦左衛門	同　上
1580(天正 8)	財部彦左衛門尉	同　上
1581(天正 9)	嶋井右衛門尉	同　上
1582(天正10)	財部彦左衛門尉	同　上
1583(天正11)	嶋居右衛門尉	同　上
1584(天正12)	財部彦左衛門	同　上
1585(天正13)	嶋居右衛門尉	同　上

務者と言えば、塩津留氏ということで長年のあいだ扱ってきた経験から、天正二年度についても、所務者が誰であるかを確かめることなく、塩津留主殿助と記してしまい、後で、それが実は財部彦左衛門に替っていることに気付いて訂正したものと推測される。

とすると、同じく「印冠之跡付」が、元亀三年度の源正送使の所務者を塩津留主殿助と記している点についても、検討してみる必要がありそうである。塩津留主殿助は、永禄十三年に財部彦左衛門に源正印を売却して後、元亀三年にまた、この年の送使の所務権を財部から買いもどして遣使したということも考えられないではない。しかしながら、右に述べたごとく、この二年後の天正二年に至ってさえ、源正送使の所務者を、塩津留氏の過去の長年の実績に引されて、いったんは「塩津留主殿助」と記し、後で

「財部彦左衛門」と訂正していることを考えると、この元亀三年度の「塩津留主殿助所持也」という記載も担当者の早合点によるものと考えてもよいのではなかろうか。そして、この年の場合は、その誤りが訂正されないままになってしまったものであろう。そこで、元亀三年度の本当の所務者であるが、それは、すでにみたごとく、この次年度以降、嶋井右衛門尉と財部彦左衛門とが隔年で所務していることから推測して、財部彦左衛門ではないかと思われる。

ところで、永禄十三年に塩津留主殿助が源正印を売った相手は財部彦左衛門であるが、『書契覚』によれば、所務者は財部彦左衛門だけではなく、嶋井右衛門尉との隔年所務となっている（天正三年から同七年の間は『書契覚』の記事が欠けていて不明であるが、この間もおそらく嶋井氏と財部氏の隔年所務になっていたにちがいあるまい）。ここで嶋井氏が、隔年に登場してくる事情はよくわからないが、財部氏がさらに嶋井氏に隔年ごとの所務の権利を売ったためではなかろうか。あるいはほかの解釈ができるかもしれない。大方の御教示をあおぐ次第である。

このように、『諸家引付』以降の牧山源正印の移動ならびに所務者の変遷を一応たどることができるのであるが、それ以前についてはどうであろうか。史料はとぼしいが、さいわい天文二年（一五三三）から同五年の間のものと推定されている規伯玄方の『対馬送使私記』[23]に、

上松浦呼子壱岐州代官牧山十郎源正　　塩津留

とあり、早くから牧山源正印を塩津留氏が所務していたことがわかる。これら判明した限りであるが、牧山源正印の新印改給（一五一九）以後の所務者を表Ⅰ「牧山源正印の所務者」に示した。

第三節　牧山源正印の所務者塩津留氏について

前節で見たような、実際の送使は塩津留氏が行ない、牧山氏はその名義料を得るという塩津留氏と牧山氏の関係は、いつ頃どのようにして出来たものであろうか。その点を考察するについては、まず塩津留氏とはいかなる来歴をもつ一族であるかを明らかにする必要がある。塩津留氏の牧山源正印入手には、塩津留一族の経歴がおおいに係わっていると考えられるからである。

塩津留（塩鶴とも書く）の姓は、対馬に元来あった姓ではない。対馬における塩津留氏の初見は、文明六年（一四七四）で、この頃壱岐から移住して来たものと考えられるが、この点については本節第㈡で論証することにして、まず本節第㈠では、対馬移住以前の塩津留氏についてみよう。

従来、塩津留氏に関しては、松浦党の一員というだけで、あまり突っこんだ研究がされておらず、不明の部分が多いので、この際、できるだけその沿革を明らかにしておこうと思う。

㈠　上松浦・壱岐時代の塩津留氏

中世の塩津留氏に関する日本の史料はごくわずかで、むしろ朝鮮の史料によって、知りうるところが多い。『海東諸国紀』（一四七一年成立）によれば、当時の壱岐は、志佐・佐志・呼子・鴨打・塩津留の諸氏によって分治されており、塩津留氏は壱岐を分治する五氏の一人であった。そして同書には、塩津留源経なるものにかんする次のような記事が見える。

古仇音夫郷

源経主之

己丑年（一四六九）受図書、約歳遣一二舡、書称上松浦塩津留助次郎源経、

ここに源経が支配しているという古仇音夫郷は、同書では壱岐の大邑である七郷の一つとなっており、島の中央よりやや北よりの国分（芦辺町）に比定される。(24)国分における塩津留氏の居所は、『壱岐国続風土記』（一七四四年吉野秀政著）や『壱岐名勝図誌』（一八六一年後藤正恒著）では、国分にある「郡城《コホリ》跡、一名塩津留城」であるとしている。『壱岐名勝図誌』によれば、その広さは東西二町二十間、南北四十二間半、周囲七町四拾四間半で、三重の堀をもつという相当の規模のものであるが、伝えるごとくはたして塩津留氏の居城であったかどうかはよくわからない。

さて、右の『海東諸国紀』の記事によれば、源経は朝鮮へ通交して、己丑年（一四六九）に図書を授与され、また一船ないし二船の歳遣船定約を結んでいた。源経が壱岐在住にもかかわらず、「上松浦塩津留」と名乗っているのは、同家がもともとその地の出身であったことに由来するにちがいなく、「塩津留」の地は、現在の佐賀県東松浦郡鎮西町塩鶴に当るであろう。

源経の朝鮮との通交を、李朝歴代の実録によってみると、睿宗元年（一四六九）六月に使者をつかわしたのを最初にして、以後成宗二十五年（一四九四）まで、ほぼ毎年、一回または二回使者を送っている。(25)遣使の際の称号は、おおむね「一岐州上松浦塩津留助次郎源経」であった。なお成宗元年（一四七〇）、対馬島宣慰官田養民が来日した際、源経にもその護送方を依頼し、物を贈ったことがあった。(26)

また、塩津留氏には源経以前に、「一岐州上松浦塩津留伊勢守源聞」なる者がいて、世宗二十六年（一四四四）から世祖十三年（一四六七）の間、朝鮮通交をおこなっている。(27) 源聞と源経は、ともに「一岐州上松浦塩津留」と称していること、また源聞の朝鮮通交が終ると間もなく源経の通交が始まっていることなどからみて、源経は源聞の後継者（おそらくは父子）であろう。

源聞の朝鮮との交渉は、世宗二十六年（一四四四）、朝鮮から壱岐島招撫官康勧善（または姜勧善とも記す）が来島したのがきっかけとなって始まっている。その前年の六月、壱岐・対馬の島民が朝鮮全羅道の西余鼠島（いまの麗瑞島）で、済州貢船をおそい、乗員を擄去した事件があり、朝鮮では、その被擄人が壱岐にとどめられていることを知って、その刷還と事件を起した賊倭を捕縛して送らせるための交渉に、康勧善を壱岐へ遣わしたのである。(28) この事件がおこった時、朝鮮では被擄人の刷還と賊倭捜捕の方策について、たまたま朝鮮へ来ていた壱岐の住人都仇羅（藤九郎）(29) の意見を聞いたところ、藤九郎は志佐・佐志・鴨打・呼子四氏の協力を得れば、事は可能である旨答えている。(30) ここで藤九郎が、塩津留氏の名をあげていないのは、同氏の勢力がこれら四氏にくらべて小さかったことによるものであろう。ただし、塩津留氏の存在は、藤九郎によって朝鮮側へ知らされていたものとみえ、康勧善一行が来島した際には、礼曹から塩津留源聞にも書を送り、白細苧布四匹、白細綿紬四匹、焼酒十瓶、桂一角、茶食一角などの物を贈って、協力を要請している。源聞は早速、その要請に応えて、管下の賊倭一人をとらえ、使者に付して康勧善の帰国に同道させ、朝鮮側へ引き渡した。(31) その間の事情は、このとき源聞が礼曹へ送った次の返書にくわしく、源聞は賊倭を捕送して朝鮮の歓心をかうことによって、朝鮮への通交が認められることを望んでいたことがわかる。

一岐州上松浦塩津留伊勢守源聞、復書礼曹曰、去秋、書到得信乎、我継先祖塩津留沙弥源英之跡、久乞厚蒙恩者哉、承聞、日本賊船、就去去年六月初一日高麗之地、奪取朝鮮貢船数拾仁・絹布・衣掌〔裳〕・米粡、予因不持郡郷、凶徒之族無太多、此民依貧窮渡唐、雖乗一岐本居之船、対州執貢船諸物後、既捐流船、時于此等搶彼船、更不巧朝鮮之敵、予従先祖、不退戴天恩、于今領納貴使白細苧布四匹・白細綿紬四匹・焼酒十瓶・桂一角・茶食一角等、深意無極、為致報意、使武和有肆郎左衛門助、遣賊徒一仁、此男聊不得寸物、船子老者已、正罪過軽重、頓仰、藤九郎帰国拝領者、珍重、然此土為本国之境、朝鮮之船往来之時、可慇懃守固乎、予拝領印字、為従来鄙臣、長輪誠乎、献処礼物、大刀子四箇、冀達天聞、[32]

右の礼曹への返書のはじめの部分で、源聞は「われ、先祖塩津留沙弥源英の後を継ぎ、久しく厚く恩を蒙らんことを乞う云々」と自分の先祖に塩津留沙弥源英なる者がおり、自分はその跡を継ぐ者であること、そしてこれまでながい間朝鮮の厚恩を受けることを願っていたことをのべている。ここで源英は、「先祖」となっているので、少なくとも源聞の父ではなく、祖父であろう。源聞がこの答書で、ことさら源英の名をあげているのは、源英に、朝鮮への通交の豊富な実績があったからであり、「久乞厚蒙恩云々」というのも、その実績にあやかって、自分にも朝鮮への通交を許されたいという希望の表明である。

そこで塩津留沙弥源英の朝鮮通交であるが、この人物は朝鮮の史料には、「沙弥源英」あるいは「肥前州源英」などとして名がみえ、早くから朝鮮と交渉があった。その初見は、太宗十一年（一四一一）五月、「沙弥源英」が遣使して大蔵経を求めたもので、[33]ついで世宗十年（一四二八）七月遣使した「日本源英」[34]も同じ人物であろう。また同十二年正月にも遣使して土物を献じ、回賜正布四十四匹を与えられている。[35]ちなみに、このとき源英と同時に日本から遣使した人々に対する回賜正布の額をみると、小早川常賀七十八匹、対馬の早田六郎次郎四十八匹、一岐州佐志平種長百二十九四であって、源英の財力・勢力は、それら諸氏にくらべれば左程大きくはなかったようである（回賜品は、こちらからの進上品、日本における勢力、遣使の目的などを勘案してきめられる）。

源英が朝鮮へ通交した際の肩書を見ると、「肥前州」の地名を冠した例は多いが、「壱岐」あるいは「壱州」等の文字を冠してはいないので、塩津留氏はまだこの時点では肥前上松浦の塩津留に居住しており、壱岐とはかかわりがなかったものと考えられる。それでは塩津留氏が、壱岐に手がかりを得て、移って来た時期は、いつかということになるが、その時期は正確には知りがたい。しかし、源聞の代になって康勧善が来島した世宗二十六年（一四四四）以前であることは、たしかである。なお、『海東諸国紀』によれば、壱岐を分治する五氏のうち、塩津留氏以外の志佐・佐志・鴨打・呼子の四氏は、いずれも自身は本拠の肥前松浦に居住したまま、壱岐には一族の者などを代官として置いて統治にあたらせているのに、塩津留氏にかぎっては、壱岐代官がおらず、領主みずから壱岐に住んで支配をおこなっている。これは塩津留氏の本拠であった上松浦塩津留が、丘陵地帯で農耕に適さず、非常に生産性の低い土地であるので、塩津留氏の本宗みずからこの地を去って、新たに入手した地味豊かな壱岐へ移り住んだためではないかと思われる。(36) 少なくとも『海東諸国紀』の段階では、塩津留氏は、かつての本拠上松浦とは縁が切れ、完全に壱岐の住人になりきっていたようである。

ところで、壱岐における塩津留氏のありかたについて、源聞はさきの礼曹への答書で、「予、郡郷を持たざるにより、凶徒の族、はなはだ多くは無し」とのべているのが注目される。郡郷を持たないというのは、配下に朝鮮へ赴いて海賊をするような者が、多くはいないということを言うためとも考えられるけれども、康勧善一行が現に壱岐へ来島していることでもあり、これは嘘ではなく、実際に塩津留氏は当時、多くの土地を支配してはいなかったのであろう。さきに藤九郎が、被擄人刷還と賊倭捜捕について、協力を頼むべき相手として、志佐・佐志・鴨打・呼子の四氏をあげ、ひとり塩津留氏を除いていることは、すでにのべたが、これも「不持郡郷」という塩津留氏の島内での立場の特殊性に関係のあることであろう。

このように土地支配の点で、志佐など他の四氏にくらべて、はるかに劣勢であったと考えられる塩津留氏が、その劣勢を補う方途を朝鮮交易に求めたのは当然である。源聞が、先にあげた礼曹への答書で、かつて朝鮮通交の実績のあった先祖源英の名をあげ、自分も朝鮮から恩恵を蒙りたいと久しく願っていたと述べているのは、すでに見たが、源聞は同じ書面の末尾の部分で、壱岐は日本と朝鮮の境であるので、朝鮮の船が往来するとき、慇懃に守護すべきであるとの理由をあげて、「印字」を拝領したいと具体的な要求を出している。印字（字は子に同じ）は、字印といっている例もあり[37]、この場合は朝鮮への通交者が書契におすために、朝鮮からその人物の名を刻して与えられる銅の私印、すなわち図書のことである。先にみたごとく、塩津留氏は、かつて源英のとき朝鮮へ通交していたが、その後、なんらかの事情で通交が途絶えたものとみえる。しかし、源聞の時代であるこの頃になると、すでに日本からの通交者に対する朝鮮側の統制策すなわち、受図書の制や対馬島主文引制などができあがってきており、もはやそれらの制度を無視しては、新たな通交を始めることができない仕組みになっていた。そこで源聞は、康勧善の来島を好機として、管下の賊倭をとらえて朝鮮へ引きわたし、朝鮮の歓心を得て受図書人となり、通交権を復活しようとしたわけである。

源聞は右の答書の中で、捕送した賊倭は壱岐島人が済州貢船をおそった時の船夫にすぎず、掠奪には加わっていなかったと弁明し、早々に放免して帰島させてくれるよう願ってはいるが、それにしても自己の管下から賊倭をひきわたす[38]という最大限の誠意を示したことは、彼がいかに朝鮮側の歓心を買うに熱心であったか、いいかえれば先祖源英以後とだえていた朝鮮通交の再開を、いかに強く望んでいたかを示すものであろう。ちなみに壱岐の支配者層のうち、康勧善の求めに応じて管下の賊徒を捕送したのは、源聞以外には呼子源高と真弓源吉だけで、鴨打源道秀・同源五郎・佐志源正らは、それを拒んだため、主謀者格の賊徒は、逃亡してしまったという。(39) いわば康勧善の使命は、かなり大きく失敗しているわけで、それだけに、かえって塩津留氏の誠意は効果的であったかもしれない。源聞の図書賜給の願いが、かなえられたか否かは記録にないが、この時、源聞と同じく賊倭を捕送し、図書の授与を望んだ呼子源高が、受図書人となっていた明証があるので、源聞も同じく図書を授与されたにちがいない。(40)

かくして源聞の朝鮮通交の道は開かれ、(41) 翌世宗二十七年にも、使者を送って賊倭を捕送した。朝鮮は前年の例により、源聞に鞍一面、米豆八石、綿紬綿布各六匹、黒麻布白苧布各四匹、虎皮四張、雑彩花席五張、焼酒二十瓶などを贈り、また使者にも米四石、綿紬二匹、衣一領を与えて厚く遇した。(42) 源聞はその後、世祖十三年(一四六七)三月まで継続して朝鮮へ使者を送っているが、特に端宗元年(一四五三)から世祖元年(一四五五)にかけては、端宗元年三度、同二年二度、世祖元年六度と、頻繁な通交の記録がある。(43) この間の、年間数度におよぶ遣使記事には、同一送使の重出ということもありえないではないが、世祖元年十一月、礼曹から対馬島主宗成職(一四五二―一四六七在職)へ書を送り、源聞などの深処倭十余人は、成職が島主になって以後、通交回数が増し、はなはだしきは一年十余度にも及んでいると警告し、今後はそれらの者に対して、一年二度以上の文引を発給しないよう要請しているので、(44) 源聞の通交が頻繁であったことは、事実であろう。この当時の送使は、名目は使送船であっても、その実は興利船(貿易船)であって、源聞が朝鮮貿易の利益を熱心に追求していた様子がうかがわれる。

世祖元年になると、先にみたごとく、朝鮮では対馬島主宗成職に対して、源聞ら深処倭を年二度以上渡航させないよう命じているのであるから、当然、その後間もない時期に、朝鮮ではそれら深処倭を相手に、毎年の送使を、それぞれ一船とか二船とかに制限する歳遣船定約を結ぶ措置をとったにちがいない[45]。源聞に関しては、定約をした記録上の所見はないが、その継承者とみられる源経が、『海東諸国紀』では一船ないし二船の定約者になっているので、源聞も一船ないし二船の歳遣船定約をしたと考えてよいであろう。

これまでのべた塩津留氏の歴代について要約すれば、上松浦塩津留時代に沙弥源英があって、一四一一年から一四三〇年にかけて、朝鮮へ通交した記録がある。そしてその孫と推定される源聞の代の一四四四年までには、塩津留氏は壱岐へ移住しており、源聞も一四四四年以降一四六七年まで盛んに朝鮮へ通交していた。ついで源聞の子と推定される源経は、壱岐の国分の地を支配しており、一四六九年から一四九四年の間、朝鮮へ通交した記録がある。

ところで、この外にも塩津留一族で、朝鮮へ通交した人々がいる。『海東諸国紀』には、源経の外にも塩津留一族で、朝鮮と歳遣船定約を結んで、通交を行なっている者が二人見える。一人は松林院主源重実で、いま一人は観音寺宗殊である。

まず松林院主源重実であるが、同書一岐島古仇音夫郷条に、先掲の源経の記事につづいて、つぎの記事がある。

　源重実
　丁丑年（一四五七）約歳遣一舡、書称上松浦塩津留松林院主源重実、

これにより、塩津留松林院主源重実なる者が、朝鮮へ通交し、丁丑年（一四五七）、歳遣船一船の定約をしたことを知りうるが、この源重実は、李朝歴代の実録にも、端宗二年（一四五四）から成宗二年（一四七一）にかけて遣使記事がある[46]。松林院は寺院で、院主と称する重実は、その住持でもあろうか。『壱岐国続風土記』は、塩津留氏の居城であ

ったという郡城の城北に「小林防(ママ)と云へる民居あり」とし、この所を松林院の跡としている。

源重実の通交記事は、成宗二年で終るが、その後をうけるようにして、同じく「一岐州上松浦塩津留松林院」の肩書を持つ源実次なる者が、成宗四年（一四七三）から燕山君五年（一四九九）にかけて、朝鮮へ通交している。(47) 源実次は、源重実の後継者と思われるので、重実の歳遣船数を継承して、一船の歳遣船定約をしていたものと考えられる。

なお話は前後するが、さきの源重実以前にも、松林院関係の朝鮮通交が存在した。それは世宗二十六年（一四四四）に来島した康勧善一行と接触し得たのを機に、次の書を礼曹へ送った「一岐州上松浦塩津留沙門松林院」と名乗る者である。

一岐州上松浦塩津留沙門松林院、復書礼曹曰、未上鄙書処、今度不受貴風併使臣招撫、従事官皮尚宜、依賊徒叓、初面拝、従来、我為沙門之形体、更不憐悪党、至已後而尚禁此叓乎、予為先祖監〔鹽〕津留沙弥源英少孫、其佳久恩長輪誠乎、難為通叓、献物大刀子一箇、宜達天聞、珍重珍重(48)、

文面によると、松林院某なるこの人物は、康勧善の来島に際しても、礼曹から書を送られる程の実力者ではなかったこと、(49) この時まで朝鮮へ通交したことがなく、康勧善一行が壱岐へ来て、その従事官皮尚宜が賊倭捜捕のために彼に会ったので、初めて朝鮮と関係ができたこと、また彼は塩津留沙弥源英の孫で、出家しており、朝鮮との通交を欲していることなどを知りうる。なお康勧善一行のうち、彼にあったのが、招撫官康勧善自身ではなく、その従事官の皮尚宜であったのを、彼は不満としている様子であるが、それにしてもこの機会をとらえて、礼曹へ書を送り、よしみを通じようとしたところに、塩津留一族の朝鮮通交に対する積極的な姿勢をうかがうことができる。右の記事からは、この人物が、塩津留氏の誰であるかわからないが、おそらくこの翌世宗二十七年二月に、朝鮮へ遣使した「一岐

島塩津実誉」[50]と同一人であろう。かれの場合も、源聞と同様、康勧善の来島を朝鮮通交をひらくきっかけとして利用している。実誉は、その後、文宗即位年（一四五〇）六月にも遣使したことが見える。[51]次に、この実誉についで端宗元年（一四五三）、「一岐州上松浦塩津留松林院実円」と名乗る者が、朝鮮へ使者を送っている。[52]実円の通交は、記録にあらわれたかぎり一回だけであるが、実誉の通交権を継承したものであろう。そして、先にみた松林院重実の朝鮮通交は、この実円の通交権を継承したものと思われる。

このように塩津留氏の出である松林院住持の実誉・実円・重実・実次は、あいついで朝鮮へ通交している。これら松林院の塩津留氏と国分の領主塩津留氏（源聞・源経）の関係であるが、このうちの松林院実誉が、塩津留源英の孫であるので、同じく源英の孫と考えられる塩津留源聞とは、きわめて近い血縁関係にあることがわかる。

松林院関係の塩津留氏の朝鮮通交は、大体以上のごとくであるが、つぎに『海東諸国紀』に見える、いま一人の塩津留氏関係の歳遣船定約者である観音寺宗殊についてみよう。同書一岐島古仇音夫郷条には、前掲の松林院源重実の記事にひきつづいて、

宗殊

己卯年（一四五九）遣使来朝、書称一岐州上松浦塩津留観音寺宗殊、約歳遣一舡、

とある。これによれば、宗殊は己卯年（一四五九）に遣使して、歳遣船一船の定約をしたということであるが、朝鮮への通交は、すでに端宗元年（一四五三）から始まっており、燕山君八年（一五〇二）まで続いている。[53]宗殊は、朝鮮通交に際して、観音寺の「看主」または「看守」と称している。[54]看主とか看守とは、いかなる職掌をさしているのかよくわからないが、住持を意味するであろうか。もし住持ではないとしても、寺院運営の責任を持つ職掌であることは、

間違いなかろう。観音寺は、壱岐郡芦辺町国分にあって、いまに存続している。寺伝によれば、平重盛の建立になるとの所伝のある名刹[55]で、少し時代はさがるが、『永禄十年（一五六七）壱岐図田帳』[56]には、寺領五反二丈を記している。また、かなり後世ではあるが、一八六一年撰修の『壱岐名勝図誌』には、その境内の広さを「東西一百四間・南北弐百廿二間、周囲六百二十間」としており、相当な規模の寺院であったようである。塩津留観音寺宗殊と国分の領主塩津留氏との関係は、よくわからないが、いずれにしても宗殊が、塩津留氏の一族であることは間違いなく、宗殊がこのような名刹へ入りこんだことは、塩津留氏の島内における勢力伸長を示すものと理解される。

これら塩津留一族の朝鮮通交が、三浦の乱（一五一〇）によって深処倭の渡航が中止される以前、いつまで続いていたかというと、記録にあらわれた限りでは、国分の領主源経は一四九四年まで、松林院源実次は一四九九年まで、観音寺宗殊の場合は一五〇二年までである。しかし、時代がさがると、単純な日本からの遣使記事などは、次第に省略するようになる、李朝時代の実録の在り方を考慮するならば、通交記事の終見が必ずしも通交そのものの終りを意味するとは限らず、これら塩津留一族の朝鮮通交は、実際には、三浦の乱まで継続していたと考えてよいであろう。

以上で、塩津留氏の朝鮮通交の沿革の概観を終るが、最後に指摘しておきたいことは、観音寺および松林院という寺院の名義が、通交権拡大に利用されていること、そしてその結果、塩津留一族が、壱岐島内最大の朝鮮通交者となっていることである。松林院重実は丁丑年（一四五七）に、観音寺宗殊は己卯年（一四五九）に、それぞれ歳遣船定約を結んでいることはすでに見たが、これは朝鮮が、次第に増大する深処倭の通交を押えるために、世祖元年（一四五五）にうち出した、深処倭にも歳遣船定約を結ばせる方針にのっとって行なわれたものにちがいない。また塩津留本家の源聞も、前述のごとく朝鮮側のこの方針によって、世祖元年後、ほどなく歳遣船定約を結んだと推測される。このように塩津留一族の三人の者は、ほぼ同じ時期に相前後して、歳遣船定約者となった。一族一家で、いく口もの歳遣船定約を結んでいるのは、対馬島主宗氏一族などの特殊な事例をのぞけば、ほとんどない。松林院重実も観音寺宗殊も、塩津留氏の一族でありながら、松林院・観音寺という別個の名義によって、それぞれ通交権を確保していた。そして深処倭の歳遣船定約が問題となるや、朝鮮でもそれらの通交の実績を無視することができず、それぞれ別個に歳遣船定約を結ぶことに成功したのである。なお当時、寺院関係者が歳遣船定約者となることはほとんどなく、『海東諸国紀』の時点に限れば、この二寺以外では、わずかに肥前州上松浦那護野宝泉寺源祐位が、一船の定約をしているだけである。そこで、塩津留一族の歳遣船数であるが、本家の源聞が一船ないし二船、松林院重実と観音寺宗殊が各一船の定約者となったので、結局合計三ないし四船（最高四船）の通交権を保有することになった。この権利は、各々の継承者にうけつがれており、それは三浦の乱まで変りがなかったと考えられる。壱岐居住者で歳遣船定約を結んでいる者を、『海東諸国紀』の時点でひろってみると、塩津留一族以外では、志佐代官真弓源武が一船ないし二船、呼子代官牧山源正が一船という状況であったから、一族で四船の定約をもつ塩津留氏は、朝鮮通交の面では、壱岐島内では大変な優位にあったのである。

源聞が「郡郷を持たず」と言っているのは、世宗二十六年（一四四四）の康勧善の壱岐来島のときであるが、その後『海東諸国紀』の段階になっても、塩津留氏の壱岐島内での立場は、さほど変りなかった。同書が五氏の壱岐分治を叙述するにあたって、塩津留氏を最後に記していることは、壱岐における同氏の地位が、その頃でも依然、最下位にあったことをうかがわせる。(57) このように塩津留氏は、領地保有という面から見ると壱岐を分治する五氏のうちでは一番弱小で、土地からの収入もそれほど期待できないとなると、その分、朝鮮貿易に活路をみいだし、他の諸氏よりも熱心に、朝鮮通交を行なうことになったと思われる。塩津留氏の朝鮮貿易への熱意は、島内での立場の弱さを補うためのものであり、いわばその立場の弱さこそが、塩津留氏をして朝鮮貿易にかりたてさせたとも言えよう。

以上、主として朝鮮史料の側から塩津留氏を考察したが、日本側の史料では、塩津留氏は、どうなっているであろうか。古賀稔康氏は、塩津留氏の発祥について、次のごとく言っておられる。すなわち塩津留の地域は、もと上松浦地方の松浦党の有力者佐志氏の所領で、佐志村の内であったが、文永三年（一二六六）、佐志家の二男である乙鶴（留）に譲られ、[58]留が蒙古合戦で戦死すると、その遺領は弘安二年（一二七九）に、留の甥の熊太丸が相続している。[59]このことは、塩津留氏が熊太丸から発祥したことを暗示するというものである。[60]塩津留氏の名が文書に直接みえる例としては、有浦文書の南北朝期と推定できる極月十一日付の任等連署状に宛所として、「塩津留殿」[61]とあるのをあげることができるが、この文書は前欠があって、残念ながらその内容はよくわからない。なお、平戸松浦史料博物館所蔵の応永二十八年（一四二一）上下松浦党の一揆契諾状の写には、[62]四十四名の署判者の一人として「塩津留源如」の名がみえる。平戸藩で近世に編纂した『松浦家世伝』は、右の契諾状によって、「出自不詳公族伝」[63]の塩津留の頃で、塩津留氏の初見として源如をあげ、その先祖や領邑などは不詳であるとしているが、この契諾状は、原文書が伝存しておらず、その信憑性に疑問をもたれているものである。[64]とすれば、源如の存在もあやぶまれるわけで、あるいは実在した人物かもしれないが、よくわからない。

このように、対馬移住以前の塩津留氏に関する日本側の史料の所見は、まことに微々たるもので、その素性について確たることは言いがたいが、松浦党に属する一員であったとはいえよう。松浦党は、肥前上松浦郡・下松浦郡に割拠する諸氏のうち、源久の後と称する血縁で結ばれた松浦源氏が中心となり、異姓の諸氏をも、擬制的同族組織をもって糾合した連合組織で、党に所属する諸氏が、源姓を称し、一字名を名乗るを特徴とする。塩津留氏も前述のごとく壱岐進出以前には、上松浦郡塩津留の地域に割拠していたと考えられ、源英・源聞・源経のごとく源姓を称し、かつ一字名を名乗るなどその特性に合致する。長沼賢海氏はじめ諸先学も、『海東諸国紀』に記す志佐・塩津留等五氏の壱岐分治に言及して、これを松浦党による分治とし、塩津留氏を松浦党として扱っておられる(65)。

ところで、塩津留氏は、朝鮮通交に際して、十六世紀に入っても、その肩書に「一岐州上松浦塩津留」と壱岐の文字を冠しているが、実は、文明四年(一四七二)には、壱岐に政変がおこって、塩津留氏は壱岐から姿を消しているのである。次にその間の事情と、壱岐を出て以後の塩津留氏の動静についてみることにする。

(二) 壱岐塩津留氏の対馬亡命

塩津留氏の壱岐居住を不可能にした文明四年の政変とは、この年十二月、上松浦岸岳城主の波多泰が、壱岐へ攻め寄せ、壱岐を分治していた五氏すなわち志佐・佐志・呼子・鴨打諸氏の代官および塩津留氏を破って、壱岐の支配者となった事件である。そして波多泰は、一族の者を代官として壱岐へ派遣し、統治に当らせた(66)。波多氏の壱岐支配は、元亀二年(一五七一)平戸領主松浦隆信が壱岐を領有するまで続いた(67)。波多氏の攻略によって、それまで壱岐を分治していた松浦党の五氏は、滅亡したとするのが従来の定説で(68)、それに従えば、塩津留氏も当然、滅亡してしまったものということになる。たしかに、波多氏の攻略以後、壱岐において塩津留氏の存在を示す何らの徴証をも見いだすことはできない。近世に平戸松浦家で、広く領内外から史料を集めて編纂した『松浦家世伝』が、塩津留源経の子孫を不詳としているのも(69)、同書編纂時に(70)、その子孫が壱岐島内は勿論のこと、平戸藩の領内に存在していなかったからであ

表Ⅱ　塩津留氏の名字状一覧

	年月日	発給者	授与ノ実名（書上担当者ノ注記）	宛名	出典
1	文明9・11・13	盛貞	盛「一字斗也」	塩津留虎安	宗家判物写『峯郡』佐賀村塩津留津右衛門所持分
2	明応10・11・16	材盛	順	塩津留熊亟丸	1ニ同
3	享禄4・8・14	盛賢	賢「一字斗也」	塩津留彦左衛門	1ニ同
4	天文3・2・14	将盛	盛「一字斗也」	塩津留丹七郎	1ニ同
5	天文10・1・3	盛勝	勝「下ノ字不見」	塩津留助八郎	宗家判物写『伊奈郡』貝所村塩津留与七兵衛所持分
6	天文10・1・3	盛勝	勝久	塩津留鬼房丸	5ニ同
7	天文24・12・7	義調	調「一字斗也」	塩津留彦太郎	1ニ同
8	永禄3・8・14	盛円	円秋	塩津留宮太郎丸	1ニ同
9	天正14・2・29	昭景	景幸	塩津留虎熊丸	5ニ同
10	天正18・3・12	義智	智久	塩津留右衛門	1ニ同

ろう。

しかし、塩津留氏は波多氏の攻撃で、本当に滅亡してしまったのであろうか。筆者は、この時、塩津留氏は対馬へ亡命して、宗氏の家臣となったものと考える。すなわち、第一節でみたごとく『書契覚』にみえ、牧山源正印で朝鮮へ通交している対馬の塩津留氏こそ、壱岐塩津留氏の後にほかならないとするものである。以下、その理由を説明しよう。

貞享四年（一六八七）に対馬藩でおこなった判物書き上げに、峯郡佐賀村（現在、長崎県上県郡峰町佐賀）塩津留津右衛門所持の十七通と、伊奈郡貝所村（現在、長崎県上県郡上県町飼所）塩津留与七兵衛所持の五通の文書が収められている。先に第二節であげた永禄十三年の宗義調および宗貞氏から塩津留主殿助に宛てた、壱州牧山印を財部彦左衛門に売り渡したことに関する文書も、右の佐賀村塩津留津右衛門所持分のうちのものである。文書の年代分布は、佐賀村塩津留氏所持分の場合は、文明六年（一四七四）から天正十八年（一五九〇）にわたっている。貝所村塩津留氏所持分は、大永八年（一五二八）から天正八年（一五八〇）までで、初出年次が、佐賀村塩津留氏所持分よりも、すこしさがっている。おそらく、貝所村塩津留氏は、佐賀村塩津留氏の分家であろう。対馬の塩津留氏は、塩津留という特異な姓からも、上松浦塩津留地域との関連が想定されるが、両塩津留家所持の判物中には、それぞれの先祖の者が、対馬守護（島主）または守護代から実名を授かった時の名字状が、表Ⅱ「塩津留氏の名字状一覧」のごとく数通あるので、その実名に注目してみたい。

これによれば、天文十年（一五四一）からは、二字の実名が現われ始めるが、それ以前は一字だけである。一般に将軍や大名が臣下に実名を授与する場合、自分の実名の一字をとって、その一字だけを書いて与え（これを「一字の書出し」と言う）、授与された者がそれにまた一字を加えて二字の実名とすることが多かったので、(71)塩津留氏に一字だけが与えられた場合も、いわゆる一字書出しかと一応は考えられるが、対馬における実名の授与は、島主（または守護代）の実名のうちの下の文字を、授与される者の実名の第一字に置き、その下に適宜の文字を付して、完成した二字の実名として与えるのが例であった。後世、この書き上げを担当した者が、塩津留氏に授与された「盛」とか「勝」とかの一字にたいして「一字斗也」とか「下ノ字不見」と、わざわざ注記しているのも、このような一字だけの名字状が対馬における通例からはずれた、よほど奇異なものに感じられたからにほかならない。とすれば、塩津留氏に授けられた「盛」とか「勝」などの一字は、いわゆる一字書出しではなく、この一字だけで実名と考えるべきである。周知のごとく、一字名乗りは、松浦党の特徴であり、いわばその証ともいうべきもので、対馬の塩津留氏が、対馬での実名授与の一般原則に反して、あえて一字名を授けられているのは、同氏がなお松浦党の自覚をもち、その伝統に固執したためと考えられる。これからみれば、対馬塩津留氏も、上松浦塩津留氏から直接わかれたものであるのか、あるいは壱岐塩津留氏の系統を引くものであるのか、いずれにしても、松浦党塩津留氏の系譜につながるものであることに間違いあるまい。

そこでつぎに、塩津留氏が対馬へ渡来した時期が問題となるが、佐賀村塩津留家所持の判物中に、文明六年（一四七四）、対馬島主宗貞国から塩津留主殿助にあてた次の文書があり、その内容と発給年月に注目したい。

吹挙一通、陸地・石見・若狭・高麗への大小船の公事、おふせんならひに志ほ判、船の売口買口、人の売口買口の事、扶持申所之状如件、

文明六　八月九日　　貞国御判

塩津留主殿助殿

右の文書の内容は、島主宗貞国が、塩津留主殿助に、種々の権益を扶持として与え、あるいは権益に伴う公事を扶持として与えているものである。この文書は、文言が特殊であるので、多少煩雑になるが、順次説明しよう。まず「吹挙一通」を扶持申すとは、朝鮮への通交にさいして必要な島主の文引を年に一度与えることを約束したもの、換言すれば、塩津留氏に一年一度の歳遣船派遣の権益を認めたものである（これが、だれ名義の通交権であるかについては後述する）。つぎに「陸地・石見・若狭・高麗への大小船の公事」を扶持申すとは、九州方面（対馬では九州を陸地という。六地とも書く）・石見・若狭・朝鮮へ往来して交易活動をすることを認め、その活動に対して島主が課す税を免除するものである。「大小船の公事」という表現は、船の大小によって課税額が異なっていたことによる。つぎに「おふせんならひに志

ほ判」とあるのは、「おふせん判」と「志ほ判」の意味であるが、まず「おふせん判」を扶持申すとは、孤草島釣魚約条にもとづく朝鮮全羅道孤草島（今の巨文島）への出漁を認可し、出漁に必要な島主の文引を与えることを約束したものである。[72] また「志ほ判」の「志ほ」は塩である。当時、対馬では製塩が盛んで、出来た塩は朝鮮や本土へ販売していた。「志ほ判」を扶持申すとは、塩を島外へ搬出する際に必要な島主の証明を与えるという意味と解される。[73] すなわち、塩の販売にたずさわることを許可したものである。つぎに「船の売口買口」を扶持申すとは、船によって対馬島内沿岸で交易活動をすることを許可したものである。[74] 終りの「人の売口買口」を扶持申すとは、人身売買にたずさわることを許可したものである。当時対馬では、中国朝鮮方面から掠奪して来た人々や、島内下人の売買が盛んであったが、売買にたずさわるには、島主の認可が必要で、島主は売買に公事をかけていた。[75]

以上の文書内容を通観すると、このとき島主宗貞国が塩津留氏に扶持として与えたのは、朝鮮通交の利権や島内外の各種交易活動の利権、あるいは釣魚の利権などであって、対馬島内の田畠その他、土地の知行が含まれていないことが注目される。古くからの宗家の家臣であれば、通商や海上活動の権益もさることながら、島内の土地を宛行なわれているのが普通である。しかし、塩津留氏の土地知行を示す文書は、分家と推定される貝所村塩津留家所持分の中に、大永八年（一五二八）に、宗盛次から「せた《瀬田》のた《田》のすこし《少し》」を与えると見えるのが、はじめてであり、佐賀村塩津留家所持分では、ようやく天正七年（一五七九）になって出るが、それも、内容は峯郡内における木庭（焼き畑）など零細な七ヵ所の土地を列挙して、島主宗義純が塩津留伊勢守に「右之買地、於子々孫々、不可有相違」と安堵したものであり、この土地は島主宗氏から宛行なわれたものではなく、塩津留氏が自身で買得したものであることがわかる。

このように塩津留氏は、文明六年頃には、朝鮮通交とか島内外の交易とかあるいは漁業の権益だけをもち、かなり後になって、ようやく対馬島内で土地を持つようになっている。このことは、塩津留氏が古くからの対馬の住人ではなく、比較的おそい時期に対馬へ渡来して来たことを示すものであろう。よく知られているように、対馬では農耕可能な土地が極度に少なく、島主はそれを細分化して家臣に宛行なっていた。そのような状況のところへ、島外から移住者が来て、新たに家臣となった場合、島主はその者に新規に与える土地を工面するのは大変むつかしく、したがって土地知行以外の交易活動とか漁業活動とか、島主の裁量次第で後からの割りこみや融通のききやすい諸権益を与えて、当面の経済生活を保証したと考えられる。文明六年、塩津留氏に島主宗貞国から与えられた知行内容は、まさしくそれに当るものであって、塩津留氏の対馬渡来の時期は、この文書の出された文明六年八月頃か、それ以前の遠からざる時としてよいであろう。ところで、これは丁度、文明四年末の壱岐における政変から間もない時期に当っている。これは偶然の一致ではなく、壱岐にいた塩津留氏が、波多氏の同島占領の結果、遁れてこの頃、対馬へ亡命して来たものと考えてよいであろう（ただ、壱岐から直接対馬へ遁れたとは限らず、一旦九州本土などへ遁れて、その後に対馬へ渡ったということもありうる）。従来、波多氏に滅ぼされてしまったとされていた壱岐塩津留氏は、実は対馬へ遁れて宗氏の家臣となっていたのである。(76)

なお塩津留一族の松林院重実や観音寺宗殊が、文明四年の政変で、どうなったかわからないが、宗殊名義の図書による朝鮮通交は、その後も継続して行なわれている。松林院重実の朝鮮通交は、記録上わかるのは一四七一年までで、文明四年（一四七二）の政変を中にはさんで、一四七三年からは松林院実次が登場してくる（本節第㈠参照）。重実から実次への交替の事情はよくわからないが、文明四年の政変が関係していることも（例えば波多氏との戦で重実が死去したとか）考えられる。

前述したように壱岐時代の塩津留一族は、朝鮮通交にきわめて熱心で、壱岐の諸氏のうちで、最も盛んに朝鮮通交を行なっており、その経済生活はおそらく朝鮮交易に依存するところが大きかったと考えられる。そのような塩津留氏が波多氏の壱岐攻略によって、壱岐から逃亡しなければならなくなった時、対馬は、その亡命先として最も適した所であった。距離的に朝鮮へ一番近く、島主宗氏以下全島の生活が朝鮮交易に関する諸権益に深く依存していた対馬が、塩津留氏の朝鮮貿易継続にとって好都合であったのは勿論であるが、もし塩津留氏が九州本土へ移住したとすれば、朝鮮への渡航のたびに、敵対関係にある波多氏管下の壱岐へ寄港するなり、少なくともその制海権の中を通過しなければならず、そのために朝鮮への通交も断念しなければならないということにもなったであろう。塩津留氏が、亡命先に対馬をえらんだのは、このような同氏の経済生活のあり方によるところが大きかったと思われる。

一方、対馬島主宗貞国にとっても、塩津留氏の保有する幾口もの朝鮮通交権には、魅力があったのではなかろうか。島主貞国は、塩津留氏の亡命を受け入れるかわりに、同氏のもつ朝鮮通交権の一部を譲らせたふしがある。前掲の文明六年の文書によって、島主貞国から諸権益を宛行なわれた塩津留主殿助は、壱岐から亡命して来たものとすれば、壱岐国分の領主塩津留源経その人か、そうでないまでも源経の朝鮮通交権を継承する人物と思われる。したがって、前掲文書で貞国が主殿助に「吹挙一通」を扶持したというのは、源経が本来、歳遣船定約者として朝鮮から与えられていた通交権にもとづいて遣使するのを、年に一回ずつ認めてやるということにほかならない。ところが、源経は前述したごとく、一船ないし二船の歳遣船定約をしており、年に二船までの送使をすることが出来るはずであるから、残る一船の通交権は、島主宗氏のものとなったのではないかと考えられる。また塩津留一族の松林院実次および観音寺宗殊の各々年一船の通交権についても、推測ではあるが、対馬島主の手中に帰したように思われる。

㈢　対馬移住以後の塩津留氏の朝鮮通交

対馬移住以後の塩津留氏と朝鮮通交とのかかわりであるが、同氏が源経名義の通交を、三浦の乱まで行なっていたことは間違いあるまい。その通交権は、三浦の乱で絶たれたが、後の『書契覚』には、「上松浦塩津留源常」の印による通交の記事がみえる。この源常の印が、壬申約条（一五一二）以後、いつ朝鮮から賜給されたものかわからないが、かつての源経の印を継承して改給されたものであることは間違いない。いま『書契覚』の前半部分である「印冠之跡付」と後半部分の「国次印官之引付」から、源常の印に関する記事をひろい出せば、つぎのごとくである。

㈠　印冠之跡付

元亀三年七月九日
一、日本国上松浦塩鶴源常、上官人塩鶴神次良、大舟、
元亀四年十月二日
一、日本国上松浦塩津留源ノ常ノ印、御西様之書也、江嶋又五郎、
天正二年六月廿一日
一、日本国上松浦塩津留源常ノ印、塩津留主殿助印也、正官人日高彦左衛門、

㈡　国次印官之引付

天正八年五月二日　　一通、塩津留神二郎　丹木拾斤
天正九年五月廿四日　一通、源常　進上丹木拾斤

天正十一年閏二月五日　一通、源常　丹木三十斤　御西　塩津留神二郎方与一年替也
天正十二年二月卅日　一通、塩津留藤兵衛尉　丹木卅斤　申次立石源六
天正十三年三月十二日　一通、源常　丹木三十斤　御西
天正十四年八月十九日　一通、塩津留神次郎　丹木廿斤　申次立石源六

右のうち(二)「国次印官之引付」の方の天正八年度の記事は、所務者名を記すのみであり、また天正十二年度と同十四年度の記事は、所務者名と申次者名を記すのみであって、いずれも印の名前を記していないので、これが源常の印による通交であることを言うには、多少説明が必要である。そこで右の天正十一年度の記事を見ると、この年の源常の印による通交は御西の所務で、塩津留神二郎と一年交替ということが注記されている。御西とは、もとの対馬島主宗義調のことで、島主居館の西方の宮谷に隠居していたので御西と呼ばれていたものである。(77) この注記によって、宗義調と塩津留神二郎とが、源常の印による通交を隔年所務していたことがわかるが、その原則にしたがって年次を追って見ていくと、右の天正八年度と同十四年度の記事は印名を記してはいなくても、所務者を塩津留神二郎と記していることによって、これを源常の印による通交と断定することが出来る。そこで、いま一つの問題の年次である天正十二年度であるが、この年は順序からいけば塩津留神二郎が所務者になっている筈である。しかし、この年度の『書契覚』のどこをさがしても、そういう記事は見あたらず、右に抜き出した同姓の塩津留藤兵衛尉が所務者になっている記事が見えるだけである。藤兵衛尉は、神二郎の同族であろうから、何らかの事情で、この年の神二郎の所務を替って引きうけたのではないかと推測されるが、そう断定するには、いまひとつ証拠が欲しいところである。

しかしながら、申次の名前に注目してみると、塩津留藤兵衛尉が所務者となっている天正十二年度の記事では、立

石源六となっており、これはさきに源常の印による通交であることが明確になった、天正十四年度の記事（塩津留神次郎所務）に見える申次と同一人である。『書契覚』では一般に同一の印や冠は毎年同じ人が申次を担当するという原則が見られることから考えると、天正十二年に塩津留藤兵衛尉が所務しているのは、やはり源常の印による通交である可能性がつよい。ただし、立石源六は天正十二年度に、この件のほかに九件の申次を担当しているが、すべて印名も冠名も記載されていないので、あるいはそれらのなかに源常の印があるのではないかと言う疑いもないではない。しかし、それら九件について所務者を逐一検討してみると、いずれも他の印や冠のものであることがあきらかで、(78)それらのなかに源常の印の申次があるとは考えられない。したがって天正十二年度の立石源六の申次分のなかに源常の印による通交があるとすれば、それは塩津留神二郎の同族と考えられる塩津留藤兵衛尉の所務しているものであると考えるのが妥当であろう。

かくして、先に列記した『書契覚』の各年次の記事は、すべて源常の印による通交であることがあきらかになった。そこで本題にかえって、それら各年次の所務者を見てみると、元亀三年度と天正九年度が不明であるが、大体一年おきに御西と塩津留氏の名が見え、これは、すでに先に見た、天正十一年条の注記に言う御西と塩津留神二郎が一年交替で所務するという原則と合致している。ただし、天正二年度の所務者は、塩津留神二郎ではなく、塩津留主殿助であるが、当時は御西と塩津留主殿助の隔年所務であったと考えられる。そしてその後、神二郎が主殿助の後継者として、主殿助の有する源常印を隔年に所務する権利を、継承したものと思われる。このように、塩津留氏は、塩津留源常印を御西（宗義調）と一年交替で所務していたのである。なお、天正二年度の源常印の所務者塩津留主殿助は、先にみた牧山源正印の所務者で、その名義料をめぐって牧山氏と紛争のあった塩津留主殿助と同一人であろう。

源常の印は、壬申約条以後改給された印ではあるが、それはすでに塩津留氏が持っていた源経の権利にもとづいた改給であったために、たとえ改給以後とは言え、島主宗氏がその権利を召しあげてしまうことはなく、塩津留氏に源常の印の所務を認めたものと考えられる。ただし、その所務が宗義調と一年交替になっているのは、塩津留氏の対馬亡命以後、源経の歳遣船二船の通交権のうち、一船分を島主宗氏が召しあげ、源経の印による通交権を、島主宗氏と塩津留氏が半分ずつ分けあう形になっていたという経緯と無関係ではないかも知れない。

壬申約条以後に、朝鮮から改給された印と冠のほとんどは、対馬と関係のない深処倭名義のものであることもあって、その名義とかかわりなく、朝鮮通交のための単なる権利証的なものとして、対馬島主や宗氏一族がその権利を行使するか、または家臣に知行として宛行なっているのが普通であるが、この塩津留源常の印の場合のごとく、その印が、たとえ隔年とは言え、本来帰属すべき者（この場合は塩津留氏）によって、実際に所務されている場合もあったわけである。これは、本来は深処倭の部類に属する筈の壱岐の塩津留氏が、対馬へ移り、宗氏の家臣となったという特殊事情によるもので、壬申約条以後としては、特異な例といえよう。

このように塩津留氏は、壬申約条以後の段階になっても、源常の印の所務者として、先祖伝来の朝鮮通交の権益を依然保持し続けており、また第二節でみたごとく牧山源正の印による通交権をも所持していたが、実はそればかりではなく、前掲の「印冠之跡付」の元亀三年七月九日条には、塩鶴神次良なる者が、源常名義の使船の上官人（正使）となって、直接朝鮮へ渡航していることが見える。これは前掲の「国次印官之引付」の天正八年度や同十四年度の記事に、源常の印による通交の所務者として見える塩津留神二（次）郎と同一人であろう。かれは、ある場合には所務者となり、ある場合には使船の上官人ともなっているわけである。また元亀四年には、西海道阿久禰嶋主平久成名義の使船に、塩津留彦五郎が上官人として乗っており、翌天正二年度の同じ使船には、塩津留助左衛門が上官人として乗っている。(79) このように塩津留氏は、対馬へ移って以後も、常に朝鮮通交にかかわって、くらしを立てていたことがわかる。そのかかわり方も源常印や牧山源正印の所務者として、送使発遣にかかわるだけでなく、使船の上官人となるような、通交実務の専門家をも生み出すにいたっているのが興味深い。

なお、対馬佐賀村の塩津留家は、その墓地が佐賀の円通寺にあり、江戸時代の墓石がある。同家は後に厳原に出て、さらに近年、上県郡上県町佐須奈に移って続いている。同家は近世には「塩津」とも称しており、現在も塩津姓である。(80)

第四節　塩津留氏の牧山源正印入手のいきさつ

以上のべたところから、『諸家引付』『書契覚』などに牧山源正の印で朝鮮通交を行なっていることの見えた対馬の塩津留氏が、文明六年頃壱岐から亡命して来た壱岐塩津留氏の後であること、またこの一族が、すでに壱岐在住時代から、一貫して異常な熱意でもって朝鮮通交にとりくんできていたことがわかった。塩津留氏の来歴についての考察は、以上でひとまず終り、そこでつぎに、そのような塩津留氏が、いつどのような形で源正の印を入手するにいたったかという点について、考えてみたい。

しかしそれにさきだって、まず注目しておかなければならないのは、塩津留氏の源正印にたいする関係が、他の対馬の家臣が印や冠を所務する場合にくらべて、かなり特殊であることである。先に第二節で見たごとく、塩津留氏は永禄十三年に、同じく対馬の住人である財部氏に牧山源正の印を「末代」にわたり売り渡しているが、その売買は島主とかかわりなく、塩津留・財部両者の間で行なわれ、島主はただそれを追認し、島主に収めるべき税についてのみ指示を与えている。これから見ると、塩津留氏は単に源正印の所務権を持っているだけではなく、それを自己の一存で自由に処分できる権限、すなわち源正印の完全な所有権をも持っていたと考えられる。しかし、『書契覚』に見えるところの対馬へ集中した他の深処倭の印や冠の例を見ると、その所務者が自己の所務する印や冠を永代にわたって売買している例は見あたらず、わずかに見られる例も一年を限っての売買のごとくであって、これは印そのものの所有権の売買ではなく、その年度の用益権（所務権）の売買にすぎないと考えるべきである。(81) 永代売買がみられないということは、かれら所務者がそれぞれ所務している印に対して、そういうことをする立場にないということ、言いかえれば所有権までは持っておらず、用益権を与えられているだけであることを示すものであろう。然らばその場合の所有権はいずこにあったかと言えば、それは島主に属し、島主はその用益権のみを一族や家臣の島人に所務させたわけである。

源正印の所有権まで持っていた塩津留氏の立場と、単に用益権だけを与えられていた他の印の所務者の立場の相違のよってきたるところは、何であろうか。それは一口に言えば、印が対馬へ将来された時の事情の違いによると思われる。すなわち所務者が、用益権のみを島主から与えられている印や冠は、どちらかと言えば、島主が主に自己の力によって入手したという色彩の強いものと考えられる。対馬へ集中された印や冠の大部分は、この類であろう。それに対して塩津留氏が、同じ島人でありながら、源正印の所務者であるばかりでなく、所有権をも持っているのは、この印の対馬への将来が、島主宗氏の手によるのではなく、塩津留氏の個人的な力によってなされたためと考えるべきであろう。おそらく塩津留氏は、みずから牧山氏に交渉して源正の印を直接入手したことであろう。ところで、このように塩津留氏が対馬島主に頼ることなく、みずからの力によって源正の印を入手するということが起こりうる時期であるが、それは次にのべるような理由によって、かなり限定されてくると考えられる。そこでつぎに、塩津留氏の源正印入手の時期が、いつであるかを検討しようと思うが、それに先立って、まず塩津留氏が、源正印を確実に所持していることのわかる期間をみておこう。第二節でみたごとく、塩津留氏が源正印を所持していることを確認できる最初は、天文二年（一五三三）から同五年の間のものと推定される『対馬送使私記』の記事である。降って永禄三年（一五六〇）から同七年にかけて、塩津留氏と牧山氏との間に、源正印の名義料支払をめぐる紛争があり、ついで同十三年には塩津留氏が同印を売却しているので、天文二年頃から同五年頃の間のある時期を上限とし、以後、永禄十三年にいたる間は継続して、塩津留氏が同印を所持していたと考えられる。

そこで塩津留氏が、源正印をこの期間以前のいつ頃入手したかであるが、源正印は正徳十四年（一五一九）に、朝鮮から改給されて新印になっているので、まずそれ以前であるか、以後であるかを検討してみよう。結論を先に言えば、改給以前と考えられる。もし改給交渉の時まで、源正の印（旧印）が、対馬へ渡らず、壱岐の牧山氏のところにあったとしたらどうであろうか。壬申約条以後の深処倭図書の改給交渉はすべて、対馬が仕立てた日本国王（足利将軍）使が、朝鮮へ渡って行なっており、(82)対馬島主は交渉の表面にこそ立たないが、実質的には交渉は、島主の肝煎りによって進められている。その目指すところは、壬申約条によって大幅に縮小された対馬の通交権を拡大することであった。そして改給にさいしては、旧印を持参する必要があるので、もしその時まで源正印が牧山氏のところにあったとすれば、対馬島主は源正印を牧山氏から入手した筈であるが、改給された新印は島主が自己の権益として保持し、再び牧山氏の手に渡すというようなことはなかったと思われる。したがって、改給以後の段階においては、もはや塩津留氏が源正印（その場合は新印である）を直接、牧山氏から入手するということは、おこりえないと考えられる。

とすれば、塩津留氏が源正印を入手したのは、正徳十四年の改給以前ということになるが、それはともなおさず三浦の乱以前と考えてよいであろう。というのは、三浦の乱（一五一〇）によって、牧山源正に限らず深処倭の朝鮮への通交は、すべて停止され、その印・冠は無効となったので、その時期にわざわざ塩津留氏が効力のない源正印を入手したとは考えられない。また壬申約条（一五一二）によって、深処倭の印は、改給への道が開かれたため、その時期になって塩津留氏が、牧山氏から源正の旧印を入手したとすればどうであろうか。しかしその場合、朝鮮に対する改給交渉は、前述のごとく、対馬島主が主導権をにぎって行なっているのであるから、たとえ源正の旧印の入手そのものは、塩津留氏の尽力によるものであったとしても、塩津留氏は改給後、新印の所務権を対馬島主から宛行なわれるのが精々であって、新印の所有権までも持つような形にはならなかったと考えられる。

このように見てくると結局、塩津留氏はすでに三浦の乱以前に、自己の力で牧山氏から源正印を入手して、源正名義の送使を朝鮮に送る実績をつんでいたからこそ、改給後も対馬島主からその既得権益を引き続き承認されることになったものにちがいない。ここで、すでに先にのべたところの、対馬塩津留氏が文明六年頃、壱岐から亡命して来た壱岐塩津留氏の後であり、また塩津留一族はすでに壱岐在住時代から一貫して、異常な熱意でもって朝鮮通交にとりくんできていたことが想起される。このような来歴をもつ塩津留氏であってみれば、対馬亡命以後減少した歳遣船数（第三節(二)参照）の回復を熱烈に希求するのは当然である。そこで同郷の縁故を利用して、呼子氏の壱岐代官であった牧山氏から源正の印を入手し、その送使を代行することにしたものと考えられる。ただしその場合、牧山氏は源正印に関係ある権利をすべて手ばなしたわけではなく、何等かの得分を留保していたにちがいない。そのことは新印に改給された段階においてすら、牧山氏が塩津留氏から名義料を徴収していた一事をもってしても明らかであろう。

そこで、三浦の乱以前のいつ頃、塩津留氏が源正の印を入手したかであるが、前述したごとく、壱岐から対馬へ亡命して来た文明六年頃には、島主宗貞国から歳遣船一船の通交権を安堵されているだけで、これはすでに壱岐時代から持っていた塩津留源経名義の通交権にほかならないであろうから、当時はまだ源正名義の通交権を入手してはいなかったと考えられる。推測ではあるが、この後の遠からざる時期に、塩津留氏は源正の印を入手したのではなかろうか。

以上のところから結局、塩津留氏が源正の印を入手したのは、対馬亡命後の文明六年以後、三浦の乱にいたる間であったということになる。三浦の乱以前から、対馬が島外の者、すなわち深処倭の通交権（印や冠）を入手していたことは、中村栄孝氏や黒田省三氏が指摘されているところである。[83]ただ、その具体的な事例は、ほとんどわかっていない。[84]そこで、一つの言い伝えではあるが、通交権の対馬集中の一般的いきさつについてのべている次の記事を紹介しておこう。これは対馬柚谷家の記録の一つである『系図外聞書記』[85]の一節である。

天下兵乱、中国九州之送使人次第減、不渡、若送使人高麗渡則或唐人不用之、或以不用、喧嘩奪物帰也、高麗人対馬来曰、今有国々送使、対馬人買之可也、以来対馬人不加他送使渡可也云々、国人甚慶之、故是貞国公申、貞国公真之曰、是国之吉事也云々、因之国々遣使求之、故国人喜也、（中略）対馬人天下之送使求、渡之、高麗滅之、送使不請（受）、

これによれば、天下兵乱のため、中国九州の通交権者が朝鮮へ送使しなくなり、たまに送使すると朝鮮側が接待し

ないので、送使者は自然、喧嘩掠奪などをして帰るようなことになった。そこで朝鮮から対馬島主宗貞国に、諸国送使の通交権を対馬で買い、対馬人だけで送使するようすすめたので、貞国は喜んでこれに従い、天下の送使の権利を買い求めた。そして朝鮮へそれら送使を渡したところ、こんどは朝鮮で日本からの送使者を減じて、受けつけなくなったということである。この話には、重要な点が二つある。その一つは、対馬で宗貞国の時代に諸国の送使の通交権を買い集めたということ、しかもそれは朝鮮側のすすめによったということで、いま一つは、かくして買い集めた通交権にもとづいての送使を朝鮮へ送ったところ、朝鮮では日本からの送使を減じて受けつけなくなったということである。

そこで順序は逆であるが、まず第二の点について言うと、これは三浦の乱で深処倭の通交が停止され、その後、少数の者にだけ継続通交が許されたことをさすのであろう。つぎに第一の点であるが、対馬への通交権の集中が、朝鮮側のすすめによるものであるというのは、話としては面白いし、事実朝鮮側が何等かの通交統制策を実施しようとする場合には、対馬島主に有利な条件を与えて、彼をして統制策の片棒をかつがせるというのが、いつもの手口であるので、この話も一概に否定はできないが、さりとてそれを証明する材料も、にわかには見つけがたい。また対馬への通交権の集中を、宗貞国が行なったとする説であるが、これは必ずしも貞国（一四六七年就任、一四九五年末頃没）の代だけに限定することができないとしても、すくなくとも三浦の乱までの段階で、すでに相当数の深処倭の通交権を対馬が入手していたということだけは言えるであろう。すでに三浦の乱以前に、対馬が諸国の通交権所有者に交渉して、相当の代償を支払い、苦労して深処倭の通交権を集めていたればこそ、それらが三浦の乱で、一挙に無効になったという事実が、誠に無念なこととして記憶され、右のような伝承になったのではなかろうかと考えられる。もし三浦の乱以前に、対馬で深処倭の通交権を集めたということがなかったら、三浦の乱でそれらを失うということもなかったわけであるから、右のような伝承も生まれなかったであろう。

この伝承に見られるごとく、三浦の乱以前の十五世紀半ばすぎから、すでに対馬による深処倭の通交権の集中が広く行なわれていたとすれば、対馬塩津留氏が、牧山源正印を入手した時期を、三浦の乱以前に想定したとしても、不自然ではなかろう。

むすび

本稿で明らかにした点を要約すれば、次のごとくである。その第一は、牧山源正印の所務者塩津留氏が、同印の名義人である牧山氏に名義料を支払っていたことで、それによって、十六世紀において対馬に集中した朝鮮通交権がどのように運用されていたかという実態が、一部分ではあるが明らかになったと思う。従来、対馬による朝鮮貿易権の独占という場合、名義人の権利は完全に失われていた（または最初からなかった）かのごとくうけとられていたが、実はそうとばかりは言えず、この源正印の事例からだけでも、名義人に権益の一部分が、保留されていた場合があったことが了解されたであろう。そこでさらに考えられるのは、いま史料的にわかるのは、この源正印の一例だけであるが、十六世紀に対馬へ集められていた他の深処倭の通交権についても、名義人である深処倭に対して対馬の所務者あるいは島主から、何らかの名目による支払いが行なわれていた場合があったのではないかということである。

明らかにした事柄の第二は、源正印の所務者塩津留氏の来歴である。上松浦塩津留在住時代をはじめ、壱岐への移住と朝鮮通交への積極的なとりくみ、そして文明四年に滅亡したとされていたのが、実は対馬へ亡命して宗氏の家臣となり、依然、朝鮮通交に活躍していたことなど、従来よくわからなかった松浦党塩津留氏の沿革を明らかにした。

第三は右のごとき塩津留氏の来歴から、牧山源正印入手の事情を推測し、対馬による通交権独占体制の形成過程の一例を示したことである。源正印における塩津留氏の場合のごとく、対馬島人が島主を介さず深処倭の通交権を直接入手した事例は、まれではあろうが、対馬へ集中した深処倭の通交権のうちに、他に類例がなかったとは言い切れない。また、それとは反対に、買得であれ何であれ、島主が深処倭に交渉して入手した通交権を、家臣に知行として、所務させるという場合も少なくなかったであろう。というよりも、むしろそれがほとんどであったと言えるかもしれない。その場合は、塩津留氏の場合とは逆に、島主の権利が大変強かったであろうし、ことに三浦の乱後の通交停止によって、無価値になった深処倭所有の印や冠を対馬島主が入手し、朝鮮へ交渉してその復活に成功した場合のごときは、事実上、対馬島主の権益そのものであった筈である。また、印・冠の本来の名義人の諸氏と対馬との関係についても、それが対馬へ入るときの事情如何によって、本来の名義人が、全く権利を放棄している場合もあれば、牧山氏のごとく、名義料その他なにがしかの得分を留保する場合もあった筈である。一口に言って、通交権の本来の名義人と対馬での現実の所務者および対馬島主などの、その通交権をめぐっての相互の関係は、きわめて様々であり、通交によってあがる利益の分割の仕方もまた様々であったことに、十分思いを致さなければならないということである。

注

(1) 黒田省三「朝鮮貿易の本質に就いて」(『日本歴史』第一〇号二一・二二頁)。

(2) 田中健夫「中世日鮮交通における貿易権の推移」(同氏著『中世海外交渉史の研究』)。

(3)『書契覚』では、印ないし冠にもとづく通交権を保持することを印（冠）を所務すると表現している。この所務は、当然その権利にもとづく通交の実行を伴うものであり、送使発遣の行為そのものを所務とよんでいる場合もある。
(4) 中村栄孝「十六世紀朝鮮の対日約条更定」（同氏著『日鮮関係史の研究』下）。
(5)『成宗実録』元年九月丙子条。
(6) 中村栄孝「朝鮮初期の文献に見える日本の地名」（同氏著『日鮮関係史の研究』上）参照。
(7) 浜田敦「海東諸国紀に記録された日本の地名等について」（『人文研究』第五巻第四号）。
(8) 藤九郎は、朝鮮人の血をひいており、朝鮮へしばしば通交して日本の国内情勢を知らせたり、また賊倭の捜捕に尽力するなどして、朝鮮から重用され、官職を授けられていた。彼の経歴や朝鮮とのかかわりについては、中村栄孝氏の「歳遣船定約の成立」（同氏著『日鮮関係史の研究』下三九頁）に詳しい。
(9)『世祖実録』七年正月乙巳・九年七月癸卯・十一年六月癸未条。
(10) 牧山源正が、初めて朝鮮へ使者を送ったと『海東諸国紀』にみえる庚寅年（一四七〇）は、成宗元年に当るが、『成宗実録』元年七月壬午条にも、牧山十郎源正の遣使記事がある。
(11)『成宗実録』四年十月己卯・五年七月庚午・七年正月丙寅・十二月壬午・八年九月乙酉・九年十月甲寅・十年七月乙卯・十二年九月己丑・十三年四月己亥・十五年正月甲辰・十六年正月辛丑・十七年正月甲子・十八年正月丙寅・十九年閏正月辛巳・五月癸未・二十年三月丙寅・二十一年正月癸亥・二十二年三月乙酉・二十三年四月辛亥・二十四年五月戊辰・『燕山君日記』五年七月己巳・十年閏四月丁卯・六月乙酉条。なお、成宗十九年と燕山君十年の年二度の遣使記事が、同一遣使の重出でないとすれば、源経は、一年一船の歳遣船定約をこえて遣使し、朝鮮側でもそれを受けいれたことになる（成宗七年にも、年二度の遣使記事があるが、正月丙寅条にみえるものは、前年の成宗六年分の遣使がおくれたものであろう）。
(12)『中宗実録』七年八月辛酉条。
(13) 中村栄孝「十六世紀朝鮮の対日約条更定」三、約条の更定——壬申約条（同氏著『日鮮関係史の研究』下）。
(14) 長正統「『朝鮮送使国次之書契覚』の史料的性格」（『朝鮮学報』第三三輯）。
(15) 中村栄孝氏も、この年の源正の所務者を財部彦左衛門として扱っておられる（同氏注(4)前掲論文所載の表Ⅰ図書・官職告身所持者一覧)。
(16) 第二章 一五九〇・九一年田平源兼と朝鮮礼曹との往復書契をめぐって、参照。
(17) 天正十一年八月廿一日付古川狩野介宛一鷗書下に「源安之印所持候之条、(中略)申次之事は駿河入道被譲置候之間、以立石源六可有披露候」とある(対馬厳原町故賀島由己氏旧蔵『古文書写』所収。この文書は、田中健夫氏『中世対外関係史』二八七頁にも収む)。
(18) 注(2)に同じ。
(19) 旧朝鮮総督府朝鮮史編修会蔵、現在は韓国国史編纂委員会蔵。原所蔵者は、対馬宗家。
(20) 貞享四年書上宗家判物写『峯郡』佐賀村塩津留津右衛門所持分。
(21) 注(20)に同じ。
(22) 永禄十三年五月二十日付、塩津留主殿助宛の「貞氏」の発給文書が、内容から見て島主の発給文書であることは、すでに本文で述べたが、この文書の原本は存在しておらず、その写しが貞享四年の宗家判物写に収められているだけである。そして管見の限りでは、この一通以外に、対馬関係古文書の中に「貞氏」なる者の発給文書を見出すことはできない。一方、この文書の前後の時期には「貞信」の発給文書が数多く存在しており、この人物は文書の内容から判断して、島主であると考えられるので、問題の文書に見える「貞氏」は「貞信」の誤写であろうと推定する。なお貞享四年の宗家判物写には、花押を写しとっていないので、それを手がかりにして「貞氏」が誰であるかを考えることはできない。このように、筆者は「貞氏」を誤写と考えたが、『宗氏家譜』では、島主義純の初名を調弘と言い、これが、のち貞氏と改め、さらに貞信、ついで義純になったとしている(同書・義純君条)。このような、「貞氏」を改名とする解釈が、何の根拠に基づくものか、よくわからないが、その点については、さらに今後検討してみたいと思う。
(23) 黒田省三「中世対馬の知行形態と朝鮮貿易権」(『国士館大学人文学会紀要』第三号一二五頁)。
(24) 注(6)に同じ。
(25) 『睿宗実録』元年六月甲寅・『成宗実録』元年七月壬午・二年十一月壬子・三年四月辛巳・四年十一月辛丑・五年六月丙寅・閏六月癸巳・七年十一月辛丑・八年正月庚子・九月丙子・九年六月丙辰・十年七月戊辰・八月壬辰・十二年九月戊戌・

十三年正月庚午・三月庚辰・十五年二月己巳・三月辛卯・十六年二月丙子・三月戊子・十二月壬寅・十七年十月己丑・十八年正月丙寅・十九年五月庚辰・二十年三月丁丑・十二月丙戌・二十一年十二月丙辰・二十二年二月壬申・二十三年二月壬戌・三月辛卯・二十四年四月己亥・二十五年四月戊寅・五月戊子条。

(26)『成宗実録』元年八月甲戌・九月丙子条。

(27)『世宗実録』二十六年四月壬午・二十七年三月甲申・二十八年四月丁巳・三十一年五月丙申・八月辛亥・『文宗実録』即位年六月丙子・『端宗実録（魯山君日記）』即位年七月甲午・元年五月己卯・七月庚申・丙寅・二年十月甲辰・十二月甲辰・三年正月壬申・二月辛卯・五月丙辰・六月庚辰・『世祖実録』元年十月辛未・十一月戊戌・二年三月甲戌・乙亥・三年二月癸巳・四年七月辛亥・六年六月壬申・九月丁丑・九年二月庚申・十二月丁未・十一年八月癸未・十二年三月乙卯・十三年三月丁丑条。

(28)『世宗実録』二十五年六月癸巳・戊申・七月辛未・癸酉・丁丑・八月甲申条。

(29)注(8)に同じ。

(30)『世宗実録』二十五年七月癸酉条。

(31)『世宗実録』二十六年四月壬午・己酉条。

(32)『世宗実録』二十六年四月己酉条。

(33)『太宗実録』十一年五月丙戌条。

(34)『世宗実録』十年七月庚申条。

(35)『世宗実録』十二年正月乙丑条。

(36)塩津留の地名は、現在、佐賀県東松浦郡鎮西町にあり、これがかつての塩津留氏の本拠であったと考えられるが、鎮西町と、その周辺の玄海町・呼子町・唐津市の一部からなる東松浦半島先端部分一帯は、上場《うわば》地域と呼ばれる丘陵地で、現在も水田がほとんどない。しかも土地がやせていて、水利の便もなく、畑作にもむかない所であり、佐賀県下でも農政上の対策が最も苦慮されている所である。

(37)『世宗実録』九年正月壬寅・十一年四月乙未条。

(38) 賊倭のひきわたしといっても、必ずしも真犯人を引きわたしているとはかぎらない。対馬などの例では、朝鮮で海賊行為をした者を、朝鮮へ引き渡す場合、真犯人ではなく、別の罪人などをもって身替りさせる場合が多いので、この場合も、本当に済州貢船襲撃に直接かかわった者かどうかはわからない。しかし多くの場合、真偽はともかくとして、一応犯人と称する者を差出すことによって、事件に決着をつけるのが例になっていた。
(39) 『世宗実録』二十六年五月壬子条。
(40) 『世宗実録』二十六年四月己酉・五月壬子・『成宗実録』元年九月丙子条。中村栄孝「朝鮮初期の受図書人」(同氏著『日鮮関係史の研究』上五三八・五三九頁)参照。
(41) 西余鼠島で済州貢船をおそった賊倭の捕送に協力した呼子氏・真弓氏・塩津留氏が、この事件を契機として、朝鮮通交に台頭してくることは、田村洋幸氏が指摘しておられる(同氏著『中世日朝貿易の研究』三〇三頁)。
(42) 『世宗実録』二十七年三月甲申条。
(43) 注(27)に同じ。
(44) 『世祖実録』元年十一月庚辰条。
(45) 中村栄孝「歳遣船定約の成立」(同氏著『日鮮関係史の研究』下三五～三七頁)参照。
(46) 『端宗実録(魯山君日記)』二年四月戊子・三年六月庚辰・『世祖実録』三年五月庚寅・八年五月癸卯・九年八月丁酉・十年七月甲戌・十一年七月己酉・十二年六月丁巳・七月庚午(六月丁巳条と同一遣使の重出らしい)・『成宗実録』元年七月壬午・二年正月丙辰条。
(47) 『成宗実録』四年十二月丁卯・八年三月丙申・九年六月乙巳・十二年四月丙午・十三年三月庚辰・十五年三月乙巳・十六年二月丙子・十一月戊申・十八年正月丙寅・十九年五月庚辰・二十年三月丙寅・十二月戊戌・二十二年三月乙酉・二十三年二月壬戌・『燕山君日記』元年三月丙午・五年七月丙寅条。
(48) 注(32)に同じ。
(49) 『世宗実録』二十六年四月己酉条の地の文には「復書礼曹」とあるが、松林院の書状内容からすれば、松林院は礼曹の書は受けていない。

(50)『世宗実録』二十七年二月庚午条。中村栄孝氏も実誉を松林院主として重実・実次に先行する朝鮮通交者とされた（同氏著『日鮮関係史の研究』下所収、別表Ⅰ歳遣船定約者一覧）。
(51)『文宗実録』即位年六月丙子条。
(52)『端宗実録（魯山君日記）』元年七月丁丑条。
(53)『端宗実録（魯山君日記）』元年五月丁巳・『世祖実録』二年五月乙亥・十年九月乙卯・十一年五月辛亥・十二年七月丙申・八月庚子・『成宗実録』元年七月壬午・十二月辛酉・五年四月己巳・六年十二月丙申・七年十一月辛丑・八年七月壬午・十年六月戊申・十一年九月乙未・十二年十一月丙戌・十三年三月庚辰・十五年三月乙未・十六年正月庚戌・十二月癸巳・十七年十月己丑・二十一年十二月丁卯・二十三年三月辛卯・二十四年閏五月甲寅・『燕山君日記』八年十月甲子条。
(54)『成宗実録』十三年三月庚辰・十五年三月乙未条他。
(55)『壱岐名勝図誌』巻之五、国分村浦上山観音禅寺条所引の「梵刹帳」。
(56)松浦史料博物館所蔵。なお長島重義氏が、一九六七年、孔版で刊行している。
(57)『海東諸国紀』には、「志佐・佐志・呼子・鴨打・塩津留分治」とある。最初に記す志佐と佐志が、当時の壱岐を代表する実力者であることは、朝鮮側の記録などからも知られ、この記述の順は、島内の勢力順位を示すものと思われる。
(58)有浦文書文永三年七月廿九日源房譲状案（刊本では『佐賀県史料集成』古文書編第二〇巻の二〇〇および清文堂刊『肥前松浦党有浦文書』の六として収む）。
(59)有浦文書弘安二年十月八日相模守平朝臣裁許状案（刊本では『佐賀県史料集成』古文書編第二〇巻の二〇二および清文堂刊『肥前松浦党有浦文書』の一一として収む）。
(60)古賀稔康「佐志氏の系譜と所領」（松浦党研究連合会編、一九八〇年、佐世保市芸文堂刊『松浦党研究』第一号、一四一・一四二頁）。
(61)『佐賀県史料集成』古文書編第一九巻の九五に、この文書を収めており、そこでは宛名を変体仮名で「満津多殿」としているが、文書からは「塩津留殿」と読める（筆者は、佐賀県立図書館所蔵の有浦文書の写真によった）。その後刊行された福田以久生・村井章介編『肥前松浦党有浦文書』の一六〇でも、これを「塩津留殿」としている。

(62)　刊本では、北島栄助『佐世保発達史』（一九一〇年刊）に全文を収める。

(63)　『松浦家世伝』巻之五六公族伝第二八。

(64)　長沼賢海『松浦党の研究』五一頁（または同氏著『日本海事史研究』一三七頁）。

(65)　長沼賢海『松浦党の研究』二一六頁（または 同氏著『日本海事史研究』二六二頁）・中村栄孝『日鮮関係史の 研究』上五三九頁。

(66)　波多泰の壱岐攻略の年代については、確実な同時代史料がないが、吉野秀政著『壱岐国続風土記』（一七四四年成立）に、「湯岳、浅井城、文明四年壬辰十二月十八日、落城シテ波多家ニ帰ス」とあり吉野政長著『三光譜録考鑑』（一七八八年成立）巻之四に、「文明四壬辰十二月十八日、波多下野守泰、壱岐の分治五氏と湯岳にて合戦、討勝て壱州一円を平〔併〕呑す、一族を遣はして壱州を守らしむ」とある。この事件を文明四年十二月のこととするのは、一八六一年に成った後藤正恒著『壱岐名勝図誌』（巻之六壱岐郡湯岳村之部、都城址条）でも踏襲され、その他壱岐の歴史について記した近時の諸書でも、波多氏の壱岐攻略を文明四年とするのが、定説となっている。

(67)　吉野政長『三光譜録考鑑』巻四。

(68)　後藤正足『壱岐郷土史』（一九一七年刊）をはじめ、近時のものとしては『地方史大年表』（一九六七年刊）所収山口麻太郎編「壱岐」など、いずれも文明四年波多氏の攻略により、壱岐分治の松浦党五氏は滅亡したとする。

(69)　『松浦家世伝』巻之一出自不詳公族。

(70)　『松浦家世伝』は、同書に記すところによれば、平戸藩主源棟（一六八九―一七一三在職）原稿、同源清（一七七五―一八〇六在職）纂輯、同源熙（一八〇六―一八四一在職）校訂、ということである。

(71)　相田二郎『日本の古文書』上五〇一―五〇五頁、参照。

(72)　拙稿「おふせん論考――孤草島釣魚に関する一考察――」（『朝鮮学報』第三六輯）および「孤草島釣魚研究――孤草島の位置を中心として――」（『朝鮮学報』第九一輯）、参照。

(73)　竹内理三「対馬の古文書」（『九州文化史研究所紀要』第一号一一四頁）参照。

(74)　対馬に伝存する文書中には、この文書の他にも「船の売口買口」に関する文書が多数ある。竹内理三氏は、高麗とか陸地などとの「船の売口買口」とは別個に扱われる「船の売口買口」があり、これは他国との商売ではなくて、対馬島内における沿岸売買をさすとされた（同氏「対馬の古文書」『九州文化史研究所紀要』第一号、一一六頁）。従うべき解釈である。この竹内氏の見解に対して、黒田省三氏が誤りであるとして、異説をたてておられるが（同氏「中世対馬の知行形態と朝鮮貿易権」『国士館大学人文学会紀要』第三号九九頁）、黒田氏の説は納得しがたい。

(75)　安河内博『対馬藩における奴婢制成立の研究』、参照。

(76)　長崎県教育会対馬部会編、歌野詮二・川本達共著『対馬人物志』（一九一七年刊）は、本文にあげた、文明六年八月九日付貞国宛行状（吹挙一通、石見・若狭・高麗への大小船の公事、……扶持申云々）を得た塩津留主殿助を内外貿易の成功者としてとりあげ、塩津留主殿助は、高麗・石見・若狭・壱岐などに往来して貿易を大々的に行ない、石見・若狭・壱岐にも各々居宅をかまえていた。今に残る壱岐の塩津留城址は、その壱岐の居宅であったとしている（同書、六四、塩津留主殿介条）。しかし、塩津留主殿助が石見・若狭へ貿易に往来したであろうことは、右の文書を得た以上想像にかたくないが、石見・若狭の居宅の件は何ら根拠がなく、このように言うことは無理である。また壱岐の塩津留城址に着目して、対馬塩津留氏が壱岐へも進出したとするのも、本文で述べたごとく、実際はその逆であった。なお、釜山甲寅会編、川本達著『日鮮交通史』（二五七頁、一九一五年刊）にも、『対馬人物志』とほぼ同様の記述がある。

(77)　田中健夫『中世海外交渉史の研究』一九七頁、参照。

(78)　『書契覚』によれば、天正十二年に立石源六が申次をしているのは、塩津留藤兵衛尉の件以外では、次の九件である。いずれも所務者名はわかるが、印冠名は記されていない。しかし、同書の前後の年代の事例と対照して検討すると、どの印冠による通交であるか推定できる。それを表示すれば次のごとくである。中村栄孝注(4)前掲論文所載の表Ⅱ(B)図書・官職告身所務者一覧、参照。

(所務者名)	(推定印冠名)
大浦中務丞	忠重
古川狩野介	源安
阿比留三郎右衛門尉	阿伊摩都

下田左京亮　彦次郎
久和浦越中守　頼久
臼祇太钟軒　貞種
小嶋善四郎　源三郎
内山筑前守　源高
阿比留四郎左衛門尉　源重

(79)『朝鮮送使国次之書契覚』元亀四年三月十九日・天正二年三月二十六日条。
(80)対馬佐賀の塩津留氏の後孫である佐須奈の塩津家には、現在、系図その他出自を物語る史料はない。慶長三年以降の過去帳があり、これによると慶長三年（一五九八）には、すでに「塩津」と称しているが、また寛文元年（一六六一）には「塩津留」とある。塩津留氏の対馬における居所の変遷・過去帳の存在などは、対馬史の研究者である対馬福祉事務所所長日野義彦氏の御教示による。
(81)『書契覚』にみえる印（図書）の売買の解釈をめぐって、これを印そのものの永久的な売買であるとする田中健夫氏の見解と、印の用益権の一時的な売買であるとする中村栄孝氏の見解がある。『書契覚』によれば、壱岐飯田源集印の所務者は、元亀三・四年は佐須彦六であるが、その翌天正二年には、同じ飯田源集印について、「一州飯田殿書、川村左馬允買之」と註記されており、この年、川村が飯田源集印を買って所務者となっていることがわかる。田中氏は、これは川村がこの図書を買得したものであるとし、このような島人間の図書の売買が、図書移動の一要因であるとされた（同氏著『中世海外交渉史の研究』一九九・二〇〇頁）。しかしこの場合、川村は源集の送使権を永久的に買い取ったわけではなく、五年ほど不明の期間をおいた後の天正八年以後になると、ふたたび源集印は、川村が買う以前の所務者佐須一族によって所務されている。またおなじく『書契覚』によれば、牧山源正の送使に関して元亀四年に「上松浦呼子一岐州代官牧山十郎源正、島井右衛門書也、（中略）買主八島彦三郎」とあって、この年の本来の所務者島井から八島が所務権を買ったと解されるが、この場合も八島が島井から買ったのは、この年の所務権だけらしく、これ以降において八島が所務者となっていることはない。とすれば、中村栄孝氏がこれらの売買を「図書そのものの譲渡や売買ではなく、その年の送使にかぎったもののごとくである」

とし、「したがって図書・告身の所持は、島主の給付による用益権の保持である」とされた見解に従うべきであろう（中村栄孝『日鮮関係史の研究』下二一九頁）。

(82) 注(4)に同じ。

(83) 中村栄孝『日鮮関係史の研究』上五六九・七五八・下一三五頁。黒田省三「朝鮮貿易の本質に就いて」（『日本歴史』第一〇号二一頁）。

(84) 三浦の乱以前から、対馬で深処倭の通交権を入手していた具体的な例としては、向化倭人雪明が、日本から渡来した弟に聞いた話として、対馬島人が一四七四年に小二殿の図書をぬすみとり、以後小二殿に托して通交していると朝鮮で語ったことが、『中宗実録』七年（一五一二）閏五月辛巳条にみえるぐらいのものである。中村栄孝『日鮮関係史の研究』上七六二頁注②、参照。

(85) 東京大学史料編纂所所蔵。編纂時も編者名も明記されていないが、竹嶋の帰属をめぐる交渉（一六九二―一六九六）の話が、一番新しい記事であるので、最終的に出来あがったのは、この頃で、編者は他にも多くの記録を残した柚谷清寛（初名友姿、一六四五年生、一七二三年隠居）と推定される。拙稿「柚谷家の記録類について」（『対馬風土記』第五号）参照。

〔追記〕本章は一九八〇年五月に成稿、『村上四男博士和歌山大学退官記念朝鮮史論文集』（一九八二年九月刊）に収められている「十六世紀対馬の朝鮮通交独占体制の一考察――牧山源正印を中心として――」を改題したもので、今回、一部に増補・訂正をおこなった。

第二章　一五九〇・九一年田平源兼と朝鮮礼曹との往復書契をめぐって

第一節　二書契との出合

昭和五十年初夏、筆者は、竹内理三氏編「筑前の古文書」（『九州文化史研究所紀要』第五号）を見ていて、次の文書の存在を知った。

糸島郡桜井村　神田磯吉氏蔵（昭和二年）

一、万暦十八年十二月　朝鮮国王信書（田平源朝臣宛）

一、天正十九年六月　肥前田平源朝臣信書（朝鮮国使宛）

右によれば文書の所在地は、桜井村である。同村は玄海灘に面して糸島半島の先端にあり、当時すでに志摩町に編入されていた。

そこで原文書をと思ってみたが、昭和二年といえば、ほぼ五十年前のことで、当時の所蔵者神田磯吉氏が、今どうしておられるや心もとなかった。ところが幸い、九州大学図書館勤務西村健次氏が、桜井出身で、この地方の歴史や文書にあかるい方であることを知り、訪問してお願いした処、心よく引きうけて下さり、早速桜井の神田家を訪ねて下さった。しかし、磯吉氏はすでに他界され、現当主の米造氏の話では、そのような文書は自分の家にはなく、また父磯吉氏からそういうものがあるという話も聞いたことがないとのことであった。神田家はその数年前改築されたそうで、その折にでも処分されたのではないかと文書の現存があやぶまれてきた。一方、九州大学の川添昭二教授にお尋ねした処、かつて東京大学史料編纂所で、糸島地方の調査をしたことがあるので、同所に写しがあるのではないかとの御教示をえ、同所の田中健夫教授（現在、東洋大学教授）に照会してみた。川添教授からも、同所の瀬野精一郎氏（現在、早稲田大学教授）に問い合わせて下さり、田中・瀬野両氏のおかげで、幸い同所の「史料蒐集目録」（昭和二年採訪）に目ざす神田家の二文書の写しがあることがわかり、そのコピーを送っていただくことができた。同書では、二通とも「朝鮮国信書」の表題をつけて整理しているが、内容を見れば先の「筑前の古文書」に挙げている問題の二通に間違いなく、「筑前の古文書」もこれによったものであった。

さて、この写しによって二文書の文言の大体は知りえたが、紙質や紙の大きさなどがわからないのは勿論、押印もただ「朱印」とあるのみで印文は不明であり、また文章も解読されていない部分があった。そこでこのコピーを西村氏を通じて神田家にとどけ、再び原文書を捜してほしいとお願いした。数日後、原文書の発見は期待できないながらも、同家にこの文書が伝存したわけについて何か聞くことが出来ればと、西村氏の案内で神田家を訪問した処、原文書があったのである。神田家ではコピーを示されたので、同家に伝存していることに確信をもち、数日間の家さがしのすえ、不用のものとして処分すべき品を入れた箪笥から、我々の到着直前に見つけだして下さったとのことであった。

以上のいきさつを記して、何度も桜井まで足をはこんで橋わたしをして下さった西村氏および種々御教示いただいた川添・田中・瀬野氏に深く感謝の意を表したい。また文書の閲覧を心よく許された所蔵者神田氏に厚く感謝する。

本稿は、この二文書の紹介を中心に、十六世紀日朝交通の形態に関して、多少の考察を試みたものである。なお「史料蒐集目録」「筑前の古文書」ともに、文書名が内容にそぐわないので、本稿では次の如く呼称する。

一、田平源兼宛朝鮮国礼曹佐郎申光弼書契（万暦十八年十二月　日）

二、朝鮮国礼曹宛田平源兼書契（天正十九年六月　日）

第二節　田平源兼宛朝鮮国礼曹佐郎申光弼書契

まず万暦十八年（一五九〇）、朝鮮から田平源兼にあてた書契からみてみよう（口絵(一)(二)および解読文(一)(二)参照）。

この料紙は、壮紙と呼ばれる手の立派な朝鮮紙である。大きさは縦五二・八センチ、横八四・六センチで大変大きい。差出者は礼曹佐郎申光弼であるが、礼曹は朝鮮の外交をつかさどる官庁で、佐郎はその五等官（正六品）である。『国朝榜目』によれば、申光弼の本貫は黄海道平山で、一五八三年科挙に及第して、最終の官は礼曹の正郎（正五品）までのぼっている。ちなみに『宣祖実録』には、彼に関する記事が数箇条あるが、(1)宣祖二十七年（一五九四）五月庚辰条には、その官を礼曹正郎としている。

朱印が文書本文に二箇所、上書に一箇所、いずれも光弼の名の上におされている。印の大きさは縦四・二、横四・三五センチで、印文は「東陽申氏」と陽刻してある。東陽は申光弼の本貫黄海道平山の別号である。(2)印文によってもわかるごとく、この印は申光弼の私印すなわち図書である。朝鮮の礼曹から日本の諸氏や琉球国王などへ送る書契は、すべて官衙の印章（公印）ではなく、発給担当者の図書（私印）を押捺することになっていた。なぜそういうことにな

(一)　申光弼書契

朝鮮國禮曹佐郎申
日本國肥前州田平寓鎮源朝臣兼　足下　光弼（朝印）　奉復
書來得審
迪吉開慰所
獻禮物謹稟
堂上轉
啓收了將土宜正布拾匹幷
給賜白苧布貳匹付回使惟
領留餘冀
自玉不宣
萬曆十八年十二月　日
禮曹佐郎申　光弼（朱印）
（山おり）
（谷おり）

(二)　申光弼書契上書

（奉）□
日本國肥前州田平寓鎮源朝臣兼　足下
復
朝鮮國禮曹佐郎申　光弼（朱印）　謹封

っていたかという理由を、蛇足ではあるが、少しのべておこう。それについては『世宗実録』十三年（一四三一）正月丙子条に見える次の議論が参考になる。

召右議政孟思誠・賛成許稠・礼曹判書申商・吏曹参判鄭招・藝文提学尹淮・前摠制申檣・礼曹参議李競、令知申事皇甫仁議事、（中略）其二曰、倭通事金源珍、回自琉球国、伝其言曰、朝鮮為国、境壤遼遠、礼儀詳備、素為中国所敬、今来書契礼曹判書図書、何其小也、彼琉球国、嘗通中国、曾受印章、自今、毎於通信、亦用印章何如、若倭人、則散乱無統、各用図書、故我国回答、亦用図書、自今、特鋳礼曹郎庁印章、通信之際、随其等秩、皆用印章若何、僉議以為、倭人本無礼義、不告其主、擅用図書、我国回答、独用印章未便、琉球国、事大甚勤、而不知文学、故朝廷独遣王官、来教礼文、我国以図書相通、出於偶爾、聞於中国、似為無妨、若用印章、則事関大体、中国聞之、則必以為私交、仍旧為便、

これは世宗王が、右議政孟思誠や礼曹判書申商らを召集して、知申事皇甫仁をして議論させた諸事項のうちの一つである琉球や日本への外交文書の用印改革のことについての記事である。提案されていることは、さきに、琉球へ奉使して帰った倭語通事金源珍が、たずさえていった書契に押されていた礼曹判書の図書が何と小さなことよと、彼の地で言われたことを報告したのに関連して、今後琉球への書契は、発給者である礼曹判書の図書（私印）を押すのではなく、礼曹の印章（公印）を押すことにしてはどうかということ、またさらに、これまで礼曹の郎庁、すなわち正郎や佐郎の名義で発給し、同じくかれら個人の図書を押していた、日本各地の諸氏宛の書契の場合も、今後はそれら郎庁の官の印章をそれぞれ特鋳し、それを用いることにしてはどうかということである。これを審議した面々の結論は、この提案を否定し、すべて従来通り図書を用いた方がよいということであった。

否定の理由は、倭人の場合、すべて各地の諸氏の私的な通交であって、それぞれ私印を用いた書契で通交してきているのにたいして、ひとり朝鮮側だけが、公印を用いることは平衡を失して宜しくないということであり、また琉球の場合は、中国へ事大の礼をとっているが、文学を知らぬので、中国から人が来て、国王の官人となって礼文を教えているということもあるので、朝鮮からの書契に、もし公印を用いておいて、それが中国へ知れることになったら、人臣私交の禁の違反という大問題になって具合が悪いということである。中国へ知れるということから言えば、私印を用いる場合でもことは同じであるようにおもえるが、琉球への通交はもともと、ときたまのことでもあり、私印でもって書契を送っているのであれば、たとえ事が発覚したとしても、なんとか言い遁れもできるということのようである。私印を用いておきさえすれば、やむをえずして起ってくる諸外国との交渉に対処する権宜の措置ということで言訳できるということであろう。

右の議論では、日本への書契に私印を用いる理由として、もっぱら日本の諸氏からの書契が私印を用いて、私的通交の形をとっていることに対する相互主義を言っているが、日本に対する通交でも、中国へ知られれば、人臣私交の禁の違反として具合の悪いこと、琉球との場合と同じである。公印ではなく私印を用いて外交文書をつくる方式に固執した最大の理由は、むしろ私交の禁への配慮、言いかえれば、中国への憚りにあったと見るべきであろう。このような理由から、日本の諸氏への書契には、礼曹の担当官が、その図書（私印）を押すという方式がつづいたのである。このまた、以上のような議論の内容を見てくると、この用印方式は、容易に変更しえないものであることがわかる。この方式はその後もながくつづいて、右の田平源兼宛の申光弼の書契に、その実例を見出すことができるわけである。

そこで、ふたたび申光弼の書契に立ちかえってみよう。この書契の内容は、これより先に田平源兼より使者をつかわし、書を送ったことに対する返書で、源兼の書をえて恙なきを知り喜ばしいとのべ、源兼の進上品を収め、土宜の正布十四と国王からの給賜白苧布二匹を使者に附すと記している。

書簡の折りたたみ方は、約九・五センチずつの幅で、順次、左端から谷折り山折りを都合七回くりかえして、屏風様に折り進み、最後に右端を一折半残し、これでたたんだ分を巻きつけて包み込み、紙の右端が折巾の真中にくるようにしている。そしてその合わせ目を踏んで、「朝鮮國禮曹佐郎申光弼　謹封」と上書きし、申光弼の名の上には、これまた合わせ目を踏んで朱印がおしてある。さらにこの上書きの右上端には「奉復」、左上端には「日本國肥前州田平寓鎮源朝臣兼足下」とある。本文の字くばりでは、最初の二行と終行を除けば、折り幅毎に三行ずつ書き、「献」「啓」「給」の各字を擡頭にしている。以上の書式については、時代は少し降るが、十七世紀外交文書の書札礼を詳述した、金地院崇伝の『異国日記』が参考になる。崇伝は、万暦四十五年（一六一七）五月朝鮮国王李琿（光海君）より日本国王（将軍秀忠）宛の書に解説して「右之書ヒタ〲ト奥ヨリ巻ク、ハヾ三寸計也、上ノ真中ニテ巻トムル、上書有之、（中略）印ハ書中ニ、上ノツキ目ノ印、三ツ共ニ同シ印也、巻留ノ上ニ真中ニサゲテ、朝鮮――謹封ト書之、奉書・日本国王殿下ヲハ両方へ分テアゲテ書、如左（略図す）、巻留ニ糊ヲモ不付其儘也、」と記し、折りたたんだ状態を図示している。すなわちここに「ヒタヒタト奥ヨリ巻ク」とあるのは、山折り谷折りをくりかえして折りたたむことを言い、「上ノ真中ニテ巻トムル」とは、折りたたんだ末尾の余りが、表の中央へ来て終っていることを言うのである。なお糊で封をするということもなかったことがわかる。国書と礼曹書簡の違いはあるが、折り方、用印、上書きの書き方など申光弼書契と全く同じである。このように『異国日記』の右の記述と申光弼書契の様式を対比することによって、当時の外交文書の形態がほぼ明らかになる。(3)

ところで、この朝鮮礼曹より源兼への書は、朝鮮貿易の利権にかかわるものであるだけに、一応その真偽を疑ってみる必要があるが、料紙が、明らかに朝鮮紙であること、文書差出人申光弼が、当時実在の人物で、この文書を出すにふさわしい官にあったこと、また文書様式が、朝鮮から日本への外交文書の様式にかなっていることなどからみて、偽文書のおそれはない。

なお、このころの朝鮮より日本へきた書契の実物としては、ほかに島津家所蔵の万暦十九年七月　日付日向大隅薩摩三州太守島津藤原朝臣武久宛礼曹佐郎黄致誠書契と、(4)毛利家に伝わった嘉靖二十年正月　日付日本国大内都督大卿兼兵部侍郎防長豊筑雍藝石七州太守多多良朝臣義隆宛礼曹参判任権書契がある。(5)前者は申光弼書契と内容がほぼ同じで、印も差出人黄致誠の私印「昌原黄氏」(昌原は黄致誠の本貫)(6)を用いており、書式はまったく同じである。後者は大内義隆の使僧正倪の帰国に託して送り来ったもので、田平源兼や島津武久宛の場合とは異なって、礼曹参判（次官、従二品）から出ている。しかし印は、田平源兼宛や島津武久宛の場合と同じく差出人任権の私印「豊川任氏」(豊川は任権の本貫)(7)を用いている。日本への書契に私印を用いるという前述の方式は、このように現存の実物に即して跡付けることができる。

第三節　朝鮮国礼曹宛田平源兼書契

つぎに、田平源兼から朝鮮へ宛てた書契であるが、この当時、日本から朝鮮へ使者を派遣することのできる者は、朝鮮から渡航を認められた者だけで、その時には、渡航の使命を記した書契をたずさえて行くきまりであった。この

(三)　田平源兼書契

日本國肥前州田平寓鎮源朝臣
朝鮮國禮曹大人足下伏白

兼（朱印）
謹上書

今歳亦隨例遣使舩接待惟幸去歳
貴國之使价達于吾
朝兩國之通好莫如焉至祝
進上胡椒伍斤
領留多幸
所望者白苧布
恩賜所希也
恐惶不宣
天正十九年六月　日

源朝臣
兼（朱印）

（山おり）

（谷おり）

(四)　田平源兼書契上書

奉　書

日本國肥前州田平寓鎮源朝臣　兼（朱印）　謹封

朝鮮國禮曹大人足下

通交体制は、十五世紀の初頭から秀吉出兵の十六世紀末まで続いたが、その間の書契の実物が伝存した例は今日まで知られていない。したがって、ここに紹介する天正十九年六月日付朝鮮国礼曹宛肥前州田平源兼書契が唯一の実例である（口絵㈢㈣および解読文㈢㈣参照）。

この料紙は、さして上質でない和紙で、大きさは縦四七センチ、横七五・五センチと、礼曹書契にくらべ一回り小さく貧弱である。朱印が差出者の名乗り「兼」の上に文中二箇所、上書き一箇所計三箇所おされており、印の大きさは縦三・七センチ、横三・八センチである。印文は右から左へ横に陽刻で「源兼」とある（図版㈤参照）。ところでこの印は、図書と呼ばれ、朝鮮から通交の証として与えられたものであるが、現在、近世以前の図書の実物として残っているのは、「吉見」印のみで、かつて川本達氏が『日鮮通交史』を著した大正四年頃には対馬に「政教」「源正」「源安」「職次」の印があったようであるが、(8) 今それらは行方不明である。いま、それらに加うるに「源兼」の印影一つをここに紹介しうることになった。「政教」「源正」「源安」「職次」の印は、ほぼ三センチ平方、「吉見」印は縦三・四、横三・五センチであるが、この「源兼」印は、それらにくらべてやや大型である。印の大小の形式には、田中健夫氏の所説のごとくやはり一定の規式はなく、各支給時にまちまちの大きさに作られたようである。(9)

㈤　源兼図書（原寸大）

次に書契の文言を見よう。初めに今年も例により使船を遣すとのべているのは、この使船が、歳遣船定約にもとづく遣使であることを言うのである。つぎに去歳朝鮮の使が日本に来たが、両国の通交これにしくなく至祝であるとのべているが、これは秀吉が明へ出兵しようとして、対馬の宗氏を通じ朝鮮に協力を呼びかけたのに対し、朝鮮通信使黄允吉・金誠一らが来朝し、この前年である天正十八年七月入京、十一月秀吉に謁したことを指していると解される。書契はさらにつづけて、胡椒五斤を進上し、白苧布を賜りたい旨をのべているが、このように回賜希望品目を書きしるして求請するのは、当時の朝鮮通交の例であった。文書のたたみ方、上書きの書き方、印のおし場所など、さきにみた朝鮮礼曹からの書とまったく同じである。

なお年号は、日本年号の天正をもちいているが、これも歳遣船定約者の書契の実物に即しての知見の一つとして記憶にとどめておいてよいであろう。日本中世の外交文書における年号のもちいかたは、これまで足利将軍や管領、大内氏などの特定の有力守護大名の例が知られ、中国の年号をもちいる場合、竜集干支の場合、日本年号の場合があるが、ここに見える源兼の天正年号使用は、それらよりはるかに下のクラスの一地方領主名義の用例として興味深い。なお、地方的な領主の書契としては、実物は残っていないが、一四五四年に「筑前州宗像郡知守宗像朝臣氏正」が朝鮮へ遣使したときの文面が、福岡県宗像神社に伝わっており、それにも「享徳三年甲戌仲冬日」とあって(10)、田平源兼の場合と同じく、日本年号を用いていたことが知られる。

ところで、この田平源兼書契は、朝鮮国礼曹へ宛てたものであるから、本来なら朝鮮へもたらされ、日本にはないはずである。それが日本に残っているのは、この書契が作成されはしたものの、何らかの事情で、使者の発遣にいたらなかったことによると思われる。その事情とは、秀吉の朝鮮出兵と考えられる。出兵の第一陣が朝鮮へ渡海したのは、この書契の翌年文禄元年四月であるが、準備はすでに早くから始まっており、この年九月には壱岐勝本・対馬清水山に城を築かせ諸将に出兵の準備を命じ、十月には肥前名護屋城の普請が始まっている。書契の日附は六月であるが、使船が実際に対馬を発船して朝鮮にむけて渡航するのは、書契日付の数箇月後になるのが普通であったから、その頃には対馬海峡に戦雲たれこめ、朝鮮へ渡り滞在しているうちに戦が始まった場合の危険を予測して、あえて使者を出さなかったものと解されるのである。

第四節　『朝鮮送使国次之書契覚』と田平源兼

前掲の二書契によるかぎり、田平源兼なる者が実在し、みずから朝鮮との通交をおこなっていたごとくみえるが、すでにこれまで『朝鮮送使国次之書契覚』（以下『書契覚』と略す）の分析を通じて知られている当時の朝鮮通交の実態、すなわち対馬による通交権の独占ということを考慮するならば、(11) 通交名義人がみずから遣使したことはおろか、名義人の実在すらも疑わしい場合がでてくる。『書契覚』には、田平源兼もしばしば名がみえ、かれも当時の朝鮮交通者一般にあてはまるこの議論の例外ではありえないだろう。そこで、以下『書契覚』に田平源兼が、どのようなかたちで出てくるかを検討してみたい。なお『書契覚』の記述は、きわめて簡略であるため、不明の点が多い。二書契の出現によって、多少なりともわかった点をもあわせて記してみたい。『書契覚』の内容は、性格の異なる二つの部分からなりたっている。第一は「印冠之跡付」と名付けられた前半部分で、元亀三年（一五七二）から天正二年（一五七四）の間、対馬の北端鰐浦において朝鮮へ渡航する船隻を検察した記録であり、第二は「国次印冠之引付」などと呼ばれる後半部分で、天正八年から同十四年の間、府中（厳原）で、朝鮮渡航に必要な書類を発給した記録である。(12) いま、この双方の部分にみえる田平源兼に関する記事をひろえば、つぎのごとくである。

(一)　印冠之跡付

元亀三年三月廿四日

一、日本国肥前州田平源兼ノ印、御西ノ御印也、御使桜本左衛門佐乗渡、船大船也、

元亀四年八月二日

一、日本国肥前州田平寓鎮源朝臣兼ノ印、桜本左衛門佐所持也、桜本弥五郎、

天正二年六月廿二日

一、肥前州田平寓鎮源ノ兼ノ印、御西様ノ御書也、正官人桜本左衛門佐、

㈡　国次印官之引付

天正八年卯月一日　一通、源兼丹木二十斤　御西

天正九年二月十五日　一通、源兼丹木二十斤　御西

天正十年三月十一日　一通、源兼丹木二十斤　御西

天正十一年閏二月一日　一通、源兼丹木廿斤　御西此御書、西山寺に当年計御とりかへさせられ候

天正十二年四月八日　一通、源兼丹木卅斤　御西

天正十三年卯月廿四日　一通、源兼丹木廿斤　御西

天正十四年七月廿三日　一通、源兼丹木廿斤　御西

まず㈠「印冠之跡付」で「源兼ノ印」とあるのは、使者のたずさえてゆく書契に源兼の印がおしてあること、すなわちその使船派遣の名義人が、源兼であることを示している。ついで記された「御西ノ印」「御西ノ書」とか「桜本左衛門佐所持」とあるのは、源兼名義使船の実際の派遣者（『書契覚』の表現にしたがえば「所務者」）が、御西（前対馬島主宗義調。

島主居館の西方宮谷に隠居したため、御西とよばれる）[13]あるいは桜本左衛門佐であることを示すものと解される。桜本左衛門佐は、元亀四年と天正三年に、宗調国から判物をあたえられており、[14]宗氏の家臣である。「御使」「正官人」は使者として朝鮮へ赴く者で、元亀三年と天正二年度には、桜本左衛門佐がなっており、元亀四年度は桜本弥五郎である。弥五郎については所見がないが、この頃桜本左衛門佐の一家に弥七なる人物がいたことが知られるので、[15]弥五郎も桜本左衛門佐の一族で宗氏家臣であろう。

次に後半、すなわち(二)「国次印冠之引付」の部分であるが、いずれも年月日を記した次に「一通」と書いており、それぞれ何等かの文書が作られたごとを示している。この一通が書契をさすのか、文引（宗氏が発給する朝鮮への一種の通行証）をさすのか、議論の分かれるところであるが、今あらためて考えてみると、この一通は源兼名義の書契と解すべきであると思われる。というのは、「源兼」の下に記された「丹木何斤」とは、他の条に「源高進上丹木卅斤」[16]と、これが進上であることを明記していることでもわかるごとく、朝鮮への「進上」の品と解され、それら「進上」の品目と数量が「一通」の文面に記載されていたことを示すものと解釈される。ところで進上品を書契中に記すことは、先に源兼から礼曹への書契でみた通りである。したがって『書契覚』の後半部分の、

…年…月…日　一通、図書名進上品目・数量…（下略）

という記載は、その日、その図書を押した書契が作成されたことを記録したものということになる。『書契覚』後半部分には、そのほか短書とか吹挙などの発給の記事もみえるが、それら別種の文書の記事は、わずかであるので、『書契覚』の後半部分は、ほとんど書契発給の記録ということができよう。なお進上品はすべて書契に記入したかといえば、そうではなく、別紙すなわち別幅に記入した場合もあった。天正十三年四月二四日条に「一通、教光進上有別幅」

とあるのをはじめ、屋形《少弐氏》丸の遺使でも別幅を用いている。

さて、『書契覚』後半部分の源兼の記載にたちかえると、進上品の下に「御西」とあるのは、㈠「印冠之跡付」の項と同じく、源兼図書の所務者が、御西、すなわち義調であることを記したものと解される（ただし、天正十一年度には、この年にかぎり、西山寺が所務権を与えられている）。

ところで、源兼の所務権を行使していた義調は、天正十六年に死去した[17]ので、天正十八（万暦十八）・十九年の二書契の時点では、だれがそれを引きついだかあきらかでないが、その所務権は宗家の一族、あるいは家臣ないし宗家ゆかりの寺などに与えられたであろうから、二書契の時点においても、田平源兼の朝鮮遣使は、『書契覚』における形態とおなじく、対馬の手によっておこなわれていたものと考えなければならないであろう。

第五節　田平氏と田平源兼

二書契の宛先であり、差出者である肥前州田平寓鎮源兼とは、いかなる人物であろうか。筆者は先述の『書契覚』以外には、直接彼に関する史料を知らないが、これは十五世紀に「肥前州田平寓鎮源某」と称して朝鮮へ使者を送っていた者の通交権の系譜を引いていると思われる。かれらは、朝鮮では田平殿と呼ばれ、日本では峯氏あるいは田平氏といっている者である。この田平氏に関しては、かなりの記録があるので、朝鮮史料・日本史料の順にあげてみよう。「何処寓鎮」というのは、単にそこに居住するということだけではなく、その地を領有し鎮撫する領主であることを、朝鮮にたいして誇示した表現であるので、田平寓鎮といえば、田平領主の意である。田平は、現在、長崎県北松浦郡田平町で、平戸対岸の九州本土側にある。

(一)　朝鮮史料にみえる田平氏

定宗二年(一四〇〇)、「駿州太守源定」なる者が、朝鮮に遣使し、馬二匹を献じ、倭寇による朝鮮の被虜人を送還した(18)(彼には田平氏であることを示す肩書きがないが、後述の日本史料にみえる「田平駿河守定」と同一人と思われる)。このころ、被虜人を送還すれば、朝鮮で歓迎されることを知って、被虜人送還を名とする通交がさかんにおこなわれたが、田平定の遣使は、そのうちでもきわめて早いほうである。これによって、田平氏の朝鮮通交の道がひらかれた。つぎに、「肥前州駿州太守」あるいは「田平殿」の肩書をもつ源円珪が、太宗三年(一四〇三)より世宗元年(一四一九)の間、ほぼ毎年遣使し、物を献じ、あるいは被虜人送還をおこなった(19)。円珪は法名であろうから、さきの定と同一人であるかも知れない。つぎに「肥前州田平寓鎮駿州太守源省」が、世宗二年(一四二〇)より同五年の間、遣使している(20)。源省は、世宗五年一月の遣使のさいには、「硫黄六千觔・犀角八本・丹木六百觔・恭尊白檀四觔三両・胡椒二觔・丹木一百觔」を献じて、朝鮮からは「正布一千十匹」を回賜された(21)。この当時、通交者の進上品が一般に多量で高額であったとはいえ、源省には相当の経済力があったもののようである。源省は、さきにあげた源円珪と同じ駿河守を称しているので、おそらく円珪の子ないしその家督の相続者であろう。源省は、一四二三年死去し、「駿州太守源省後室融仙」が、夫の朝鮮通好の志をつぐと称して、翌年の世宗六年(一四二四)、遣使して朝鮮の漂流者十二名を送還したのを皮切りに、同十一年まで遣使している(22)。

世宗十五年(一四三三)十二月、「肥前州太守源義」なる者が、朝鮮へ遣使した。このとき朝鮮では、源義をそれまで通信したことがない者であるとしつつも、「田平殿源者女子夫也、且有土地之人」であるので、接待を許すことにした。(23) 源者は源省の誤りであろうから、源義は田平源省の女婿であり、領土を有していることによって、朝鮮がその通交を許したのである。ここで「女子夫」とは、単に省の数多くの女子の夫の一人というよりは、このことによって朝鮮が通交を許したことからみて、省の養子となり田平氏の家督をついだものと考えてよかろう（彼のことは以下、田平源義と記す）。田平源義は、この後、世祖三年（一四五七）まで通交をつづけている。(24)

つづいて、「肥前州田平寓鎮源朝臣弾正少弼弘」が登場する。『海東諸国紀』には、「丁丑年（一四五七）遣使来朝、書称肥前州田平寓鎮源朝臣弾正少弼弘、約歳遣一二船、有麾下兵」とあって、一四五七年に歳遣船一～二船の定約をしたことがわかるが、『端宗実録』によれば、すでに端宗二年（一四五四）二月遣使の記事がみえ、以後毎年のごとく遣使している。(25) その終見は燕山君十年（一五〇四）であるが、(26) 第一章でものべたように、燕山君の次の『中宗実録』が、日本からの定例の遣使については、ほとんど記載していないことを考えれば、源弘の通交は記録にはあらわれていなくても、歳遣船一～二船の定約にもとづいて、三浦の乱（一五一〇）まで継続していたと考えてよいであろう。源弘の通交期間は、五十年以上の長きにわたるが、おそらく後のほうは、彼自身の遣使ではなく、他の者が、彼の名義をつかって遣使したものであろう。なお、田平弘には、「平戸寓鎮肥州太守源義」（以下平戸源義と記す）なる弟があった。すなわち『海東諸国紀』に、「丙子年（一四五六）始遣使来朝、書称肥前州平戸寓鎮肥州太守源義、受図書、約歳遣一船、小弼弘弟、有麾下兵、居平戸」とあるのが、それである。平戸源義は、李朝実録にも世祖三年（一四五七）から遣使記事がみえ、以後五十年以上にわたってつづくが、中宗四年（一五〇九）にいたり、朝鮮側が同一人の長期間にわたる通交に疑問をもち、使者を詰問したところ、すでに源義は三十年前に死去し、その弟深左衛門が跡をついで、源義名義で遣使していたといった

表I　朝鮮史料にみえる田平氏・平戸氏

	姓名	通交期間	肩書	備考
田平氏	源定	一四〇〇	駿州太守	
	源円珪	一四〇三—一四一九	肥前州駿州太守・田平殿	源定と同一人カ
	源省	一四二〇—一四二三	肥前州田平寓鎮駿州太守・田平殿	源円珪子カ 一四二三死
	源融仙	一四二四—一四二九	田平寓鎮駿州太守源省後室	源省未亡人
	源義	一四三三—一四五七	肥前州太守	源省女の夫
	源弘	一四五四—一五〇四	肥前州田平寓鎮源朝臣弾正少弼	源義子カ 歳遣船一、二船
平戸氏	源義	一四五六—一五〇九	肥前州平戸寓鎮肥州太守	田平弘弟、歳遣船一船、一四七九死
	源義松	—一四六九	肥前州太守	受図書、歳遣船一船、一四六九死
	源豊久	一四七一—一五〇四	平戸寓鎮肥州太守	源義松子、受図書、歳遣船一船

ので、朝鮮はその通交を禁止した(27)。なお、田平源弘と源省女婿の田平源義との関係であるが、弘の朝鮮通交は、義の通交の終るころ始まっていることからみて、おそらく弘は、義の子ないしは相続者であろう。もし子であるとすれば、弘の弟である平戸源義も田平源義の子ということになる。

なお、平戸源義の通交と並行して、成宗二年（一四七一）より燕山君十年（一五〇四）の間、同じく「平戸寓鎮肥州太守」と称する源豊久なる者が、朝鮮に通交している。豊久の通交も、田平源弘の場合と同様の理由で、三浦の乱まで続いていたと推定してよいであろう。豊久の父は、肥前州太守源義松といい、朝鮮より図書を受け、一年一船の定約をむすんでいたが、一四六九年死去したので、豊久は一四七一年に遣使して父の図書を返還し、あらためて自己名義の図書を支給された(28)。歳遣船数は記されていないが、父の権利を継承したものであるので、父と同じく一船であろう。

源義松・豊久父子と先の田平弘の弟の平戸源義との関係については後述する。以上、朝鮮史料にあらわれた田平氏および平戸氏に関する記録の要点を表Ⅰに記した。

(二) 日本史料にみえる田平氏

(一) 古文書

田平氏は松浦党の一員で、古文書では次の三通の松浦党関係の一揆契約状の署名者としてあらわれる。

	文書日付	田平氏	出典
①	(一三八四)永徳四・二・二三	たひら駿河守定	山代松浦文書「一揆契諸条々之事」四六名中
②	(一三八八)嘉慶二・六・一	田平駿河守定	青方文書「松浦一族一揆契諸条々」三一名中
③	(一四三六)永享八・一二・二九	田平弘	来島文書「書替候条々」平戸党九名の契約

右の①、すなわち永徳四年（一三八四）の文書に見える「たひら駿河守定」が、田平氏についての最も早い所見である。

右の③、すなわち田平弘に関する来島文書は次のごとくである。

書替候条々

一、就公私、自今以後、可為一味同心候、

一、此人数対他所、自然時者、如身上、各可致奔走候、

一、此人数一揆中仁子細候者、任理非可致了簡候、如此申定候上者、所務、雑務前、堅可申談候、若此条偽申候者、

八幡大菩薩御罰可罷蒙候、

永享八丙辰十二月廿九日

木下　健（花押）
一部　理（花押）
大島　湛（花押）
加藤景明（花押）
加藤景貞（花押）
佐々　存（花押）
田平　弘（花押）
津吉　治（花押）
肥前守　義（花押）
（花押）

長沼賢海氏によれば、右の九名の署名者の居住地は、平戸瀬戸の両岸およびその南北の要地で、下松浦党の割拠する一帯の海上の真中にあり、かつ九州西岸の航路および日中交通路の要衝を占めている。最後の署名者の肥前守義は、平戸松浦氏で、この会盟の指揮者であり、この結合は軍事的政治的な意味をもって結ばれたものであるとし、長沼氏はこれを平戸党と名づけられた(29)。これによれば、田平弘は、下松浦党の中でも中心部に割拠した平戸党の一員であったといえる。

㈡　系譜類

①来島文書田平御先祖

田平御先祖

源大夫判官実名久ッ法名春慶禅定門

二代永慶禅定門　田平三郎殿

三代円慶禅定門　田平三郎殿

四代春翁高公禅定門是ハ峯ノ五郎殿ノ御事也

五代羽福禅定門

六代天叟義公和尚養子、肥州子ナリ

七代高脱禅定門名乗弘　ひろし

八代月船禅定門養子、肥州子也

これはいつのころに書きしるしたものかあきらかでないが、五代羽福《ハブク》は即ち省《ハブク》で、六代義・七代弘などは古文書、朝鮮史料にも名がみえる。

②松浦家世伝

田平氏は、平戸松浦氏と先祖を同じくするといい、田平氏の系譜は、平戸松浦氏関係の系譜にものせられているが、それらの系譜類はいずれも近世に入って編纂されたもので、あまり信用できないとされている。『松浦家世伝』も平戸松浦藩主源棟（一六八九―一七一三在職）原稿、同源清（一七七五―一八〇六在職）纂輯、同源熙（一八〇六―一八四一在職）校訂ということで、後世に作られた系譜であり、そこここに不備な記述が見られるが、あながち信用できないものでもない。次にあげる系図Ⅰは、同書にもとづいて田平氏と平戸氏の血縁関係および両家の家督継承の有様を示したもので

系図Ⅰ　田平氏・平戸氏系図　　松浦家世伝に依る

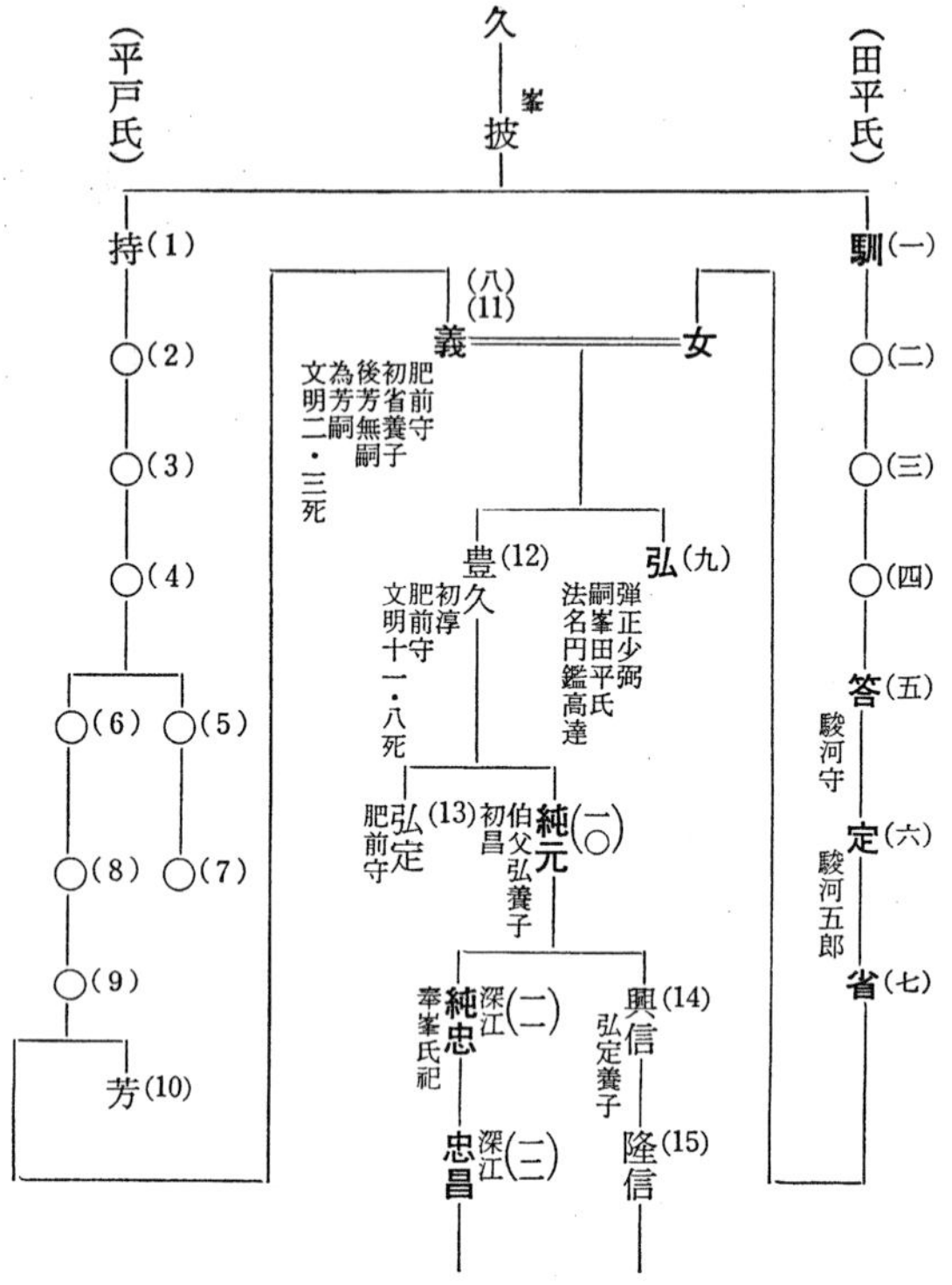

ある。太字の人名が田平氏で漢数字は田平氏の継承順位を、算用数字は同じく平戸氏の継承の順をしめす。

この系図によれば、真偽はつまびらかでないが、田平氏も平戸氏も、他の松浦党諸氏と同様、松浦党の始祖久よりいで、その子峯披の子馴の系統が田平氏、持の系統が平戸氏になったということになる。この系図で、平戸方の義が、田平方の省の女と結婚し、省の養子となっていることに注目したい。『松浦家世伝』の説明によれば、平戸家は義の兄芳がつぎ、義は田平省の婿となったが、芳に世継がなかったので、義は再び平戸家をつぎ、田平家は田平の女との間にもうけた子息のうちの長子の弘をしてつがしめ、第二子豊久をして平戸家をつがせたという。この、義が省の婿であったという記述は、先にみた朝鮮史料『世宗実録』（十五年十二月丙子条）の記事と一致する。『松浦家世伝』の編纂にさいしては、あきらかに、『海東諸国紀』は参考にしているが、李朝の実録までは利用できたはずがないから、この二つの史料の記述の一致は、その事柄の真実性を示すものとしてよいであろう。信憑性が少ないとされる『松浦家世伝』の記述でも、少なくとも、平戸家の義が、田平省の女婿となったという点に関しては、正確であるといえる。次に田平弘の弟として、『海東諸国紀』では平戸源義をあげているが、『松浦家世伝』では平戸豊久をあげている。そこでこの義と豊久の関係を検討するにあたって、さきにみた朝鮮史料と『松浦家世伝』から関係部分を図示すればつぎの㈠㈡㈢のようなる。

㈠海東諸国紀・李朝実録に依る　〔　〕＝朝鮮通交期間

省——女
　　＝義　肥前州太守〔一四三三—一四五七〕
　　　├弘
　　　└義　平戸寓鎮肥州太守　受図書、約歳遣一船、一四七九死〔一四五六—一五〇九〕

㈡海東諸国紀・李朝実録に依る　〔　〕＝朝鮮通交期間

義松　肥前州太守　受図書、約歳遣一船　一四六九死〔—一四六九〕
——豊久　平戸寓鎮肥州太守　受図書、約歳遣一船〔一四七一—一五〇四〕

㈢松浦家世伝に依る

省——女
　　＝義　肥前守　文明二（一四七〇）・三死
　　　├弘
　　　└豊久　肥前守　文明十一（一四七九）・八死

さて、平戸義と平戸豊久が、ともに弘の弟であるということについては、二通りの場合が考えられる。第一には、

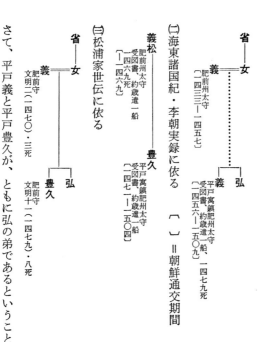

義と豊久が同一人でありながら、別の名をもちいていた場合、第二には、二人は別人で、ともに弘の弟である場合である。ところで朝鮮史料によれば、義も豊久もともに、「平戸寓鎮肥州太守」と名乗って、一四七一年以後、二人は同時に並行して通交しているが、この肩書は、平戸家の家督にある者を意味している。二人が兄弟で、順に家督をついだとしても、同じ肩書きによる同時の通交はおかしい。とすれば、義と豊久が同一人である可能性がつよくなるが、しかも先述したごとく、義は『中宗実録』によれば、中宗四年（一五〇九）の三十年前、即ち一四七九年に死亡したといい、『松浦家世伝』でも、豊久が文明十一年（一四七九）八月に死亡したとしており、義と豊久は死亡した年も一致する。従って、義と豊久は、同一人と解しておきたい。また朝鮮史料では、豊久の父を義松とし、『松浦家世伝』では、田平義（省の女婿）としていて矛盾するが、この二人も同一人と考えられないだろうか。義松、田平義ともに「肥前守」を称している。そして、『海東諸国紀』によれば、義松は己丑年（一四六九）春に死去したといい、『松浦家世伝』によれば、田平義は文明二年（一四七〇）三月に亡くなったといい、一年のちがいはあるがきわめて近く、二人を同一人とする可能性は十分ある。いま、平戸義＝平戸豊久、義松＝田平義であるとすれば、それぞれくいちがいを見せていた右の三つの系図は、ぴったり重ね合わせることができる。

それでは同一人であるはずの平戸義と豊久、義松と田平義が、なぜ朝鮮史料には、それぞれ別々の人物として登場するのであろうか。そこには朝鮮通交の権益をめぐるからくりがあると考えられるので、各人の通交の跡をたどって、その理由を推測してみよう。まず、田平義と義松であるが、これは改名と考えてはどうであろうか。田平義は一四三三年より一四五七年まで、「肥前州太守義」の名で通交しているが、その後、義松（恐らくは法名）と名を改めて遣使し、「義松」名義の図書と歳遣船一船の定約をむすんだと推測される。つぎに、平戸義と豊久についてはどうであろうか。

「平戸寓鎮肥州太守義」は、親の田平義＝義松とは別個に、一四五六年はじめて遣使し、図書を受け、歳遣船一船の定約をむすんだ。こうして平戸義は、父の田平義＝義松ともども通交権をもっていたが、父が一四六九年死亡すると、その通交権を失うまいとして、自分が田平義＝義松の子であることを朝鮮に知られていないのを幸い、豊久の名で義松の子と名乗り出て、義松の権益を引きついで、図書を受け、歳遣一船を定約することに成功したのではなかろうか。こうして彼は義と豊久両名義で、二重の通交権を確保したのではなかろうかと思われる。当時の朝鮮通交が、国王・巨酋などをのぞけば、受職人か受図書人、あるいは歳遣船定約者にかぎられ、しかもそれら権益の新規設定がきびしく制限されていたという背景を考慮するならば、このような権益確保のための詐術もおおいにありうることである。

このように、田平弘の弟という平戸義と平戸豊久は、実は同一人で、平戸家をついでいるのだが、その後も田平家と平戸家は、『松浦家世伝』によれば、相互に相続者を他方より得ており、血縁的政治的に強力に結びあっていた。ただ田平家では、弘の孫の純忠が深江氏と称し、これが峯（田平）氏の祀を奉じたという。すなわち田平の家督をついだということであるが、その間の事情については次にふれる。

③大曲記・深江記・深江系図（松浦史料博物館所蔵）

『大曲記』は、平戸松浦家代々の事跡を家臣大曲氏が記したもので、藩主隆信（一六〇二—一六三七在職）のときの成立である。編者は、その祖父の書きおきおよび申しつたえ、さらには先々代松浦家当主隆信（道可、一五九九年卒）の物語ったところなどにもとづいて記したといい、かなりの信憑性がある。『深江記』は、内容的には『大曲記』とほぼ同じであるが、成立年代は、はっきりしない。ただ本文の記述内容の下限は、寛文八年（一六六八）である。『深江系図』は田平氏の後である深江氏の系図で、慶長十九年（一六一四）に卒去した人物の玄孫まで記入している。『大曲記』『深江記』『深江系図』の三者いずれも『松浦家世伝』には、典拠として利用されている。

さて、上記諸書によれば、平戸豊久の長子純元（初名昌）が、田平弘の養子となり、次子弘定が平戸家をついだが、この兄弟は弘の死後不和となり田平純元は有馬氏を頼り、平戸弘定は大内氏を頼り、平戸・田平の領地をめぐり戦にあけくれた挙句、ようやく和睦したという。その結果、息子がなかった平戸弘定は、娘婿に田平純元の長男興信を迎え、そのさい興信は、田平の領地を持参して行ったので、田平は平戸領となったという。父の純元は田平を去って、これよりさき滅ぼされた志佐氏の遺領をつぎ、志佐を称したが、やがて志佐の領地を次男純次に譲り、江迎（田平の隣接地、従前より田平氏の領地）を隠居領として、その中の深江（現在鹿町町）に居住したが、のちこの地を五男純忠に譲った。純忠は、居処にちなんで深江氏を称したが、田平氏の後としてその祀を奉じたという。なお、純元の三男兵庫助は、桃野氏の養子となり、御厨・鷹島を領し、同じく四男定次は百枝氏の養子となり、知世原（北松浦郡知世原町）を領したという。このように田平家は、純元のとき、根拠地田平が平戸領となり、多くの子息達も他家の養子となったり、あるいは他の氏を名乗ったりで、田平氏を称するものはなくなり、ここに田平の地の領主としての田平氏の名は史上から姿を消すことになった。その時期については、諸書まちまちで、確定しがたいが(30)、諸書の記述を斟酌して推定すれば、志佐氏が本領を追われた明応四年（一四九五）以後、同七年（一四九八）十二月、すなわち平戸弘定が相神浦の松浦政を敗死せしめた大智庵城攻めまでの間であることは間違いないようである。すなわち十五世紀の末に、田平の領主は、従来の田平氏から平戸氏へ変ったのである。

㊂その他

『太宰管内誌』の肥前田平条に次の如くある。

「海路記」に田平は応安の頃より天文の比まで、松浦の家臣田平豊後と云者城を造りて居たりし処なり。

「海路記」がいつごろのものかわからないが、この記事が正しいとすれば、天文ごろまで田平には松浦氏の家臣田平氏がいたということである。天文といえば、先の『大曲記』その他によれば、すでに田平は平戸領に併合されて、古くから田平領主であった田平氏は、なくなってしまった後であるので、ここで云う田平氏は、かつての領主田平氏の一族で、平戸松浦氏の家臣となっていたものであろう。

(三) 田平源兼とは

朝鮮・日本両史料にみえる田平氏は以上のごとくである。これを要約すれば、田平氏は平戸の対岸田平を根拠とし、下松浦党の中心に割拠する平戸党の重要な構成員で、かつ平戸党の盟主平戸氏(後の平戸松浦氏)と強い血縁関係にあった地方領主であるが、十五世紀の末、根拠地田平を平戸松浦氏に吸収され、その後を深江氏といった。朝鮮にたいしては、李朝初期にいち早く被虜人送還によって通交の路をひらき、以後田平氏名義の通交は三浦の乱(一五一〇)前までたえることなく続いている。多額の進上品からうかがえるごとく、相当の経済力があり、歳遣船定約ができるや、年間一船又は一、二船を定約しており、本土からの交通者の中では有力な部に属していたといえる。

さて、三浦の乱後の壬申約条(一五一二)によって、本土からの通交者で年久しきにわたる者の通交が停止された。[31] 田平氏の場合、当時の通交者は田平源弘であるが、彼の通交はすでに五十年以上のながきにわたっていたから、当然停止されたはずである。その後対馬島主はくりかえし、この時停止された者の通交復活交渉をつづけている。その交渉の詳細は省略するが、これまでの研究によれば、大体『海東諸国紀』などに記されている通交の実績にもとづいて、その子孫と称する人々の通交権を復活していっている。(32)『書契覚』に記載されている者には、この復活交渉によって通交権を得たものも少なくない。源兼の通交権獲得については何ら記録がないので、はっきりしたことがわからないが、この場合も『海東諸国紀』にある源弘の後であるとして、対馬が交渉した結果、復活に成功したものと考えねばなるまい。そこで「田平寓鎮源兼」がはたして実在の人物か否かということになるが、先にみたごとく、少なくとも三浦の乱後の復活交渉の時点では、田平の領主は平戸氏であるので、「田平寓鎮」といえば平戸氏であるが、当時平戸氏に兼という人物は見当らない。またかつての田平領主田平氏の後である深江氏やその他の田平氏ゆかりの諸氏が、「田平寓鎮」を詐称したとも考えられるが、それらの中にも兼という人物は見当らない。つまるところ、源兼に関する史料は、朝鮮通交に関する二書契と『書契覚』だけということになる。とすれば源兼とは架空の人物で、対馬が田平氏の過去の朝鮮通交の実績に目をつけて、架空に作り出した名義と考えられる。このように実在しない人物を受図書人（通交者）に仕立てあげたと思われる例は、田平源兼だけではなく、田平氏の同族である平戸氏の場合にも見られる。『書契覚』には、「平戸寓鎮肥州太守源豊秋」の通交が記録されているが、(33)豊秋なる人物を十六世紀の平戸氏の家系の中に見出すことはできない。ところで平戸氏は、『海東諸国紀』の時点では、先述の如く「平戸寓鎮肥州太守源豊久」名義の通交権をもっていたから、この『書契覚』の豊秋なる人物は、あきらかに『海東諸国紀』の豊久にちなんで、そののちらしくみせる為に、対馬で仮作したものとおもわれる。結局のところ、田平源兼は、実在の人物ではなく、対馬が三浦の乱後きびしく制限された朝鮮通交の権益を回復するために行なった一連の架空の通交者（受図書人）創出工作の産物であると理解される。

源兼が、対馬でつくり出した架空の人物であるとすれば、その名義による朝鮮通交は、すべて対馬だけでとりしきっていたとかんがえるのが自然であるけれども、前章でみた牧山源正名義の通交の場合に、対馬の所務者が壱岐の牧山氏へ名義料を支払っていた事実をかんがえると、田平源兼名義の通交の場合も、対馬と、かつての田平氏の同族（田平氏は滅びてしまっているので）である平戸氏あたりとの間に何等かの諒解が存在して、名義料的なものを支払っていたということも、まったくありえないことではない。しかし事実はよくわからない。

第六節　二書契の所蔵者への伝来について

以上、朝鮮国礼曹佐郎申光弼の書契と田平源兼の書契の二つを、実物に即して種々考察してきた。そこには実物ならではの知見もいくつかあったが、両書契とも文言は定例のものであって、通交の礼式についていろいろなことがわかる以外には、そこからあまり多くのことを知るわけにはいかない。

しかし、これら書契のやりとりを通じておこなわれた通交関係は、田平源兼自体が架空の名義である一事からもわかるように、対馬一流のまことにややこしいからくりのものであった。これら書契がそういう複雑な通交権運営の過程でわずかに残ってきた遺物であることを思うとき、それがどこにどのような理由で残って、今日まで伝存してきたかということがもしわかれば、そのこと自体が当時の通交権運営の仕方を解明する鍵を提供してくれる場合もありうるはずである。

そこで、現在の所蔵者神田家にいつからこの二書契が存在したのか、また同家の過去の来歴の中に二書契を存在させるなんらかの理由が見出せるか否かということになる。しかし、第一節でのべたごとく、筆者がこの書契のことを神田家に問い合わせた昭和五十年当時、当主米造氏（六十歳位）はじめ家族（六十五歳位の米造氏兄、米造氏妻、三十歳前後の息子夫妻）の誰一人として、二書契の存在を知らなかったということからもわかるように、いまの神田家には二書契の伝存について何の所伝もない。ただ確かなのは、冒頭にのべた昭和二年の東京大学史料編纂所の採訪当時、すでにこの二書契が同家に存在していたということである。ちなみに神田家所蔵の系図を見ると、その先祖は原田了栄（隆種、天正十六年卒）の甥が桜井村洞《ほら》に居住して洞姓を称し、その二男が神田氏を称したのにはじまると云うことで、対馬とも田平とも無関係のようである。神田家の歴史の中に、二書契を伝来せしめるこれといった理由を見出すのは困難である。

そこで観点をかえて、二つの書契がまとまって一緒に伝存しているという点に注目してみたい。このことは二書契が作成当時から一緒に保管されていたことを物語っているとしてよいであろう（少なくとも二書契が、ばらばらに伝存し、後世になって一箇所に集められるという可能性はきわめてうすい）。まず礼曹の書契であるが、同書には朝鮮国王からの回賜品の品目と数量が記されている。帰国した使者は、この書契に回賜品をそえて、この通交権を所務する者の所へとどけることによって（貿易利潤の清算その他の附帯業務をのぞけば）、一応の使命を終えたはずである。次に源兼の書契であるが、朝鮮通交に用いる諸氏の書契が、少なくとも『書契覚』の後半部分の時期（天正八―同十四）には対馬府中（厳原）で作られていたこと第四節で論じたごとくであるので、源兼の書契の場合も、それより年代は五年ばかりずれるが、当然そのようにして作られ、それが所務者に渡され、所務者から、さらに実際に渡航する使者に渡されるという順序が考えられる。しかしこの場合は、実際には使者を発遣しなかったのであるから、書契は所務者か使者の所に保管されることになったと思われる。とすれば二通の書契が一緒に保管されうる所は、所務者の所以外にない。二書契の天正十八（万暦十八）・十九年当時の源兼図書の所務者が誰であったか不明であるが、とにかくその所務者の所に保管されていて、

後年対馬外に流出し、現在の所蔵者神田家へ入ったものと想像される。(34)

なおついでながら、先にみた島津家現存の万暦十九年七月日付島津武久宛朝鮮国礼曹佐郎黄致誠書契の場合はどうであろうか。『書契覚』によれば、元亀四年三月二十一日条に「武久之印、梅岸〔岩〕所持也」とあって、梅岩なる人物が武久の通行権を所務していたことが知られるが、梅岩は対馬の人であるという。(35) このことから田中健夫氏は、梅岩が武久の印で朝鮮と通交する一方、それとは別に島津氏が独自に武久名義で朝鮮と通交したらしいとされたが、(36) 筆者はこの場合も源兼の場合と同じような筋道で所務者の所から出て、後年島津家へ伝えられたと解したい。

注

(1)『宣祖実録』二十六年十一月壬子・丁卯・戊辰、二十七年五月庚辰条。

(2)『新増東国輿地勝覧』巻之四十一、平山都護府条。

(3) なお『善隣国宝記』にも、朝鮮国からの文書の折りたたみかたその他について、簡単な説明が二、三みえる。たとえば『続善隣国宝記』や『続善隣国宝記』の成化十年（一四七四）十二月　日付の日本国王宛朝鮮国王李娎（成宗）の復書の後に「白紙十半折之、竪二尺、横五尺三寸五分也」と註記したり、また、その別幅について「十一折之、巻之、一折五行、（下略）」などとあるのがそれであるが、ここにあげた『異国日記』の説明と合わせ考えるならば、前者の「十半折之」の「半」は紙の左端から折り進んで最後の右端の折り幅を半幅にして、その終りが表の中央へくる様に巻きつけるやりかたとして理解されるし、また後者の「折之、巻之」は左端から山折り谷折りで折り進み、それを終りの右端部で巻きくるむこととして理解される。なお「一折五行」とは折幅一つに五行ずつ文字を記すことである。

(4)『鹿児島県史』巻一、五九七頁に写真、田中健夫『中世海外交渉史の研究』一九四頁に解読がある。

(5) 山口県防府毛利報公会蔵。『古事類苑』外交部六八三頁、参照。

(6)『国朝榜目』。

(7) 同右。

(8) 釜山甲寅会編『日鮮通交史』(川本達執筆、大正四年)二三一・二六七頁に「源安」「職次」「政教」「源正」の印影をのせている。田中健夫「吉見の図書について」(『中世対外関係史』)参照。
(9) 田中健夫注(8)前掲論文に同じ。
(10) 宗像氏正書契は、『宗像神社史』図版第四六下に写真、下巻八三四頁および『福岡県史資料』第二巻九五頁に解読がある。
(11) 田中健夫「中世日鮮交通における貿易権の推移」(『中世海外交渉史の研究』)。
(12) 長正統「『朝鮮送使国次之書契覚』の史料的性格」(『朝鮮学報』第三三輯)。
(13) 田中健夫『中世海外交渉史の研究』一九七頁参照。
(14) 延宝二年宗家判物写『伊奈郡』越高村桜本弥兵衛所持分(『長崎県史』史料編第一、二七四・二七五頁にも収む)。
(15) 同右。
(16) 『朝鮮送使国次之書契覚』天正八年五月二十日条。
(17) 天正十七年三玄宗三撰「長寿院公畫像賛并跋」(唐坊長秋編『津島叢書』所収。長寿院は宗義調)。
(18) 『定宗実録』二年八月是月条。
(19) 源円珪の初見は、『太宗実録』三年十月甲戌条。終見の『世宗実録』元年十月壬申条には、「九州田平殿」とあるのみで、これはついで登場する源省をさしているかも知れない。円珪と明記された終見は『太宗実録』十七年十二月辛亥条である。
(20) 源省の初見は、『世宗実録』二年八月戊戌条。終見は『同書』五年十月壬申条。
(21) 『世宗実録』五年正月庚戌条。
(22) 源融仙の初見は『世宗実録』六年五月甲午条。終見は『同書』十一年九月辛亥条。
(23) 『世宗実録』十五年十二月丙子条。
(24) 『世祖実録』三年六月己酉条。
(25) 『端宗実録』二年二月甲辰条。
(26) 『燕山君日記』十年正月己卯条。
(27) 『中宗実録』四年七月丙申・丁酉条。

(28)『成宗実録』元年九月丙子、二年八月甲子、『燕山君日記』十年七月丁巳、『海東諸国紀』肥前州豊久条。

(29) 長沼賢海「松浦党及び門司氏等諸氏研究」第三章4(『日本海事史研究』)。

(30) 田平と平戸両家の争いと和睦については、三間文五郎『平戸藩史考』『松浦市史』『田平町郷土誌』『鹿町町郷土誌』『江迎町郷土誌』等にも記述があるが、その時期については、やはり一定していない。なお、松浦史料博物館所蔵の『深江記』および『平戸藩史考』以下の諸書の存在については、長崎県立鹿町工業高校教諭本山照雄氏の御示教をえた。

(31)『中宗実録』七年八月辛酉条。

(32) 中村栄孝「十六世紀朝鮮の対日約条更定」(『日鮮関係史の研究』下)。

(33)『朝鮮送使国次之書契覚』元亀四年二月六日条ほか。

(34) 二書契の伝来について考える参考までに、神田家でこの書契が保管されている箱について述べておきたい。二書契は神田家で木製の長箱に保管されていた。この箱は黒漆塗で、蓋には金色で二箇の紋、すなわち上部に十六葉一重菊、下部に五七桐が、それぞれ横幅一ぱいに描かれている。ただし、箱の上下の長さよりも、朝鮮礼曹からの書契の天地の長さの方が、わずかに大きくて、少しまげぎみに収められているので、この箱は二書契の保管のために作られたものではなく、たまたまあった箱を利用したものらしい。この箱は、漆のはげた所もあって、かなり古びており、江戸時代に作られたもののようである。

神田家の話では、この箱の二箇の紋は神田家とは無関係で、箱と二書契との関係はわからないということである。そこで、箱と二書契が、いつ一緒にされたか知りたいところである。神田家で、本来無関係であった箱と二書契とを一緒にしたという場合には、箱の出所を尋ねることは無意味であるが、もし二書契がこの箱に入れられて、他所から神田家へ渡って来たものとすれば、箱の出所がわかれば、伝来の経路がわかり、ことによっては、書契の原所蔵者(本文で述べたごとく、それはとりもなおさず、田平源兼名義の朝鮮通交権の所務者の家と考えられる)、あるいはその後の所蔵者などを明らかにすることができるかも知れないからである。

そこで、この二箇の紋を使用していた大名家などをさがしてみたが、残念ながら今のところわからない。対馬藩主の宗氏の家紋は、十六葉八重菊と対州桐(五七桐の一種)であるので、箱の菊紋とは異なり、また箱の桐紋は五七桐ではあるが、対州桐とはやや異なるデザイン（三本の花のうち、左右の花の枝が真直に上をむおいてらず、左右に開いてかたむいている。また葉が、対州桐の場合、横長なのに対して、三葉とも縦長の形をしているなど）である。あるいは、宗家の分家などが本家と同じ菊・桐を、デザインを変えて用いている可能性も考えられないではないが、それも具体的にはわからない。大方の御教示をお願いする次第である。

(35)　田中健夫『中世海外交渉史の研究』一九三頁。

(36)　同右。

〔追記〕　本章は、『西南地域史研究』第一輯（昭和五十二年五月刊）に発表した「一五九〇・九一年田平源兼と朝鮮礼曹との往復書簡をめぐって」を、その後知りえた史料を加えて大幅に書き改めたものである。

あとがき

竹内理三先生から、私がこれまで発表した、対馬島宗氏や日朝関係史に関する論文を戊午叢書の一冊としてまとめてみては、との御話をいただいたのは数年前のことである。たいへん光栄なことで、早速まとめさせていただくことにしたが、旧稿を見直してみると、不十分な論証がいろいろと目につき、また、その後知り得た新たな史料による再検討が必要な部分もいくつか出てきた。さらに新たな論文として書いてみたいとおもう事柄も、いくつか出てきた。しかし、とつおいつしているうちに、年月ばかり過ぎてしまって今日にいたり、結局は、旧稿の手直しと、それにいささかの新稿を付け加えることしかできなかった。先生から折角の御話をいただきながら、この程度のことしかできなかった非力を反省するばかりである。

竹内先生は、私が名古屋大学の大学院に在学していたときに、集中講義で御来講になり、以後それを御縁に、種々御指導いただく機会を得て今日にいたっている。あのとき、先生の九州の古代・中世史に関する御講義を、胸躍る思いで御聞きした記憶は、今も鮮やかである。その後、縁あって福岡に住むことになり、先生が、かつて御在職されたことのある九州大学へも、時折御邪魔して、史料や書物を見せていただく機会に恵まれたことは私の研究にとって本当にうれしいことであった。ことに九州文化史研究施設に架蔵されている長沼文庫の史料を、直接見せていただく機会に恵まれたことは、かつて、恩師中村栄孝先生から、時にふれ折にふれ、長沼賢海先生の学風について御話を御聞きしていただけに、感銘深いことであった。

本書の叙述の大半は、中世の対馬に関する事柄で占められている。対馬の自然や人文に触れ、またそこに伝存する史料を拝見させていただくために、この地を訪れたこともしばしばである。その間、何人もの対馬在住の方に、ひとかたならぬ御世話になった。いま、この小冊をまとめるにあたって、その折々のメモや採訪史料の一点一点を見直すと、その時々のことが鮮やかに想い起こされる。御世話になった方々に、あらためて御礼申しあげたいとおもう。私が初めて対馬を訪れたのは、一九六四年五月であった。厳原の港に着くと、錆びた浮遊機雷が波止場の隅に置かれているのが先ず目に入った。町にはまだ今日のような舗装はなく、南北の縦貫道路も完成していなかった。海岸の村々へは、浦々をめぐる船便を利用するか、さもなければ、尾根近くを通る街道から、水の涸れた谷川の道を伝い、そこに植えられている椿や、しゅろの木を目印にしてくだらなければならなかった。今日の状況から考えれば、諸事まことに不便であったといえよう。

しかし当時の印象として、今でもこのことだけは、はっきりと断言できる。それはこの島の雰囲気が、決して辺地とか離島とかいう語のイメージには、そぐわないと直感されたことである。なるほど地理的には隔絶しているが、この地は、いわば一つの小宇宙としての誇りに満ち満ちているように思えた。大洋中はるかなこの地に、そのような世界が厳然と存在しているのだということを初めて知ったこの時の感銘は、その後、対馬の歴史を勉強していく過程で、片時も念頭を離れたことがない。しかし小宇宙としての誇りといっても、それは決して視野の偏狭なものではない。対馬の中世古文書に、島外の交易先を指す言葉として「りくち、からい」という言い方が、しばしば見えるが、この地の人々は「りくち」すなわち九州・本州と「からい」すなわち朝鮮半島の、双方との関わり方を、絶えず冷静に見据えながら、自己の立場を確立する努力を続けてきた。小宇宙としての誇りとは、このように、日本ならびに東アジアを、いつも一つの視野の中で展望することによって養われてきたものであろう。「南北に市糴す」という文言を引合いに出すまでもなく、それはこの島の有史以来の伝統であるといえよう。しかしこの地も、いまやそれこそ、有史以来の一大変動期を迎えている。それがどのような形に落ち着くかは、この島の命運を左右する大問題であるが、何はともあれ、この島が伝統として持っていた、一個の小宇宙としての誇りに、昨今、なにがしかの翳りが感じられるのは、私だけの思い過ごしであろうか。

おわりに、この小冊をまとめながら、私がもっとも自戒した点を一言のべておきたい。日朝関係史の研究をする場合、研究者がしばしばおこなうのは、朝鮮の史料から日本のことを読みとり、また逆に、日本史料から朝鮮のことを読みとるという作業である。こういう仕事は、まことに楽しいものであるが、ただその場合、心しなければならないことがある。それは、たとえ日本に関する記事であっても、それが朝鮮史料のものであるならば、あくまでも朝鮮史料としての文脈の中で読まなければならないということである。勿論、日本史料に見える朝鮮関係の記事についても、同様なことが言える。今日まで、日朝関係史の研究は、大半、日本人研究者がおこなってきているが、それらを詳しく検討すると、ともすれば、日本史料を読む感覚で朝鮮史料を読んでしまっている例が少なくない。本書では、このような過ちを特に自戒し、大胆な仮説よりも堅実な考証をというのを主眼としたつもりである。

私の遅い仕事ぶりを、忍耐強く見守っていただいた吉川弘文館の出版部諸氏ことに担当の長田博子氏に心から謝意を表します。

一九八七年三月三日

長　節　子

戊午叢書刊行の辞

今日の史学の隆盛は前代未聞といえよう。数え上げることも出来ぬ程の研究誌、ひろい歴史愛好者を含む歴史書のおびただしさ、送迎するものの目も眩むばかりである。にも拘わらずここに新たな叢書を企画する理由は三つある。一つは研究誌の多さにも拘わらず、掲載される枚数がきびしく制限され、大論文の発表の場となし難い現況を打破したいこと。二は、出版物は多数とはいえ、すべて営利的出版者の常として、時流から外れた地味な研究は出版困難である状況に、多少の手助けをしたいこと。三は、本叢書の最大の眼目とするところであるが、いわゆる若手の研究者の研究は、概して新鮮さにあふれ、前途の大成を予告する優秀さをもつにも拘わらず、正当な評価をうけること少く、著書として出版される機会が中々得られない実情を打破したいこと。私自身、恩師の推挽によって卒業論文を出版することができ、それが出発点となって、今日まで恵まれた研究生活をおくり得た恩恵を深く思う故に、とくに第三点に重点をおき、今年を以て古稀を迎えた機会に、年々多少の資を提供して出版補助とし、吉川弘文館の賛成を得て発足し、今年の干支戊午に因んで戊午叢書と名づけたものである。対象はほぼ大学修士論文とするが、未だ専書刊行のない隠れた研究者の論文集をも含めたい。大方の賛成を得て、多年に渉って恩恵をうけた学界への報謝の一端ともなれば、幸甚これにすぐるものはない。

竹内理三

一九七八年一二月二〇日

著者略歴
一九三八年
愛知県に生れる
一九六七年
名古屋大学大学院文学研究科博士
課程単位取得
中京短期大学教授・愛知女子短期
大学教授を経て
現職
九州産業大学教授　文学博士
主要論文
「朝鮮役における明福建軍門の島
津氏工作」(『朝鮮学報』四二輯)
「壱岐勝本城・対馬清水山城」(佐
賀県教育委員会刊『文禄・慶長の
役城跡図集』)
「十五世紀朝鮮南部沿岸海域にお
ける倭人の漁場」(『九州産業大学
教養部紀要』二六巻一号)
「孤草島釣魚禁約」(小学館『玄海
灘の島々』)

中世日朝関係と対馬

著者　長《おさ》　節子《せつこ》

昭和六十二年六月二十日　第一刷発行
平成　三　年十月　一　日　第二刷発行

戊午叢書

発行者　吉川圭三
発行所　株式会社　吉川弘文館
東京都文京区本郷七丁目二番八号
郵便番号一一三
振替口座東京〇―二四四番
電話〇三―三八一三―九一五一番(代表)

印刷＝壮光舎印刷　製本＝誠製本

ISBN4-642-02618-5

〈戊午叢書〉
中世日朝関係と対馬（オンデマンド版）

2017年10月1日　発行

著　者　長《おさ》　節子《せつこ》
発行者　吉川道郎
発行所　株式会社 吉川弘文館
〒113-0033 東京都文京区本郷7丁目2番8号
TEL 03(3813)9151(代表)
URL http://www.yoshikawa-k.co.jp/

印刷・製本　株式会社 デジタルパブリッシングサービス
URL http://www.d-pub.co.jp/

長　節子（1938～）
ISBN978-4-642-72618-4